루터
혼돈의 숲에서 길을 찾다

루터, 혼돈의 숲에서 길을 찾다

김용주 지음

익투스

| 머리말 |

종교개혁은 무엇인가?

종교개혁이 일어났던 16세기는 "인간 역사상 가장 드라마틱한 시기" 중 하나다. 왜 제한된 시대에, 일정한 지역인 유럽에서 발생했던 교회운동이 시대를 뛰어넘는 대사건이라고 평가될까? 그 이유는 이 운동이 갖는 독특한 성격 때문이다. 중세 유럽은 기독교 세계라고 불러도 될 만한 시대였다. 사람들은 교회 안에서 태어나서 교회에서 죽었다. 모든 삶은 교회와 관련되어 있었다. 그러나 중세는 전염병과 전쟁과 이슬람의 도전 등으로 사회가 불안하였기 때문에 미신 숭배가 만연했고 성경과는 다른 신앙이 극에 달했다.

그런 중세에 근원적인 도전이 찾아왔다. 지동설이 주장되었고, 신대륙이 발견되어 새로운 세계관이 형성되고 있었다. 그리고 참된 신앙과 교회에 대한 본질적인 질문이 제기되었다. 하나님과 인간과 세계에 대해서 다시 생각하게 된 것이다. 이런 개혁의 열망 속에서 고전 언어와 인문학을 공부한 인물들에 의해 성경이 번역되고 해석되기 시작했다. 성경적인 진리를 다시 발견하게 된 것이다. 먼저 오직 성경이 유일하고 절대적인 권위를 갖게 되었다. 이것이 '오직 성경으로'(Sola Scriptura, 솔라 스크립투라)이다. 또한 성경에 근거해서 참된 믿음은 예수 그리스도를 통해서 얻는다는 것을 알게 되었다. 이것이 '오직 믿음으로'(Sola Fide, 솔라 피데)이다. 사람들은 구원에 대한 두려움에서 진정으로 자유롭게 되었다. 이제 인간의 구원과 세상의 근원적인 문제의 해결은 하나님의 은총으로부터 온다는 것을 깨닫게 되었다. 이것이 '오직 은총으로'(Sola Gratia, 솔라 그라티아)이다. 이 세 가지가 종교개혁의 핵심적인 사상이었는데, 인쇄술과 교역의 발전으로 이런 새로운 신앙 체계가 전 유럽으로 급속하게 확산되었다.

종교개혁을 이끌어 갔던 인물들이 결코 의도하지 않았지만 교회는 이제 둘로 나누어지게 되었다. 게다가 당시 등장하고 있었던 도시국가나 민족국가가 종교개혁 신앙을 받아들이고 보호하기 시작하면서, 미처 종교개혁주의자들도 인식하지 못했지만 유럽 사회에 근본적인 변혁이 촉발되었다. 결국 종교개혁은 신앙의 문제로부터 시작해서 그것의 수용 여부에 따라 전 유럽의 교회와 국가들을 둘로 나누었고 그 결과 현대 사회의 기초를 만들어 놓았다. 그래서 종교개혁은 역사상 가장 역동적인 시대를 만들었다고 평가하는 것이다. 그러므로 이 종교개혁을 제대로 이해하면 기독교 신앙의 본질을 이해할 수 있다. 더 나아가 교회란 무엇이며, 교회는 세상과 어떤 관계를 가지고 있고, 우리가 살고 있는 세계는 어떤 곳인지를 잘 이해할 수 있는 것이다.

종교개혁 500주년은 어떤 의미가 있는가?

2017년이 되면 1517년 종교개혁이 일어난 지 500주년을 맞게 된다. 그 동안 시대는 많이 변했다. IT 산업과 첨단 과학이 발달한 변화의 시대가 왔다. 그러나 급격하게 발전하는 시대 속에서 현대인들은 여전히 인생의 문제와 세상에서 제기되는 도전 앞에 방황하고 있다. 종교개혁자들이 고민했던 하나님과 인간과 세상에 대한 깊은 성찰이 다시 이 시대에 절실하게 요청되고 있는 것이다. 세계도 변화하고 있다. 유럽과 미국 중심의 세계 질서도 서서히 바뀌어 아시아가 점차 세계의 주목을 받고 있다. 특히 한국 기독교에 대한 세계적인 관심과 기대는 대단하다. 어린이와 같았던 한국 교회는 이제 청년으로 성장하고 있다. 이런 맥락에서 한국 기독교인들은 지금까지 전혀 고민해보지 않았던 근원적이고 피할 수 없는 중요한 질문 앞에 서게 되었다. 나는 누구인가? 우리의 신앙은 어디에서 왔는가? 참으로 경건한 기독교인은 어떤 사람들인가? 한국 교회는 어디로 가야 하는가?

이런 질문에 부딪힐 때마다 교회의 역사는 깊은 지혜를 제시해 준다. 다시 종교개혁의 본질로 돌아가자는 것이다. "Ad Fontes(근원으로)!"

종교개혁을 이해하기 위해서는 다각적인 접근이 필요하다. 유럽의 지성사적 흐름을 알아야 하고, 정치, 경제, 사회, 문화적인 배경도 통찰해야 한다. 기독교 교리의 역사도 알아야 한다. 그러나 무엇보다 가장 쉽고 정확하게 이해하는 방법은 그 시대를 열어 가면서 치열하게 살아갔던 종교개혁자들을 이해하는 것이다. 그것은 곧 그들의 삶, 좌절, 고난 그리고 그것을 극복하는 과정에서 역사하셨던 하나님의 일하심을 알아가는 것이다.

종교개혁자 평전 시리즈는 무엇이 다른가?

수많은 책들이 출판되지만 그 가운데 지속적으로 선한 영향을 미치는 책은 매우 적다. 신앙 서적 또한 예외가 아니다. 그렇다면 본 종교개혁자 평전은 무엇이 다른가? 본 평전 시리즈가 다른 것과 차별되는 독특한 점이 무엇인가를 알게 된다면 독자들은 더욱 보람 있게 본 시리즈를 읽을 수 있을 것이다. 특징을 몇 가지로 나누어 설명할 수 있다.

첫째, 저자들은 모두 서양권에서 가장 최근에 그 해당 주제로 박사학위를 받은 학자들로 엄선되어 심혈을 기울여 저술했다. 급속도로 지식이 축적되는 오늘날 가장 최근의 학문적 정보가 최고의 수준으로 담겨 있다는 것이 본 시리즈가 갖는 특징인 것이다. 따라서 잘 알려지지 않았던 자료들이 폭넓게 활용되어 참신하게 저술한 장점이 있다.

둘째, 단순한 영웅담이 아니라 비평도 가하는 평전이기 때문에 독자들은 더욱 정확한 정보와 유익한 도움을 얻을 수 있을 것이다. 시중에서 종교개혁자들에 대한 전기적인 책들은 간혹 우리 눈에 발견된다. 대부분 한 인물을 예찬하는 내용이다. 그렇지만 본서는 종교개혁자들의 삶과 신학을 학문적이고 객관적으로 연구하고 평가했다.

셋째, 한국의 신학자들에 의해서 직접 저술되었기에 한국 독자들의 정서에 딱 맞는 책이 될 것이다. 물론 유럽과 미국의 학자들이 저술한 훌륭한 종교개혁자들의 전기나 번역서도 있다. 그러나 서양의 저자들은 어디까지나 서양의 지성사적이고 문화적인 배경을 전제로 하기 때문에 비서양권인 한국의 독자들이 깊이 이해하기에는 한계가 있었다. 그렇지만 본 종교개혁자 평전은 이와 달리 한국의 학자들이 한국 독자들을 위해서 직접 저술한 책이다.

넷째, 교회를 위한 신학(Theologia Ecclesiae)을 전제로 기획되고 저술되었다. 종교개혁자들의 활동과 그들의 신학은 모두 교회를 건강하게 세우고 교회에 유익이 되고자 하는 방향에서 이해되어야 한다. 그것이 정당한 방법이고 또 현대의 독자들과 목회자들에게도 유익하다. 본 평전은 이런 전제를 가지고 저술되었기 때문에 지적인 호기심을 넘어 개인의 경건은 물론 교회 공동체에도 큰 유익을 줄 것으로 기대한다. 일차적으로는 평신도 지성인들이 읽을 수 있도록 평이한 문체와 감동적인 내용으로 저술되었으며, 동시에 목회자와 신학생들에게도 잘 알려지지 않은 최근의 연구 자료를 제시하여 신학을 공부하고 사상을 넓히는 데도 도움을 줄 것이다. 따라서 본 시리즈를 통해 하나님과 인간과 세상을 이해하게 되고 건강한 신앙의 공동체를 세울 수 있을 것으로 확신한다.

2012년 6월
수석 편집인 안인섭 박사
(총신대학교 교수, Refo 500 아시아 프로젝트 매니저)

| 저자 서문 |

 필자는 루터를 신학교 3학년 때부터 연구하기 시작하였고, 이후 독일로 가서 16년 동안이나 연구하였다. 그러나 그에 대하여 알고 있는 것보다 모르고 있는 것이 훨씬 많다. 심혈을 기울여 루터에 관한 박사학위논문(Crux sola est nostra theologia, Peter Lang, 2008)을 썼지만, 그의 수많은 글들 중 일부만을 연구한 것이므로 그에 대하여 단지 일부분만 안 셈이다. 2007년 12월 한국에 귀국한 후 몇 편의 논문을 썼지만 그것 역시 여전히 일부분일 뿐이다.

 그런데 이번에 익투스 출판사에서 「종교개혁자 평전시리즈」를 편찬할 계획을 갖고 필자에게 루터 전기를 써줄 것을 부탁했을 때 아직은 쓸 때가 아니라는 생각이 들었다. 그러나 곰곰이 생각해보니 이번 기회가 또 한 번의 도전이 될 수 있겠다는 생각과 함께 언젠가는 해야 할 일인데 그때가 빨리 왔을 뿐이라는 생각도 들었다. 또한 외국인이 쓴 책이 번역되어 나오기는 하였으나 한국인이 쓴 루터 평전이 거의 없다는 사실이 안타깝기도 했고 루터의 저작을 중심으로 한 연구는 너무 미미해서 보충하고 싶은 마음이 생겼다. 루터의 글을 직접 읽고자 하지만, 그의 글이 워낙 방대하여 어디서부터 어떻게 손을 대야 할지 모르는 분들을 위해 책을 쓰되, 그가 썼던 글들의 주요 내용을 중심으로 그를 독자에게 알리고 싶었다.

그리하여 독자가 이 글을 읽으면서 '루터가 이래서 종교개혁을 일으켰구나', '루터의 종교개혁사상은 이런 거구나' 라는 생각을 갖도록 하는 것이 필자의 작은 바람이다. 또한 어려운 이 시대에 이 책이 한국교회를 변화시키는 작은 개혁서로 읽혀진다면 더 이상 바랄 것이 없겠다.

이 글이 나오기까지 누구보다 감사드려야 할 분은 박사논문 지도교수님이셨던 베를린 훔볼트대학교 교회사 교수인 마우(Rudolf Mau) 교수이다. 논문지도를 받으면서 필자와 대립된 부분으로 인하여 어려움도 있었지만 교수님은 늘 부성적인 자상함과 꾸지람으로 끝까지 격려하고 도와주셨다. 또한 부지도교수로서 필자가 말하고자 하는 의도를 정확히 간파하시고 끝까지 포기하지 않도록 격려해주신 벤데부르그(Dorothea Wendebourg) 교수님에게도 감사드린다. 목회자로서 공부도 해야 하는 고충을 이해하며 기도와 물질로 16년 동안이나 변함없이 도와주었던 베를린 반석교회의 사랑하는 교우님들은 나의 가장 큰 후원자들이었다. 동역자로서, 때로는 벗으로서 외로운 외국생활과 목회를 도와주셨던 베를린교역자연합회의 여러 목사님들에게도 진심으로 감사를 드린다.

이 글을 쓰도록 친히 추천해주신 안인섭 교수님께, 그리고 한국에 들어온 후 강사 자리를 마련해주시고 지속적으로 도와주신 총신대학교의 심창섭 교수님, 박건택 교수님, 박용규 교수님, 박영실 교수님께 감사드린다. 지속적으로 신뢰를 보내주시고 선배로서 충고해주신 안양대학교의 강경림 교수, 이은선 교수님께 감사드린다. 백석대학교의 나의 친구 임원택 교수와 용환규 교수에게도 감사드린다. 그리고 부임한 이후 변함없이 기도해주고 후원해주신 박철수 목사님과 분당두레교회 성도님들에게 감사드린다. 학업을 포기하려 할 때마다 끝없이 나를 격려해준 나의 아내 서순례 사모와 독일에 있는 세 아들 성두, 승암, 성민에게도 고마움을 전하고 싶다.

마지막으로 이 책을 기획하고 정성을 다해 원고를 다듬어주시고 온전한 책으로 출판해주신 익투스와 총회출판사업국 직원분들께 감사드린다. 아무쪼록 이 책이 한국교회의 개혁과 부흥을 위한 밑거름이 되기를 간절히 바란다.

2012년 6월
분당두레교회 목양실에서
김용주 목사

차 례

머리말 5
저자 서문 11

chapter 01 어둠의 시간

루터에 대한 평가들 23
루터를 연구하게 된 동기 26
천의 얼굴을 가진 루터 31
중세의 아들 루터 37
정치적 격동기 | 교회 타락의 시대 | 학문적 융성기 | 역사적 예수의 부흥 시대

chapter 02 구원의 시간

출생과 성장 53
회심과 수도원 입문 61
회심 | 수도원으로 들어감 | 사제 서품 | 시험 | 성경 | 신학 공부
비텐베르그대학 교수 활동과 첫 번째 강의 80
시편 강의 | 로마서 강의 | 히브리서 강의

chapter 03 개혁의 시간

신학의 개혁 107
하이델베르그 토론 | 율법과 복음 | 종교개혁적인 발견 | 비텐베르그 갱신 운동

교회의 개혁 132
95개조 논제의 배경 | 95개조 주요 조항의 핵심 논점 | 추기경 카예탄 앞에서의 심문 | 라이프치히 토론 | 팸플릿을 통한 전쟁 | 파면 경고 | 보름스 국회에서의 마지막 심문과 보름스 칙서

chapter 04 시련의 시간

바트부르그 성에서의 피난 생활 203
칼슈타트와 비텐베르그의 소요 206
교회 개혁과 사회 개혁 209
교회 개혁 | 사회 개혁

차 례

토마스 뮌처와의 논쟁과 농민전쟁 227
에라스무스와의 자유의지에 관한 논쟁 232
결혼과 가정생활 238
츠빙글리와의 성만찬 논쟁 242
　루터의 초기 저술들에 나타난 성만찬 이해 | 루터와 칼슈타트의
　성만찬 이해의 차이 | 루터와 츠빙글리의 성만찬 이해의 차이 |
　마르부르그 토론

chapter 05 교육의 시간

대소요리문답 254
아우그스부르그 신앙고백서 256
갈라디아서 강의 262
　바울의 근본사상 | 갈라디아서에 나타난 바울의 논증
슈말칼텐 신조 274
마지막 강의: 창세기 276
　창세기 12장 4절 주석에 나타난 칭의 이해 | 창세기 15장 6절
　주석에 나타난 칭의 이해 | 그릇된 칭의 이해에 대한 비판
마지막 여행과 죽음 289

chapter 06 한국교회와 루터

루터교 1세대들의 공로와 최근의 동향 298
루터에 대한 한국교회의 평가들에 대하여 300

에필로그 308
부록: 참고문헌 313
　　　루터연표 316

독일 배경 지도

❶ 아이슬레벤(Eisleben) : 출생지이면서 사망지
❷ 막데부르그(Magdeburg) : 중학교 졸업
❸ 에어푸르트(Erfurt) : 대학교 졸업
❹ 비텐베르그(Wittenberg) : 95개조 반박문을 붙였던 곳, 주요 활동지
❺ 라이프치히(Leipzig) : 라이프치히 토론 열린 곳
❻ 슈말칼텐(Schmalkalden) : 슈말칼텐 조항 작성지
❼ 마르부르그(Marburg) : 츠빙글리와 성만찬 토론을 한 곳
❽ 하이델베르그(Heidelberg) : 하이델베르그 토론 개최지
❾ 보름스(Worms) : 보름스 국회의 재판받은 곳
❿ 바트부르그(Wartburg) : 피신처 및 독일어성경을 번역한 곳
⓫ 코부르그(Coburg) : 아우구스부르그 신앙고백 당시 체류한 장소

마틴 루터(Martin Luther, 1483~1546)

어둠의 시간

Martin Luther

어둠의 시간

chapter 01

어둠의 시간

구원의 빛은 서서히 비치고 있었지만
아직도 어두움을 물러가게 할 만큼까지 강하게 발현되지 않았다.
시대를 개혁시키기 위한 큰 빛이 필요했다.

 마틴 루터, 그는 누구였는가? 이 질문에 대해 여러 연구가들은 수세기 동안 다양한 대답을 해왔다. 그러한 대답은 우리가 루터 연구를 시작하기 전에 한 번쯤은 살펴보고 가야 할 내용일 것이다. 이런 대답을 들어봄으로 우리는 그의 과거와 현재에 대해 알 수 있고, 일반적인 이해를 통해 루터의 생애를 좀 더 객관적으로 살펴볼 수 있을 것이다.

루터에 대한 평가들

 기독교 역사에 나타나는 수많은 인물들 중 루터만큼 추종자들과 반대자들이 분명히 구분되어 있는 사람도 드물 것이다. 루터에게 붙여진 명예로운 칭호는 많다. 무엇보다 영광스런 칭호는 '종교개혁자 루터'일 것이다. 또는 '개신교의 창시자'라고도 칭송되고 있다. 그리고 신앙고백의 시대를 거치면서는 '루터교의 창시자'로 자리매김된다. 개신교인이라면 교파를 초월하여 그를 '95개조 면죄부 논제'를 발표한 사람으로 기억한다. 해마다 10월 31일을 종교개혁 기념일로 정해놓고 지키는 것도 그의 치적 중 최고를 '95개조 논제 발표'로 보기 때문일 것이다. 그러나 그에 대한 이러한 칭송들 중 그가 살아 있다면 아마도 가장 흡족해할 칭호는 '독일어 성경 번역가 루터'일 것이다. 이와 더불어 독일민족이 가장 좋아할 루터는 성경 번역을 통하여 독일어의 기초를 확립하고 영웅적인 독일기독교를 확립한 사람으로서의 루터일 것이다.

이러한 긍정적인 평가와 더불어 부정적인 평가도 있다. 로마 가톨릭 사람들은 지금도 그를 교회의 분열자로 여기고 있고 개신교 내 다른 교파들에서는 그를 종교개혁은 시작했지만 여전히 가톨릭적 잔재를 지닌 미완성의 개혁자로 기억한다. 예를 들면 성찬론에서 공재설을 주장한 사람으로, 또한 정치적으로 급진적인 사상을 가진 사람들은 그를 농민전쟁에서 영주 편을 들었던 어용 신학자로 깎아내린다. 이들에게 루터는 사회 윤리로 나아가지 못하고 개인 윤리에 머문, 사고가 협소한 사람으로 비쳐진다. 어떤 이들은 그를 아직도 인간의 자유에 대한 인식이 부족한 중세인으로 보려 한다. 그는 인간의 자유의지를 부인하여 인간의 존엄을 깎아내린 사람으로, 때로는 여성을 비하한 사람으로 이해되기도 한다. 또한 그를 심리학적으로 연구한 사람들은 그가 자라난 배경으로 인하여 오이디푸스 콤플렉스와 같은 심리적 불안에 시달린 사람으로 보기도 하고 독일민족주의를 혐오하는 사람들은 루터를 독일민족우월주의에 빠진 사람으로 보기도 한다.

루터에 대한 긍정적 평가와 부정적 평가가 공존함에도 불구하고 부정적 평가가 사람들의 머릿속에 더 각인되어 있다는 사실을 부인할 수 없다. 필자 역시 어린 시절부터 한국의 장로교회에서 신앙 생활을 해온 결과 루터에 대하여 대체로 부정적인 인식을 가지고 있었다. 그의 주요 작품들을 읽어보기도 전에, 그에 대한 부정적인 이야기를 많이 들음으로 그에 관하여 더 깊이 공부하지 않는 것이 너무도 당연한 것처럼 생각되었다.

이러한 그에 대한 여러 편견들 속에 갇혀 살던 중 어떤 계기로 인하여 루터에 대해 관심을 갖게 되었다. 그에 관한 책을 읽고, 그가 쓴 책을 읽으며 그에 대한 생각이 바뀌었고 이제는 본격적으로 그를 연구하는 신학자가 된 것이다. 그러므로 필자는 루터의 생애에 관한 글을 시작하기 전 필자가 루터를 연구하게 된 계기를 언급하는 것이 독자들에게 도움이 될 것 같아 개인의 경험을 이야기하고자 한다. 이는, 신학은 다른 분야에 비해 훨씬 더 그 사람의 삶의 고민과 깊이 연관되어 있다고 보기 때문이다.

루터를 연구하게 된 동기

필자는 남쪽 지방의 김을 생산하는 섬에서 태어났다. 김은 겨울에 생산되며 새벽부터 밤늦게까지 거의 쉴 틈 없이 일해야 하는 고된 작업이었다. 우리 마을에는 1960년대 후반에 교회가 들어와 네 개 마을의 신자를 다 합쳐도 50명이 채 못되었다. 필자는 1960년대 후반에 전도를 받아 교회에 나갔고 그 후 대학 진학으로 마을을 떠날 때까지 상당한 시간을 시골교회에서 보냈다. 어린 시절 우리는 우리 믿음의 선배들이 신앙을 지키기 위해 어떤 핍박을 받았고 또 얼마나 많은 고생을 했는지 지켜보며 자랐다. 이들 중 많은 분들이 불신 가정의 심한 반대를 무릅쓰고 신앙을 가졌다는 이유로 문중에서 쫓겨나면서까지 신앙을 지켜나갔다. 하루의 고된 일과로 새벽 두 시에 일어나 밤 열두 시에 잠이 드는 상황 속에서도 주일과 수요예배에 참석하기 위해 애를 쓰셨다. 또 김 재배를 잠시 쉬는 주간에는 새벽기도회에도 대부분 참석하셨다. 어떤 청년들은 밤늦게까지 주일학교 학생들을 지도하고 그 후에는 호롱

불을 들고 상당히 먼 길까지 그 아이들을 데려다주고 돌아와 잠시 눈을 붙인 후 다음 날 일하러 가는 헌신의 삶을 살기도 하였다.

이러한 경험으로 필자는 '신앙생활에는 반드시 고난이 따르는 것이구나' 라는 생각을 하게 되었다. 그 후 대학에 들어가 성경을 잘 가르치시는 목사님을 만나 말씀의 맛을 알게 되었고, 대학 생활 대부분의 시간을 성경을 공부하고 토론하는 데 사용하였던 것 같다.

일반 대학을 졸업하고 어릴 때부터 꿈인 목사가 되기 위해 신학교에 진학했다. 순수한 희망을 품고 신학교에 입학했고 이곳에서 나는 훨씬 더 행복할 것이라고 생각했다. 그러나 신학교에 들어가 한 학기를 보내고 난 후, 이상과 현실이 달라 많은 실망을 했다. 어떤 학생들은 심지어 휴학을 하거나 학교를 자퇴하기도 했다. 그러나 필자를 진짜 실망시킨 것은 바로 신학이라고 하는 학문이었다. 아직 신학을 공부할 기초가 부족해서 그럴 수도 있겠지만 배우는 학과목이 재미도 없었고 가르치는 내용이 너무 어려워 무슨 말을 하는지 알아들을 수가 없었다. 우리가 읽는 사복음서가 Q라고 하는 문서에 기초하여 기록되었고, 같은 공관복음에서도 어떤 부분은 내용이 일치하지 않는 데가 있다는 이야기도 들었다. 또 일부 비판적인 성경학자들은 모세오경도 모세가 쓴 것이 아니라고 주장한다는 이야기도 들었다. 이들의 말을 듣고 있노라면, 우리가 가진 성경이 진짜 하나님의 계시가 아닐 수도 있다는 생각이 들었다. 이런 학자들은 "성경은 하나님의 말씀이다"가 아니라 "하나님의 말씀이었을지 모른다"라고 말하는 것 같았다.

물론 필자가 일반 대학을 졸업하고 신학에서는 이제 겨우 초보자였기 때문에 어렵게 느꼈을 수도 있지만 나름대로는 교회에서 성경 공부도 꾸준히 해왔고 신앙 서적도 많이 읽었고 중요한 신학적 주제들에 대하여 토론도 자주 해왔다. 신학도로서 준비해야 할 언어, 문학, 역사, 철학 등도 두루 공부해온 상황이었다. 그런데 신학이라는 학문이 얼마나 어려운지 그 내용을 이해하는 것이 너무 힘들었다. 설령 이해했다 해도, 마음속에서 '저런 것들을 배워 뭐하나' 하는 생각도 들었다. '모세오경이 하나님의 말씀이고 사복음서도 정확무오한 하나님의 말씀이라고 강하게 전해도 사람들이 신앙을 가질까 말까 한데, 저런 기본적인 진리에 의심을 품고 있다면 어떻게 교회에서 설교를 할 수 있을 것인가?' 라는 의문이 생겼다. 나중에 독일에 가서 안 사실이지만, 이런 이야기를 처음 한 사람들이 주로 독일 사람들인데 그곳에서도 그런 이야기들이 나오고 있을 때, 필자와 같은 생각을 하는 사람들이 많았다고 한다.

필자는 이런 역사비평학적 방법론에 기초한 학문을 할수록 신학에 매력을 잃었다. 이런 회의를 가지고 공부를 하던 중

1980년대 당시의 시대적 상황으로 인하여 학생들이 관심을 가졌던 소위 상황신학 서적들을 여러 권 읽었다. 남미의 해방신학, 독일의 정치신학자들의 책을 주로 읽었다. 이들의 책은 정통신학을 믿는 필자에게는 대부분 문제가 있어 보였지만, 그래도 우리가 실제로 직면해 있는 현실 문제에 관심을 가지고 그런 문제들을 해결하려고 애쓴 흔적이 담겨 있었다. 그래서 읽으면 실제로 쉽게 이해되고 가슴에 와 닿는 것이 많았다. 필자에게는 이런 급진신학이 이론적인 사변신학보다 훨씬 더 명료하고 힘 있게 느껴졌다. 이런 책들을 읽어나가는 가운데 놀랍게도 필자의 일생의 주제가 될 마틴 루터를 새롭게 발견하게 되었다.

먼저 본회퍼(Dietrich Bonhoeffer)가 썼던 「그리스도는 누구셨고 누구인가」, 「나를 따르라」, 「윤리학」 등을 읽었는데 읽는 중에 놀라운 사실을 발견했다. 이십대 중반에 교수자격논문을 썼던 이 천재 신학자가 유일하게 인용하고 있는 신학자가 한 사람 있었는데 다름 아닌 마틴 루터였다. 히틀러에 항거하다 처형을 당할 정도의 행동적인 신학자가 어떻게 이신칭의 교리를 만들어 그리스도인들이 선한 행동을 하지 않아도 되게 만든(?) 장본인을 존경심을 가지고 인용할 수 있는지 매우 당혹스러웠다. 이런 생각을 가지고 고민하던 중 당시 진보적인 신학을 하는 사람들에게 크게 인기가 있었던 몰트만(Jürgen Moltmann)의

「십자가에 달리신 하나님」을 읽게 되었다. 몰트만은 독일의 튀빙겐신학교의 조직신학 교수였는데 먼저 「희망의 신학」을 써서 유명해지고 그 이후 쓴 책이 위의 책이다. 그런데 이 책에서도 필자는 루터라는 이름을 발견했다. 그는 십자가야말로 우리 신앙인들의 희망의 토대라는 논리를 펼치면서, 그 역사적 전거(典據)로서 종교개혁자 마틴 루터의 십자가 신학 (theologia crucis)을 가져온 것이다. 필자의 마음속에 "이 시대에 가장 행동적인 신학을 하는 분이 어떻게 고리타분한 신학자 루터를 저렇게 존중하면서 인용할 수 있을까?"라는 의심이 깊어갔다. 그래서 그가 자기 책에서 인용한 발터 폰 뢰베니히(Walter von Loewenich)가 쓴 「루터의 십자가 신학」이란 책을 구해 읽어보았다. 이 책을 읽고 필자는 놀랐다. 어릴 때부터 필자가 기독교는 이런 종교이지 않을까라고 생각해왔던 것들이 「루터의 십자가 신학」의 내용과 너무 비슷하다는 사실 때문이었다. 그래서 필자는 이 책을 기초로 하여 신학석사논문을 썼고, 이후 루터를 본격적으로 공부해야겠다는 생각에 독일로 건너갔다. 그리고 신학의 기초 공부를 끝낸 후, 박사 과정에 들어가 약 10년을 공부한 후 2007년 12월에 "Crux sola est nostra theologia; das Kreuz Christi als Schlüsselbegriff der theologia crucis Luthers" (십자가만이 우리의 신학이다. 루터의 십자가 신학의 열쇠 개념으로서 그리스도의 십자가)라는 제목으로 박사 학위를 받았다.

필자는 나름대로 어릴 때부터 가져왔던 고민을 풀기 위해 루터의 신학을 공부하게 되었고 이런 의도가 필자의 논문을 통하여 나타났다. 그래서 다른 사람들이 읽어보아도 "이 사람은 자기 실존의 질문을 가지고 이 글을 썼구나" 하고 알 수 있을 정도였다. 필자의 논문을 읽으신 부지도교수님은 "이 학생은 단지 학위 하나를 끝내기 위해서가 아니라 자신의 실존 문제를 가지고 질문을 던지고 답을 찾으려고 애쓰고 있다"라고 평가하셨다. 확실히 필자는 루터를 필자 자신이 가지고 있던 문제를 풀기 위하여 연구했다.

천의 얼굴을 가진 루터

독일에 갔을 때 먼저 루터 신학이 지난 세월 동안 어떻게 이해되어 왔는가를 살펴보았다. 이 연구사를 살펴보면서 놀란 것은, 19세기와 20세기의 독일 신학에 등장하는 거의 대부분의 저명한 신학자들이 자신들 주장의 전거(典據)로서 루터를 말했다는 점이었다. 관념론 철학자 헤겔, 헤겔 좌파인 포이에르바흐, 현대신학의 아버지라고 불리는 슐라이에르마허 그리고 자유주의의 창시자 알브레히트 리츨, 그의 제자 프리드리히 빌헬름, 아돌프 폰 하르낙, 하르낙의 제자 칼 홀 그리고 변증법 신학을 시작한 칼 바르트, 파울 알트하우스, 발터 폰 뢰베니히, 정치신학자 디트리히 본회퍼, 위르겐 몰트만 등 저명한 신학자들은 대개 자신의 주장이 올바르다는 것을 확증하기 위해 루터에게 호소했다.

19세기 루터 연구사를 보면 먼저 현대신학의 아버지라 불리는 슐라이에르마허(F. D. Schleiermacher)는 자신이 말하는 감정종교(종교는 절대의존 감정이다)가 루터에게서도 발견된다는 것을 암시한다. "사랑하는 아버지, 인간 영혼의 무한한 가치"를 슬로건으로 내걸었던 하르낙과 그와 비슷한 입장을 가진 소위 자유주의 신학(Liberale Theologie)자들은 루터를 개인의 자유를 억압했던 교권과 싸운 사람으로 그리고 도덕의 가치를 발견하여 인간의 가치를 끌어올리고 더 나아가 인류의 문화를 증진시킨 문화신교의 창시자로 보려 했다.

20세기가 시작되면서 루터 르네상스(Lutherrenessance)가 일어났다. 이 루터 르네상스를 시작한 사람은 당시 하르낙의 제자였던 칼 홀(Karl Holl)이었다. 그는 루터 신학을 좀 더 객관적으로 이해하기 위해서는 루터 자신의 저술로 들어가 그 책들을 역사적 배경 속에서 고찰해야 한다고 생각했다. 그는 자신의 연구 결과들을 토대로 하여 루터 신학의 핵심은 칭의론(Rechtfertigungslehre)이라고 말했다. 그러나 그는 스승 하르낙의 영향 아래 있었으므로 칭의 신앙을 자유주의적 영향 속에서 해석하려 했다. 그는 칭의 신앙이야말로 인간을 진정으로 자유케 한다고 보았다. 루터 신학을 칭의론으로 보았다는 점에서 그는 여전히 루터주의 전통에 서 있지만, 이 칭의 신앙을 인간의 삶과 연결시킴으로써 루터에 대한 새로운 관점을 가지도록 유도한다.

그러나 이런 해석의 대세 속에서도 루터를 다르게 보려는 사람들도 있었다. 파울 알트하우스(Paul Althaus)와 임마누엘 히르쉬(Emmanuel Hirsch) 같은 사람들은 루터를 창조 질서를 강조한 사람으로 보았다. 이들은 루터 역시 이 세상 정권은 모두 하나님이 창조 질서에 따라 세웠으므로 누구든지 이 질서에 순종해야 한다고 가르쳤기 때문에 메시야 민족인 독일 민족을 이끌 사명을 가지고 보냄을 받은 정치 지도자들에게도 순종해야 한다고 말하며 히틀러를 지지했다. 여기서 루터는 독일 민족기독교의 창시자로 보여졌다. 그러나 이런 흐름을 강력히 비판하면서 그들이 하는 일과 루터를 분리시키려 하는 학자들이 나타났다.

소위 변증법 신학(Dialektische Theologie)운동이다. 이 운동의 대표자들은 바르트, 불트만, 부룬너인데, 이들은 "신학의 본분(Sache)은 하나님의 현실성이다"라고 말했다. 이들의 신학은 변증법 신학으로 불렸는데, 이는 이들이 "하나님에 대하여는 정언적인 한 말씀으로가 아니라 변증법적(dialektisch)으로, 즉 상호 주고받는 대화로만 말할 수 있다"고 말했기 때문이다. 이들의 신학을 또한 위기의 신학(Theologie der Krisis)이라고도 부르는데, 이는 이들이 "인간은 하나님 앞에 시간의 역사적 위기로가 아니라 항존적인 위기 하에 서 있다"고 말했기 때문이다. 또한 이들의 신학을 말씀의 신학(Theologie des Wortes)이라고도 불렀는데, 이는 이들이 "신학은 추론이나 역사 혹은 경건한 감정 상태의 기술이 아니라 하나님 말씀의 해석이다"라고 말했기 때문이다.

이들 중에는 칼 바르트(Karl Barth)가 가장 유명하다. 그는 1919년 스위스의 자펜빌이라는 작은 마을에서 목회를 하던 중 로마서 강해 제1판을 발행하여 주목을 받기 시작했고, 이어서 1921년에 제2판을 발행함으로 유럽의 신학계에 센세이션을 일으켰다. 어떤 신학자는 어린이들이 놀고 있는 유치원에 폭탄을 던진 것과 같다고 말했다. 칼 바르트는 이 로마서 두 번째 판에서 이전에 자신이 몸담았던 자유주의 신학을 신랄하게 비판했다. 그는 여기서 '우리와 전적으로 다른 하나님'에 대하여 말한다. 그는 하나님을 전적 타자(totaliter Andere)라고 칭했다. 이는 자유주의자들이 하나님은 우리와 유사한 속성을 가지신 분인 것처럼 말한 것을 정면으로 반박하는 것이었다. 그는 쇠렌 키에르케고르의 변증법의 영향을 받아 하나님과 인간의 무한한 질적 차이에 대해서도 강조했다. 그는 하나님을, 우리 인간의 이성으로 이해할 수 없는 숨어 계신 하나님(Deus absconditus)으로 계시지만 예수 그리스도를 통하여 자신을 알리시는 계시된 하나님(Deus revelatus)이라 말했다. 그는 자신의 이런 주장을 뒷받침하기 위해 루터를 인용했다. 그는 특히 루터의 초기 작품들을 중심으로 루터가 하나님을 "우리 인간의 이성으로 이해할 수 없는 하나님"(Deus absconditus)이라고 말했으며 대립, 역설, 은닉성을 강조한 사람이었다고 말했다.

이런 바르트의 신학은 루터 연구에 큰 영향을 미쳤다. 특히 윤리와 관계된 칭의 중심의 연구가 하나님에 대한 인식의 연구로 옮겨갔다. '숨어 계신 하나님과 계시된 하나님'(Deus absconditus und deus revelatus)이 강조되고, 루터의 작품 중 「노예 의지에 관하여」(De servo arbitrio)가 가장 인기 있는 작품으로 주목받게 되었으며 삼위일체론과 예정론이 20세기 개신교의 중심 교리로 다루어지기 시작했다.

이와 같은 변증법 신학이 행한 루터 연구의 영향 속에서, 루터를 지금까지 루터주의자들이 보았던 관점과 정말 다르게 보려는 사람들이 나타났는데 그들이 바로 에어랑겐 학파(Erlanger Schule)이다. 알트하우스(Paul Althaus) 교수는 칭의론은 루터 신학의 일부일 뿐이고 루터 신학은 본래 십자가 신학이라고 말했다. 그는 여기에 대하여 초안을 잡았고 그의 제자 뢰베니히(Walter von Loewenich)가 이런 생각을 모아 1926년 "루터의 십자가 신학"(Luthers theologia crucis)이라는 논문을 썼다. 뢰베니히는 이 논문을 통해 십자가 신학은 루터 신학의 한 부분이 아니라, 전 생애에 걸쳐 나타나는 신학 프로그램이라고 말했다. 그는 이 책 속에서 양심과 자유를 강조한 자유주의 루터 연구와 정통 루터주의자들의 칭의 중심의 루터 연구를 비판했다. 그리고 루터의 신학은 단지 칭의론만이 아니라 하나의 새로운 신학 프로그램이라고 말했다. 그는 또한 루터는 십자가 신학이라는 말을 단지 초기의 한 시기에만 말한 것이 아니라 전 생애에 걸쳐서 지속적으로 말했다는 점도 강조한다. 십자가 신학은 소위 '전 종교개혁'(Vorreformatorische Theologie)의 산물이 아니라 루터의 가장 고유한 사상이라는 것이다. 그러면서 그는 십자가 신학을 숨어 계신 하나님, 신앙의 역설, 십자가 아래의 삶이라는 세 부분으로 나누어 함축적으로 표현했다. 필자가 한국에서 읽었던 뢰베니히의 책은 바로 이런 배경에서 나온 것이었다.

그러나 필자는 그동안의 연구를 통하여, 십자가 신학이 루터 신학의 핵심이긴 하나 그 의미가 바로 파악되려면 루터 당시의 역사적 상황에서 이해되어야 한다는 것을 깨닫게 되었다. 위에서 언급된 루터에 관한 내용들은 대체로 자신들의 시대적 상황 혹은 자신의 신학적 관심사로부터 루터를 연구하고 있다고 보았기 때문이다. 이런 연구들은 대체로 루터 당시의 역사적 정황을 정확히 파악하지 못하고 있다는 약점을 가지고 있다. 따라서 루터의 사상을 제대로 파악하기 위해서 먼저 그가 살던 중세시대가 어떤 시대였는지를 개괄적으로 정리해 볼 필요가 있다.

중세의 아들 루터

중세는 어떤 시대였는가? 흔히 중세는 암흑시대였다고 말한다. 확실히 오늘날의 기준에서 볼 때 여러 가지 점에서 암흑시대라고 말할 수 있다. 진리가 어두워지고 교회가 타락한 시대였기 때문이다. 그러나 다른 한편으로는 이성의 힘으로 새로운 시대를 열어가는 시대이기도 했다. 창조성을 가진 학문이 발흥하고 교회 문화가 꽃을 피우는 시대이기도 했다. 중세는 현대의 입장에서도 높이 평가할 수밖에 없는 수많은 학문적, 문화적 유산을 남겨주었다. 루터는 그 시대의 아들로서 시대가 던지는 어둠과 빛을 동시에 받으며 자라난 사람이었다.

정치적 격동기

먼저 정치적으로 볼 때, 중세는 사실상 교황이 온 유럽을 다스리고 있던 시대였다. 우리가 기억하는 독일의 황제 하인리히 4세가 교황 그레고리 7세 앞에 무릎을 꿇고 석고대죄 했던 카노사의 굴욕 사건은 교황의 권세가 얼마나 무시무시했는지를 짐작하게 해주는 사건이다. 또 십자군전쟁은 교황의 권위를 높이는 데 큰 기여를 했다. 십자군전쟁 자체가 교황 우르반 2세를 통하여 시작되었으며, 전쟁이 7차까지 계속되는 동안 교황의 배후 조종이 그친 적이 없었다. 교황의 권위는 성직을 임명하는 데에도 나타나, 교황의 도움 없이 명성 있는 대교구를 차지하는 것은 불가능한 일이었다. 또한 교황은 당시 우후죽순처럼 생겨났으며 그 창시자의 영성으로 인하여 당시 교회에 큰 영향을 미쳤던 수도원들도 관할했다. 프란체스코 종단, 도미니칸 종단 같은 모든 종단들이 그의 지도를 받아야만 했다. 교황의 권위로부터 이탈하려는 운동 혹은 교황권을 침해한다고 생각하는 모든 운동은 이단재판소를 통해 이단으로 정죄되어 쫓겨나거나 화형당했다.

그러나 교황권이 항상 견고한 것만은 아니었다. 중세 후기에 들어서면서 교황권은 공의회와 황제권에 의하여 흔들리기 시작했다. 교황은 황제권에 밀려 교황청의 아비뇽 유폐와 같은 모욕을 당했으며, 바젤공의회와 같은 공의회주의자들에 의하여 전제적 권위가 정면으로 도전받게 되었다. 그럴수록 교황은 모든 수단을 동원하여 자신의 권위를 강화시키려 했지만 결국 교회의 개혁에 도움을 주기보다는 도리어 교회를 부패에 몰아넣을 뿐이었다.

이 시기는 또한 경제 구조에서 변화를 겪는 시기이기도 했다. 농업 중심에서 탈피해 상업과 광업 등이 붐을 타기 시작했다. 개인의 부가 축적됨에 따라 개인의 자유를 존중히 여기는 분위기가 사회 곳곳에서 나타나게 되었다. 그럼에도 사회를 더 강하게 지배했던 분위기는 종말론적 분위기였다. 흑사병 같은 전염병으로 유럽 인구의 절반 이상이 죽었고, 이런 상황 가운데 교회에서 선포된 종말의 심판에 대한 설교들을 통하여 묵시론적 분위기가 사회 전반을 지배하게 되었다.

교회 타락의 시대

교회는 이런 정치적 격동기를 극복하는 데 도움을 주었어야 했다. 혼란과 두려움에 빠져 도피처를 찾는 사람들에게 피난처가 되어주어야 했다. 그러나 교회는 그 반대의 길을 걸었다. 교회는 정치적으로 세상을 지배하면 할수록 영적으로는 세상의 포로가 되어갔다. 교황은 자신을 '종들 중의 종'(servus servorum)이라고 부르도록 하면서도 자신이 예수 그리스도의 종이 되기보다는 도리어 예수 그리스도의 자리로 올라갔다. 또한 하나님께 돌아갈 영광을 가로채고 교회의 재산을 사유화했으며, 자신의 영광을 과시하기 위해 화려한 예배당을 건축했다. 예배당의 종탑 끝이 하늘에 닿게 하는 고딕 양식은 교황 자신의 영광을 드높이기 위하여 사용된 양식일 뿐이었다.

교황은 어거스틴을 따르던 은혜의 구원론을 공적 구원론으로 개조시킨다. 그리고 이 공적 구원론을 이용해 신도들의 영혼과 육체 그리고 재산까지 빼앗았다. 고해성사 역시 공적 구원론에 이용되었다. 죄는 자백으로만 용서되는 것이 아니라 교회에서 부과하는 형벌의 부과를 통하여, 즉 하나님의 노여움을 만족시키는 행위(satisfactio)를 통해 용서될 수 있다고 가르쳤다. 그러나 계속 누적되어가는 형벌을 없애는 것은 결코 쉽지 않았다. 거기에 대한 많은 대가가 지불되어야 했다. 그래서 형벌을 돈으로 대신 치르도록 합법적으로 만들어낸 것이 면죄부(免罪符)이다.

면죄부는 형벌을 사면할 수 있을 뿐만 아니라 연옥에 있는 영혼들까지 해방시킬 수 있는 효력을 가지고 있다고 가르쳤다. 형벌의 면제는 마리아를 비롯한 성인들의 공적을 통해서도 가능하다. 왜냐하면 예수님뿐만 아니라 마리아나 성인들도 공적을 가지고 있기 때문이다. 특히 마리아는 그녀가 남긴 탁월한 잉여 공적으로 죄인들의 죄를 사면 받게 하는 데 결정적인 역할을 할 수 있다. 예수님의 어머니 마리아는 이런 점에서 중보자 역할까지도 감당할 수 있다. 교황은 민중들이 좋아하는 마리아까지 이용했다. 그는 중보자 예수 그리스도 외에 마리아도 중보자의 위치로 격상시켰다. 비엘과 같은 관변(官邊) 신학자들은 교황의 환심을 사기 위해 마리아학(Marialogy)까지 고안해냈다. 성인들의 공적 역시 잉여 공적으로 죄를 사면받게 하는 데 도움을 줄 수 있다. 또한 예수 그리스도의 십자가 유물을 비롯한 여러 유물들도 형벌의 사면에 도움을 줄 수 있다. 이런 가르침에 따라서 백성들은 유물을 수집하는 데에도 열을 올렸다.

이와 같은 교회의 부패 가운데 최고의 온상은 성전 건축이었다. 교황은 로마의 성 베드로 성당을 건축하기 위해서 앞에 나온 모든 수단들을 다 사용했다. 이로 인하며 백성들의 양심은 유린되고 돈은 수탈되어 적그리스도를 찾는다면 바로 그 사람이 교황일 것이라는 생각이 사람들의 마음에 자리 잡게 되었다. 나중에 루터를 비롯한 종교개혁자들이 교황을 적그리스도라 불렀던 것은 결코 그들만의 원성이 아니었다. 당시 교황권의 지배를 받던 모든 사람들이 교황 제도와 교황에 대하여 불평했다. 하지만 이 어두움을 뚫고 나간 사람이 바로 먼저는 위클리프와 후스였고 나중에는 좀 더 근본적인 개혁을 시도했던 루터였다.

학문적 융성기

학문적으로 볼 때 중세는 창조적 사상이 돌출하는 시대였다. 이미 8세기 카롤링거 문예부흥을 통하여 학문과 예술의 연구가 활발해진다. 그리고 11세기 이후 십자군전쟁을 통하여 희랍의 고전들이 유입되면서 고대 문화에 대한 동경이 생겨난다. 12세기 초에 들어서면서 파리대학과 옥스퍼드대학을 통하여 이성을 중심으로 한 자유로운 학문 연구가 활발해지고 여러 지역에 대학이 생겨난다. 이 대학을 중심으로 발달한 신학이 바로 스콜라 신학이다.

스콜라 신학(Scholastic Theology)이란 '학교의 신학' 이란 뜻이다. 세상 학문을 하는 방법으로 신학을 하는 것이다. 그러나 나중에 이 말은 적들에 의하여 풍자되었고 이후 부정적인 의미로 사용되었다. 스콜라적(Scholastic)이라고 말할 때 '형식적인 혹은 비생산적인'이라는 뜻을 가지게 되었고, 스콜라 신학자들은 '실제적인 문제보다 별로 중요하지 않은 사변적 문제들에 전념하는 사람들'을 의미했다. 스콜라 신학은 당시 신학을 주도하던 대부분의 학교에 자리 잡고 있었다. 12세기에 생겨난 파리대학교와 옥스퍼드대학교 그리고 13세기 초에 생겨난 캠브리지대학교(1209), 14세기에 생겨난 프라하대학교(1347), 비인대학교(1365), 하이델베르그대학교(1368), 퀼른대학교(1388) 그리고 에어푸르트대학교(1389) 등 대부분의 대학교에는 명성 있는 스콜라 신학자들이 많이 있었다. 스콜라 신학은 일반적으로 초기(안셀름, 아벨라드, 롬바르드: 11-12세기), 중기(아퀴나스, 스코투스: 13세기), 말기(오캄, 비엘: 14세기)로 나눌 수 있다.

스콜라 신학의 특징을 보면 다음과 같다.

첫째, 아리스토텔레스 철학을 신학의 가장 중요한 도구로 사용했다.

둘째, 변증법(Dialektik)을 통하여 교부들의 모순된 문장들을 조화시키려 했다.

셋째, 신앙(계시)과 이성을 조화시키려 했다. 스콜라 신학자들은 신앙이란 드러난 계시를 이해하기 위한 전제조건이라고 보았다. "나는 알기 위하여 믿는다"(credo, ut intelligam.)는 안셀름(Anselm)의 문장이 이것에 대한 요약적인 표현이다. 이 생각에는 신학과 철학이 서로 조화될 수 있다는 전제가 깔려 있다. 신앙이 가진 것과 내가 신앙 안에서 파악하는 것을, 적어도 어느 정도까지는 이성에 의해서 이해할 수 있다고 보았다.

넷째, '그리스도 없이 이성의 합리적인 필연성을 통하여' (Remoto Christo necessariis rationalibus) 구원의 진리를 증명하려 했다. 안셀름은 그의 주요 저서인 「왜 하나님이 사람이 되셨는가」 (Cur Deus homo)에서 예수 그리스도를 통한 구원은 계시를 통해서뿐 아니라 이성의 합리적 필연성에 의해서도 확증될 수 있다는 것을 논증하고자 했다.

다섯째, 하나님의 존재를 이성으로 증명하려 했다. 토마스 아퀴나스의 다섯 가지 신 존재 증명이 대표적인 예이다.

여섯째, 십자가보다 영광을 강조하는 신학이었다. 십자가와 고난을 통하여 자신을 계시하시는 하나님에 대하여는 침묵하고 우주와 자연 만물을 통하여 나타나는 하나님의 영광에 대하여 강조하려 했다.

일곱째, 목양보다 교육을 받은 일반인들에게 진리를 변증하는 데 목적이 있었다.

그러나 이와 같은 스콜라 신학은 성경의 절대권위를 약화시켰다. "성경만이 아니라 이성으로도 하나님을 이해할 수 있다"는 생각을 허용했다면 성경의 절대권위는 이미 무너진 것이다. 이 신학은 사람들로 하여금 성경 진리에 대한 회의를 갖게 만들어 성경만으로는 구원의 진리를 이해하는 것이 불가능하다는 생각을 갖게 하는 결과를 초래했다. 그리하여 신학자들이 변증법을 사용하여 세부적인 항목들을 많이 만든 결과, 신학 책은 어렵고 두꺼워졌으며 전문가가 아니면 이해할 수조차 없게 되었다. 그러나 스콜라 신학은 쪼개고 또 쪼개어 가장 많이 쪼갰을 때 이미 죽음을 맞이하고 있었다. 오늘의 역사비평학에 근거한 성경 연구와 같이 스콜라 신학은 신학과 현장을 분리시켰다. 이들이 하는 말은 몇몇의 신학자들만 이해할 수 있었고 교회의 성도들은 거의 알아듣지 못했다. 그리고 이 스콜라 신학자들은 놀랍게도 교권을 강화시키는 도구로 이용되었다. 성경의 권위가 약해지면 교권은 강화된다. 교회는 이런 스콜라 신학자들을 교회를 위한 유리한 교리를 만들기 위해 적절하게 이용했다. 파리대학교의 교수 가브리엘 비엘은 '마리아론'을 고안해냈다. 그리고 토마스 아퀴나스는

'교회의 보물'이라는 이론을 체계화시켰다. 스콜라 신학은 복음의 선포를 통한 구원의 지혜(십자가의 지혜)에 대하여 소홀하게 만들었다. 그리고 성도들이 고난보다 눈에 보이는 하나님, 눈에 보이는 복 등 영광을 사랑하도록 호도했다. 결국 이 신학은 성도의 목양에 아무런 도움이 되지 못했다.

이런 스콜라 신학의 전제적 통치는 계속 허용되지 않았다. 영국의 오컴의 윌리엄(William of Ockam)은 스콜라 신학의 실재론적 사고에 도전했다. 실재론(Realism)이란 이성을 통해 보편적인 것을 인식할 수 있다고 보는 인식론적 관점이다. 예를 들어 현재 눈에 보이는 구체적인 개별 책상들의 이상적·보편적 책상이 실재한다고 본다. 그 이상적 책상의 실재로부터 모든 눈에 보이는 구체적 책상들이 나온다고 본 것이다. 그러나 오컴은 이런 실재론적 사고에 맞서 유명론적 사고를 한다. 유명론(nominalism)에서는 눈에 보이지 않는 이상적이고 보편적인 책상은 없고 단지 이름만 있을 뿐이며, 여기 지금 눈에 보이는 구체적인 책상들만 있다고 본다. 이런 인식론적 변화는 로마 교황권에게는 큰 타격이 될 수밖에 없었다. 유명론적인 사고에 의하면, 로마 교회라는 이상적 보편 교회는 없다고 보기 때문이다. 이 땅의 교회는 오직 개별 교회뿐이다. 이런 오컴의 유명론은 가브리엘 비엘과 둔스 스코투스에게 전수되었다. 이들은 이성을 통하여 신을 인식할 수 있다고 말하는 토마스주의를 강력히 비판하고, 계시는 이성을 통하여 증명될 수 없으며 오직 신앙을 통하여 받아들여져야 한다고 말했다.

이성의 능력을 발견하여 신학에 사용함으로써 스콜라 신학이라는 새로운 학문이 발흥하게 되었지만, 결과적으로 볼 때 이 신학은 중세 교회의 암흑을 물러가게 할 수 없었다.

역사적 예수의 부흥 시대

교권의 남용과 교회의 타락이 심화되면서 역사 속에 나타나신 예수 그리스도의 생애를 연구하고 그의 삶을 그대로 본받고자 하는 운동들이 나타났다.

이미 클레르보의 버나드(Bernhardus)가 수도원에서 역사적 예수와 신비적 만남을 가졌다는 이야기는 중세 내내 전해져오던 전설이었다. 그 내용을 보면, 어느 날 버나드가 수도원 안에 있는 십자가에 못 박히신 그리스도 상을 묵상하고 있었는데, 그때 예수께서 갑자기 내려와서 그를 끌어안아 주었다는 이야기다. 이때부터 수많은 사람들이 수도원을 찾아와서 버나드와 같은 신비 체험을 하려 했다. 이런 신비 체험은 먼저 역사적 예수의 생애를 읽고 묵상하는 것부터 시작해야 한다. 그럴 때 영혼은 현실의 모든 오염으로부터 빠져나와 정화되고 예수님과의 신비적 만남을 통하여 신과 합일(unio mystica)을 이루는 단계에 도달한다. 이런 신과의 합일을 추구하는 신비적 경건은 이미 추론적 신비주의자로 알려진 에크하르트(Meister Eckhart)에게서 시도되었고 그는 많은 추종자들을 거느리고 있었다. 그러나 그에게 결핍되었던 것은 역사적 예수의 생애에 대한 명상이었다. 특히 십자가에 못 박히신 예수 그리스도 없이 신과의 합일에 도달하려는 것이었다.

역사적 예수와 그가 십자가에 못 박히심을 강조한 경건은 버나드와 함께 독일의 신비주의자 요한 타울러(J. Tauler)에게서도 나타났다. 그는 설교가로서 실제로 민중 속에 들어가 역사적 예수와 그의 생애에 대한 설교를 통하여 민중을 감화시켰다. 이들은 그리스도의 생애에 대해 설교하면서 그리스도인의 삶에 나타나는 특징은 영광이 아니라 고난, 시험, 모욕, 박해 등이라고 강조했다. 같은 맥락에서 쓰여진 「독일 신학」(theologia deutsch)이라는 익명의 저자의 작품도 그리스도의 고난을 강조하고 있다. 또한 이런 신비주의와 맥을 같이하면서 역사적 예수의 삶을 그대로 본받고자 하는 운동도 일어났다. 그것은 「그리스도를 본받아」라는 작품을 쓴 네덜란드의 토마스 아 켐피스(Thomas a kempis) 같은 사람들이 추구하던 운동이었는데, '공동생활형제단'이란 이름으로 온 유럽에 전파되고 있었다.

역사적 예수에 대한 관심은 인문주의자들도 가지고 있었다. 그들의 본래의 관심은 "원천으로 돌아가자"(Ad fontes)는 것이었다. 이들은 이 원천이 그리스 로마의 고전이라고 보았다. 이 시대의 뛰어난 작품들을 읽으면서 인간의 가치를 높이고 인간 정신을 함양시키고자 했다. 이런 고전을 읽기 위해서는 원전 연구가 필수적이었다. 그래서 이들은 그리스어나 히브리어를 집중 연구했다. 그리고 고전을 이해하기 쉽게 번역하고 이를 통하여 고대인들의 정신을 본받고 그들의 단순하고 소박한 삶을 본받으려고 했다. 이런 이들의 정신은 교회 개혁으로도 이어졌다. 우선 복잡한 스콜라 신학을 비판했다. 스콜라 신학은 어려운 철학 용어들을 가지고 단순하고 소박한 성경을 어렵게 만들었다는 것이다. 그러므로 인문주의는 성경을 문법적으로 읽고 예수 그리스도의 소박한 삶을 본받는 것을 강조한다.

루터는 이러한 중세 시대의 아들로 자라났다. 정치적 격동기에 교회의 부패를 바라보며, 교회를 개혁시키기보다 도리어 더욱 혼잡하게 하는 스콜라 신학을 배우면서, 그리고 교회가 이래서는 안 된다고 외치는 그 시대의 학문과 경건 회복 운동들을 접하면서 자라났다. 이 시대의 모든 것이 어둠은 아니었지만 영적으로 볼 때 중세 시대는 어둠 속에 갇혀 있는 시간이었다. 구원의 빛은 서서히 비치고 있었지만 아직도 어두움을 물러가게 할 만큼 강하게 발현되지는 않았다. 그러므로 이런 시대를 개혁시키기 위한 큰 빛이 필요했다. 루터는 바로 이 큰 빛으로 부름을 받았다. 그러나 그는 아직 이 어둠 속에서 젊은 시절을 보내야만 했다.

구원의 시간

Martin Luther

구원의 시간

chapter 02

구원의 시간

로마 교회는 큰 음녀요,
이 교회의 행위는 종말을 맞을 것이요,
1516년경 수도사 한 사람이 나타나 교회를 개혁할 것이다.

출생과 성장[1] (1483-1505)

루터는 1483년 11월 10일 튀링겐 지역의 아이슬레벤(Eisleben)에서 태어났다. 그의 아버지 한스 루더(Hans Luder)는 농가에서 출생했으나 광산업에 뛰어들어 일평생을 보냈다. 그는 열심히 노력하고 절약하여 소작인을 거쳐 구리 제련업자로까지 신분이 상승하였고, 이로 인해 상당한 재산을 모았으며 주변의 신임도 얻어 시의원까지 지냈다. 그의 어머니 마가렛(Margarethe)은

---

[1] 이 장의 대부분의 내용은 Martin Brecht의 책에서 참고한 것이다. Martin Brecht, Martin Luther, Erster Band, Sein Weg zur Reformation, Calwer Verlag Stuttgart, 1990. 13-58.

루터 생가의 뜰

나중에 루터가 자신의 제2의 고향이라 불렀던 아이제나흐(Eisenach)의 린데만 가문에서 출생했다. 어머니에 대해서는 거의 알려진 바가 없지만, 루터 자신의 회고에 의하면 그의 어머니는 몹시 부지런했다. 또한 호두 하나를 훔쳤다고 자신의 종아리를 피가 나도록 때리면서 훈육할 정도로 엄격히 교육하는 어머니였다. 자신의 직업에 충실하면서 가정을 책임지는 아버지의 모습과 어머니의 엄격한 가정교육이 루터의 인격과 이후의 진로에 영향을 미쳤다는 것은 자명하다. 나중에 루터는 부모의 교육 방법에 대하여 때때로 부정적으로 말하기도 했지만, 그의 부모에 대한 회고는 전반적으로 긍정적이었다. 특히 자녀에 대한 훈육의 중요성은 후에 '하나님은 훈육을 통하여 신자를 바르게 만들어 가신다' 라는 그의 십자가 신학의 중심 사상으로 자리를 잡게 된다.

루터의 아버지 한스 루더 루터의 어머니 마가렛 루더

　루터는 만스펠드(Mansfeld)에서 초등 교육을 받았다. 이곳에서 그는 1497년까지 세 가지 기본 과목을 가르치는 학교(Trivialschule)에서 문법과 수사학, 논리학을 배웠다. 이곳에서 특히 당시 국제 언어였던 라틴어도 습득할 수 있었는데, 그는 중고등학교에서도 라틴어 공부를 계속하여 열여덟 살쯤 되었을 때는 라틴어를 이해하고, 말하고, 라틴어로 생각할 수 있는 수준에 올랐다. 이는 앞으로 그가 신학자로서 활동하고 더 나아가 국제적인 신학적 논쟁을 할 수 있는 길을 열어준 셈이었다. 그가 배웠던 세 과목은 그에게 고대의 고전들을 알게 했을 뿐만 아

구원의 시간 55

니라 그 당시 교회와 종교성에 대해서도 접하게 해주었다. 더 나아가 그는 여기서 음악도 배웠는데 대부분 교회 예전의 형태로 된 음악이었다. 이 음악 역시 그가 이후에 종교개혁을 해 나가는 데 큰 도움이 되었다. 루터가 초등학교 때 배웠고 이후 계속되는 학교 교육에서 발전시켰던 이런 과목들은 그가 종교개혁을 수행하는 데 유익하고 효과적인 기본 도구들이 되었다.

루터의 성장은 그의 고향 근처인 튀링겐 지역과 작센 지역을 맴돌면서 진행된다. 초등학교 교육을 받은 후 아버지는 그를 막데부르그(Magdeburg)로 보냈다. 이곳에서 그는 일 년 정도 체류하면서 당시 네덜란드로부터 시작되어 유럽에 퍼져나갔던 공동생활형제단과 교제하며 교회를 통해 얻지 못했던 경건한 영성을 경험하게 되었다. 그는 일 년 후에 어머니 친척들의 권유로 어머니의 고향인 아이제나흐의 성 게오르그 성당학교로 전학했다. 이 도시는 그 당시 약 4천 명이 살고 있던 작지 않은 도시였고 이곳 교회의 삶은 풍요하고 다채로웠다. 루터는 여기서 명문 가문인 하인리히 살베 가족과 고타 가족을 알게 되어 이 가정들로부터 경건하면서도 귀족적인 삶의 모습을 배울 수 있었다. 그는 여기에서 걸식수도사들의 전통이었던 구걸을 했는데, 특히 가정 방문을 하여 노래를 불러주고 대가로 받는 돈으로 생활비를 충당했다. 특히 여기서는 사제이면서 마리아 재단의 부사제인 요하네스 브라운(J. Braun)이라는 신부로부터 특별한 인상을 받았는데, 그로부터 종교적인 분야뿐만 아니라 시나 음악에 대해서도 배울 수 있었다. 더 나아가 여기서 그는 당시 보편적 현상이었던 '성 안나(H. Anna) 숭배'를 접하게 되었는데 나중에 자신이 수도승이 되겠다고 서원할 때도 성 안나의 이름을 불렀을 정도로 그의 마음에 깊이 자리 잡았다.

마지막으로 그는 이 도시에서 그가 일생 동안 잊을 수 없는 경험을 하게 되었는데 바로 프란체스코회의 참회 설교자 요한 힐텐(J. Hilten)의 설교를 들은 것이다. 힐텐은 그 당시 세속화된 기독교를 공격했고 "로마교회는 큰 음녀요, 이 교회의 행위는 종말을 맞을 것이요, 1516년경 수도사 한 사람이 나타나 교회를 개혁할 것이다"라는 묵시적 예언을 담은 설교를 했다. 그는 이 설교를 한 후 얼마 되지 않아 바이마르 감옥에 투옥되어 고생하다 아이제나흐 수도원에서 죽었다. 루터는 나중에 이 일을 회상하며 힐텐과의 연관성을 거듭 반복하여 말했다.[2]

루터의 고등학교 시절을 살펴보면, 그는 다른 학생들과 특별히 다른 점이 없는 평범한 학생이었다. 보이텔 교수는 이 점

---

2) WA Br 5 Nr. 1480, 3-12; WA 50, 601, 5f.

을 잘 지적하고 있다. "우리가 아는 한, 그의 생애의 첫 18년은 아주 평범하게 지나갔다. (다른 친구들에 비해) 괄목할 만한 것이나 특별한 것을 찾으려 한다면 헛수고일 뿐이다."[3] 그에게 특별한 점이 있었다면, 당시 중세 사회와 종교가 가진 좋은 것들은 물론 좋지 못한 것까지도 골고루 접할 수 있다는 점이었다. 말하자면 그는 중세로부터 전수 받은 유산들을 갈고닦아서 중세의 좋은 것들은 발전시키고 나쁜 것들은 개혁시켰다고 말할 수 있다.

이제 그의 대학 생활을 살펴보자. 그는 1501년, 1392년에 개교한 튀링겐의 주도인 에어푸르트(Erfurt)대학에 입학했다. 이 도시는 당시 인구 2만 명이 사는 큰 도시였다. 이 도시 안에는 서른여섯 개의 교회가 있었고 수도원들도 많았는데, 이는 각 종단들이 자신들의 수도원을 이 도시에 세웠기 때문이었다. 루터가 이 대학을 왜 선택했는지 그 이유는 정확히 알 수 없지만 대체로 이 대학이 가진 명성 때문으로 보여진다. 당시 에어푸르트대학의 철학부는 유명론(有名論; Nominalism)을 가르치는 학교로 독일 내에 널리 알려져 있었다. 사람들은 새로운 방법으로 가르치는 유명론을 '현대의 길'(Via moderna)이라 불렀는

---

[3] Albrecht Beutel. Martin Luther: Eine Einführung in Leben, Werk und Wirkung, Evangelische Verlagsanstalt, Leipzig, 2006, 33.

데, 이는 당시 학교와 교회를 주도했던 '스콜라 신학이 걸었던 '고대의 길'(Via antiqua)과 비교해서 붙인 칭호였다.

루터는 그의 학업을 교양학부에서 시작했다. 당시는 먼저 교양학부에서 교양을 공부하고 문학사를 취득한 후에 법학, 의학, 신학 중 한 분야를 택하여 본격적인 학업을 시작할 수 있었다. 교양학부에서는 일곱 가지 교양 과목(septem artes liberales)을 가르쳤는데 문법, 논리학, 수사학, 대수학, 음악, 기하학 그리고 천문학이었다. 이 대학에서는 당시 대학에서 유행하던 아리스토텔레스 철학의 영향이 커지고 있었는데, 그는 여기서 아리스토텔레스의 물리학, 영혼론(심리학), 도덕철학(특히 니코마코스 윤리학), 형이상학(존재론), 논리학을 공부했다.

이런 과목들에 대한 공부는 이후 그의 신학자로서의 삶에 지대한 영향을 미쳤다고 볼 수 있다. 루터 연구가들은, 그가 여러 과목들 중 특히 논리학 분야에서 에어푸르트의 유명론에 큰 빚을 지고 있다고 말한다. 유명론은 일반적인 개념들은 이름만 있을 뿐이지 실제로는 존재하지 않는다고 보는 관점이다. 일부 학자들은 이와 같은 유명론적 인식론이 이후 그의 교회론(보편적인 교회는 없고 단지 개별 교회만 있다)과 구원론(구원은 개인과 하나님의 일대일의 관계이다)에 영향을 미쳤다고 보고 있다. 강의 방법은 주로 당시 스콜라 신학자들이 하던 방법대로 학자들의 책 특히 아리스토텔레스의 책을 읽으면서 해석하고 또 형식논리학적으로 토론하는 방법이었다. 루터는 이런 방법을 잘 익혔고 이후 종교개혁자로서의 삶에서도 이것을 요긴하게 사용했다. 즉 그는 성경을 강의하고 논적들과 중요한 문제를 토론하는 데 이런 방법들을 적절하게 잘 사용했다.

에어푸르트에서 그가 특별히 영향을 받은 교수는 트루트페터(Jodokus Trutfetter)와 아놀디(Bartholomaus Arnoldi von Usingen)였다. 이들은 유명한 스콜라 신학자 가브리엘 비엘을 통하여 영향을 받은 사람들로 유명론의 대표자들이었다. 루터는 이 교수들을 통하여 당시의 유명론을 잘 습득하게 되었는데, 한때 그들이 자신이 발표한 95개조 논제에 대하여 반대를 표명함으로 인해 관계가 소원해진 적도 있지만, 루터 자신은 평생토록 이들에 대한 감사를 저버리지 않았다. 당시 에어푸르트에 퍼져 있었던 인문주의는 루터에게 큰 영향을 미치지 못했다. 인문주의의 영향은 그가 나중에 비텐베르그로 갔을 때, 특히 1518년 이후에 좀 더 강하게 받게 된다. 루터는 이 대학에서 철학과 기본 학과들에 매진하여 4년 후 할 수 있는 한 가장 **빠르게** 성공적으로 학업을 끝내게 되었다. 1505년 문학 석사 졸업 시험에서 그는 17명의 학생들 중 차석으로 합격했다. 루터는 이때 이미 학문을 하는 데 필요한 도구들을 알았고 또한 원숙하게 다룰 수 있었다. 특히 수사학 공부는 그가 라틴어 책들을 쓰고 강의를 하거나 성경을 해석하는 데 큰 도움을 주었다. 이에 비해 변증법에 대해서는 후에 비판적인 입장을 취했다. 이 방법은 사유를 날카롭게 하는 데는 도움이 되지만, 사용과 영향을 고려하지 못하고 실제적인 사실들로까지 밀고 들어가지 못해 결국 완전히 추상적으로 머무른다고 보았다.

이 시절 루터는 고대의 고전들과 그 저자들에 친숙해졌는데 일생 동안 이 책들을 언급하고 적절하게 인용하였다. 그는 특히 친구들로부터 '철학자'라는 별명을 얻을 정도로 철학 실력이 뛰어났다. 그리고 이처럼 뛰어난 철학 실력 때문에 나중에 철학적 신학인 스콜라신학을 예리하게 비판할 수 있었다. 에어푸르트대학에서의 공부는 루터가 이후 무슨 공부를 할지라도 해낼 수 있을 정도의 튼튼한 학문적 기초를 제공했다. 그는 곧바로 신학을 공부하여 대 신학자가 될 수 있었다. 그러나 그의 아버지의 소원은 당시 여느 아버지들처럼 그가 훌륭한 법관이 되는 것이었다. 루터는 아버지의 소원에 따라 먼저 법학을 공부하게 되었다.

회심과 수도원 입문(1506-1512)

회심

법학 공부를 시작한 후 한 학기가 지나고 방학이 되자 그는 갑자기 고향을 방문했다. 그가 고향을 방문한 이유는 정확히 알려지지 않았다. 이제 막 시작한 법학 공부를 그만두고 전공을 바꿀 목적으로 방문했을 수도 있다. 이는 루터가 후에 법학에 대하여 긍정적으로 회고한 적이 거의 없는 것으로 보아 법학이 그에게 맞지 않았기 때문이다. 또한 갑자기 아버지가 귀족 가문의 좋은 배필을 정해놓고 그가 와서 선을 보도록 하기 위해 고향에 다녀가라 했기 때문일 수도 있다.

여하튼 루터는 고향을 방문하고 다시 에어푸르트로 돌아오는 도중, 정확히 1505년 7월 2일에, 슈토테른하임(Stotternheim)에서 강력한 여름 뇌우를 맞는다. 그의 바로 옆을 때린 벼락이 그를 거의 사경의 상태로 몰아넣었는데, 이때 그는 종말론적인 하나님의 심판을 경험한다. 그는 여기서 빠져나갈 수 있는 유일한 방법은 수도사가 되는 길이라 생각하고 바로 그 자리에서 수도사가 되겠다는 서약을 한다. "거룩한 안나여, 나를 도와주십시오. 제가 수도사가 되겠습니다." 당시 신자를 지키는 성인으로 가장 각광을 받던 성 안나에게 도움을 청했다는 것은, 그가 아직도 중세의 사람이었음을 보여준다. 이 위기 상황에서 수도사가 되겠다는 서약을 하게 된 것도 시대에 불어닥친 종말론적 재앙의 상황에서 죽음을 두려워하던 중세인의 모습을 보여준다. 그러나 그토록 빨리 그런 서약을 하게 되었다는 사실을 볼 때, 우리는 그가 법학 공부를 시작한 이후에도 수도사가 되어야 한다는 거룩한 부담을 가지고 있었다고 추론할 수 있다.

나중에 루터가 경험한 슈토테른하임의 체험을 그의 친구들은 바울의 다메섹 체험과 비교하면서 '슈토테른하임의 체험'이라고 불렀다. 이 체험과 관련해서 우리가 잊지 말아야 할 점은 그가 이 체험을 한 후 상당한 숙고의 시간을 가졌다는 점이다. 그는 그의 친구들 그리고 에어푸르트의 선생님들과 이 문제에 대하여 깊이 상의한다. 그런 다음 뇌우가 있던 날로부터 15일째 되는 날, 즉 7월 17일에 드디어 수도사가 되기로 결심하고 수도원으로 들어간다. "이러한 주목할 만한 긴 모라토리엄은 루터가 단순한 기분에 따라 수도원에 들어간 것이 아니라 충분히 자기를 시험한 후에 수도사가 되었다는 것을 보여준다."[4]

루터가 수도사가 되기로 결심한 것은 여러 가지 이유가 있었겠지만 자신의 마음속에 늘 살아 있었던 죽음의 공포로 인하여 생기는 좌절과 절망을 극복하기 위한 방편이었다고 보아야 할 것이다. 이 공포를 극복하기 위해서는 수도사가 되는 것이 최상의 길이 아닐까 하고 생각하던 중 슈토테른하임에서 하나님의 진노를 경험하고 결심을 굳혔다고 볼 수 있다.

---

4) Beutel, 앞의 책, 39.

수도원으로 들어감

루터가 선택한 수도원은 에어푸르트대학에 바로 붙어 있는 어거스틴 은자수도원(Das Erfurter Kloster der Augustinereremiten; 1266년 설립)이었다. 그가 에어푸르트에 있던 여러 종단 수도원들을 멀리하고 이 수도원을 선택한 이유는, 그 당시 대체로 수도원의 규칙들이 해이해지고 있던 상황에서 수도사 규칙이 엄격한 종단을 선택해 철저하게 계율을 지키는 수도사가 되기를 원해서였다는 것이 일반적인 중론이다. 아직도 루터에게는 계율을 엄격하게 지킬수록 신에게 더 인정받을 수 있다는 당시의 신학적인 영향이 그대로 남아 있었기 때문이다. 또한 이 종단은 학문적 신학을 강조했고, 특히 어거스틴의 신학을 충실히 따르고자 하는 경향이 있었기 때문에 학문에 소질이 있었던 그의 마음을 끌 수 있었을 것이다. 그리하여 1년 동안의 신참 수도사 생활이 시작된다.

우선 당시 수도사들이 어떻게 생활했는지에 대하여 개괄적으로 살펴보자. 수도사로서 그의 삶은 대부분 후기의 루터 자신의 회고에 기초하고 있다. 먼저 수도원 삶의 중심 요소로 여겨졌던 시간 기도가 있다. 자정에 드리는 기도가 있었고, 아침 6시와 9시 그리고 정오에 드리는 기도가 있었다. 아침에는 수도원 거주자 전체가 드리는 아침 미사가 있었고 점심 식사 후에는 잠시 휴식 시간이 주어진 후 저녁 예배가 드려지고 저녁 식사가 이어진 다음 하루가 마감되었다. 모든 성무일과(聖務日課)가 끝나면 수도사들은 '구원하시는 여왕이시며 어머니이신 마리아여'라는 찬송을 불러야 했다. 개혁파 수도원인 어거스틴 은자수도원에서는 정식으로 드려지는 예배를 중요시했고, 성무일과의 노래와 기도는 모든 수도사에게 의무가 되었다. 루터 자신도 수도원의 예배를 매우 중요하게 생각했다. 심지어는 미사와 시간 기도 그리고 묵주 기도(로자리오)를 통하여 죄를 속하려 했고 하나님과 화해하고 복을 기원했다. 시간 기도를 소홀히 하는 것은 심각한 죄로 여겨졌다.

기도는 세 단계로 행해졌다. 단순히 이해되지 않은 낭독(낭음)의 단계에서 시작하여, 단어의 의미를 형식적으로 고찰하는 단계를 지나서, 경건과 영적 각성에 상응하고 기도의 본래의 본질과 자질을 이루었던 영광스러운 기도로 나아갔다. 그런데 이 기도 시간을 비롯한 수도원의 계율들을 어길 경우 죄의 등급이 정해지고 그 등급에 따라 판결을 받았다. 아주 가벼운 죄, 즉 성가대와 식사 시간에 지각하는 것, 기도문을 잘못 읽거나 노래하는 것, 교회에서 떠드는 것 등의 죄를 지었을 때는 벌칙으로 시편 기도를 반복해야 했다. 싸움, 거짓말, 이간질, 중상모략, 여자와 말하는 것, 금식을 파기하는 것과 같은 무거운 죄를 지으면 삼일 동안 금식을 하거나 시편기도를 반복해야 했다. 또 목이 곧은 반역이나 완고함, 죽을 죄, 은밀한

착복 등과 같은 죄는 극심한 중죄에 해당하여 규칙에 의해 수도원에서 추방됨과 같은 가장 심각한 처벌을 받아야 했다. 금식도 강조되었는데 이는 단순히 자신의 몸을 제어하기 위한 수단이 아니라 이를 통해 죄를 제거하고 하나님 앞에 공적을 쌓아 은혜와 하늘을 획득하려는 것이었다.

    수도원에서 또한 강조되었던 것은 고해성사였다. 수도원의 삶은 수도사들에게 철저한 자기탐색을 요구했다. 고해 제도는 인간은 죄인이며 불완전한 존재라는 전제에서 출발한다. 그러므로 이런 죄인들은 고해를 통해 하나님의 판단을 받아야 한다. 죄를 깨달은 사람은 마음으로 뉘우치고 입으로 고백하고 신부로부터 사면을 받아야 한다. 그리고 신부가 부과하는 만족 행위(satisfactio), 즉 보속(補贖)해야 한다. 고해성사는 자신의 업적과 약속된 용서의 말씀을 통한 사면을 섞어놓은 것이었다. 고해의 목적은 인간이 하나님과의 관계를 깨끗한 관계로 바로 세우려는 것이었다. 그러나 이런 좋은 목적을 가지고 있었음에도 불구하고 고해제도는 문제점을 수반하고 있었다. 고해가 공적의 수행으로 간주되었음에도 불구하고 그 수행의 완성에 대하여 누구도 결코 확신할 수 없다는 것이다. 용서가 하나님의 용서의 약속에 대한 믿음보다 인간 편에서 통한의 뉘우침과 만족 행위의 수행에 의존하고 있었으며, 참된 통회는 구원을 위한 전제가 되었다. 상급 수도사들이 감독을 하므로 끝없는 죄에 대한 자기 조사가 있어야 했다. 그러나 이런 것은 양심의 불안을 가져다주고 무엇보다 용서의 확신을 가져다주지 못했다. 루터는 나중에 말하곤 했다. "하나님께서 내 죄를 용서해주셨는지 누가 알 수 있단 말인가?" 이런 잘못된 고해 방법으로 인해 연옥에 대한 끔찍한 두려움과 끊임 없는 절망이 생겨났다. 나중에 그는 자신이 이렇게 된 원인을, 그가 고해할 때 그 무게를 약속의 말씀이 아닌 죄의 고백에 두고 죄를 계속 붙잡고 있었기 때문이라고 말했다.

루터 자신의 회고에 의하면, 수도사로서 그는 항상 만족을 누리지 못한 것은 아니었으며 자신은 여러 수도사들 중 가장 열심 있는 수도사였다고 한다. 그래서 루터가 평생토록 수도원주의를 결코 포기하지 않고 붙잡고 있었다고 말하는 학자들도 있다. 그러나 수도원 생활이 계속되면서 그는 이 제도가 가지고 있는 위선과 잘못된 점을 분명히 보게 되었다. 그는 수도원 생활을 해나가면서 자신 안에 있는 모순, 즉 죄를 없애기 위해 모든 규칙을 준수하려 애를 썼지만 그럴수록 죄가 없어지는 것이 아니라 그의 내면에서는 더욱 죄를 짓고 있는 자신을 발견하게 되었다. 더욱 많은 경건 훈련을 쌓았지만 문제는 해결되지 않고 더욱 악화되고 있었다. 수도원은 여러 가지 좋은 점이 있었음에도 불구하고 치명적인 문제점이 있었는데, 엄격한 규칙을 강조하지만 하나님의 은총에 대한 믿음과 죄를 용서하시는 하나님의 자비에 대한 믿음을 강조하지 못했다는 것이다. 은총을 강조하는 어거스틴의 가르침과는 달리 실제로는 공적을 통한 구원을 주입시키고 있었다. 이런 문제가 해결되지 않은 상태에서 그는 사제 서품을 받는다.

사제 서품

1년이 지난 후 수도원 규칙에 따라 가입 서약식을 거행하게 되는데 그는 이때 삼중 서약을 해야 했다. 먼저는 하나님께 복종하고, 그 다음에는 마리아와 종단 규칙에 복종하며 마지막으로 평생토록 의무가 되어야 하는 가난과 정절에 대한 서약을 했다. 그 당시 수도사들은 이런 서약을 통하여 은혜의 본래 상태로 되돌아갈 수 있다고 믿었고, 서약을 어겼을 경우에는 이런 은혜를 잃게 될 수도 있다고 생각했다. 그는 이제 정식 수도사가 되었다. 그런데 과연 그는 우수한 수도사였을까? 어떤 사람들은 그가 수도원에 들어가고 난 후부터 곧바로 수도원 생활에 싫증을 냈다고 말하는데 이는 사실이 아니다. 그는 종단 선배들로부터 사제로 추천 받을 만큼 모범적으로 수도원 생활에 열심을 냈다.

사제가 해야 할 일들 중 가장 중요한 일은 미사를 집전하는 일이었다. 미사 집전을 준비하기 위해 루터는 튀빙겐의 신학자 가브리엘 비엘이 지은 「미사법 해석」을 연구해야 했다. 이 책에서 비엘은 89개의 과를 통해 성경과 교부들 그리고 스콜라 신학자들을 인용하면서 서품의 권세들에 대한 전제들에 대하여, 면죄부, 성자 숭배, 성례에서의 그리스도의 임재, 주기도문 혹은 미사 예식의 실천적 문제들 등과 같은 신학적 문제들을 상세히 토론한다. 루터는 이 책으로부터 강한 인상을 받았지만 문제점도 발견했다. 비엘은 미사 시 그리스도의 육체적인 현존을 주장했는데, 루터는 인간이 과연 그리스도를 만날 자격이 있는가라는 의문을 가졌다. 또한 비엘 자신은 하나님의 은혜가 심판을 뛰어넘는다고 말하면서도 시편 71편 2절과 같은 구절을 해석할 때 그리스도를 심판자로 해석하고 있는데, 루터는 하나님의 현존과 심판자의 현존 속에서 인간이 모든 죄를 고했는지 그리고 하나님과 순전하게 만나게 될 수 있는지에 대한 의심도 생겼다.

이런 문제를 안고 그는 1507년 4월 3일 사제로 서품을 받고 5월 2일에 첫 번째 미사를 집전한다. 미사에 참여한 사람들은 주로 루터의 친구들과 친척들이었다. 그는 첫 번째 미사에서 여러 가지 실수를 했고 또 하나님에 대한 큰 두려움을 갖게 되었다고 회고했다. 그는 사제 직분에 대하여 높이 평가했고 그의 주요 과제인 미사에 관해서도 진지하게 생각했으며 미사를 잘했을 때 그가 하나님께 희생을 드렸다고 생각했다. 그러나 이 미사 행위 속에서도 그는 문제점을 발견했다.

미사 예식의 전제로서 요구되었던 죄로부터의 청결은 그가 거의 할 수 없는 것이었다. 그에게는 죄 용서의 확신이 부족했으며, 깨끗하지 못한 행위 때문에 심판하시는 그리스도에 대한 두려움을 가지고 제단에 올라갔다. 미사가 실행되었어도 확신이 부족했다. 그리고 심판자에 대한 두려움이 그 마음에 항상 존재하고 있었다. 본래의 문제는 중세 신학과 경건의 근본 구조에 놓여 있었는데, 이런 구조에서는 인간이 하나님과 교제를 할 수 있기 위하여 인간 자신이 스스로 확신을 만들어 내야 했다. 이런 미사를 비판한다는 것은 그에게 상상조차 할 수 없는 일이었다. 미사는 가톨릭 교회의 경제적 토대이자 사제주의의 기본 토대였고, 미사를 공격하는 것은 하나님과 피조물들 그리고 삶과 죽음과의 싸움을 의미했기 때문이다. 루터가 후에 말했던 것처럼 미사는 중세 교회와 교황주의의 핵심이었다.

시험

수도원 생활이 계속되면서 그는 시험의 폭풍에 휩싸였다. 그의 시험은 그리스도에 대한 잘못된 이해에서 기인한 것이었다. 그는 그리스도를 인간의 행위에 따라 심판하시는 심판자로 생각했다. 심판에 대하여 생각할 때도 종말론적인 심판보다는 현재적 심판에 더욱 무게를 두었다. 그에게 있어 심판하시는 그리스도의 현존은 미사에서 구체화되었다. 당시 사람들과 마찬가지로 루터도 그리스도보다는 마리아가 하나님과 인간의 중보 역할을 한다고 보았다. 십자가에 못 박히신 그리스도 역시 그에게는 심판자로만 보였다. 마구간에서 태어나신 그리스도도 위로가 되지 못했다. 사람들은 하나님의 아들이신 그리스도보다 마리아를 훨씬 더 신뢰했다. 당시 수도원에서 그리스도는 위로자, 행복을 주는 자, 해방자보다는 전제적인 폭군으로 간주되었다. 이러한 그리스도는 율법의 수여자 모세와 별반 다를 게 없었다. 그래서 그는 상처를 입고 고난당하시는 그리스도를 피했는데, 죄의 용서는 인간 자신의 행위를 통하여 얻어진다고 보았기 때문이다.

루터는 그리스도에 대한 이런 잘못된 이해를 당시의 교회와 신학에 책임을 돌렸다. 당시의 신학자들은 그리스도의 화육을 진지하게 고려하지 않았다. 그리스도에 대한 이 잘못된 가르침이 그가 시험에 든 이유가 되었다. 그런데 이와 같은 상황에서 그로 하여금 그리스도에 대한 바른 상을 갖도록 도와준 사람이 바로 그의 고해 신부였던 슈타우피츠(Staupitz)였다. 그는 루터에게 그리스도를 새로운 방법으로 보도록 가르쳤다. 즉 우리와 연대를 이루시는, 고난당하시는 그리스도로 바라보도록 가르친 것이다. 그가 가르쳐준 그리스도상은 온전히 종교개혁적인 것은 아니었지만 아직 중세적이라 할지라도 당시 시험을 당하고 있는 그에게는 큰 도움이 되었다.

  그리스도를 심판자로 인식하면서 생긴 시험은 아직도 한 등급 아래의 시험이었다. 그보다 더 높은 등급의 시험은 바로 자신이 하나님의 은혜로부터 떨어졌으며 그로 인해서 영원히 잃어진 사람이 아닌가 하는 생각으로부터 오는 시험이었다. 이때는 성인들의 중보 기도도 효력이 없었고 오직 진노하시는 하나님과만 관계되어야 했다. 사람들은 이런 시험을 '은혜의 폐지를 통한 시험' 혹은 '은혜로부터 버림받음의 시험' 혹은 '신성모독의 시험'이라고 불렀다. 이러한 상태는 영혼의 곤경으로 간주되었을 뿐만 아니라 동시에 심한 죄책감으로도 여겨졌는데 이를 통하여 하나님의 자비가 의심되었기 때문이다. 수도사들은 이와 같은 의기소침을 '사탄의 목욕물'이라고 불렀다. 이런 시험으로 인하여 그가 얼마나 어려움을 겪었는지는 1518년에 했던 말에 잘 드러나고 있다.

> "나도 '한 사람을 알고 있었다' (고후 12:2). 이 사람은 자기가 이러한 벌을 자주 당했다고 주장했다. 실제로 그 벌을 받는 시간은 매우 짧았다. 그러나 그 벌은 너무도 끔찍해서 지옥이나 다름없었다. 그 어떤 혀로도 그 벌을 제대로 표현할 수 없다. 그 어떤 펜으로도 묘사할 수 없다. 실제로 경험해보지 못한 사람이라면 그 벌을 믿을

수 없을 것이다. 그 벌은 너무도 가혹해서 비록 그 벌을 받는 시간이 30분, 아니 한 시간의 6분의 1 동안 지속되었다고 할지라도 그는 완전히 사멸되었을 것이며, 그의 모든 뼈는 재로 변했을 것이다. 그때 하나님은 떨리도록 진노하고 계신 것 같으며, 만물이 그와 함께 있는 것처럼 보인다……."[5]

그러나 하나님께 버림받음이라는 시험에 있어 문제가 되는 것은 바로 하나님을 통한 선택과 유기의 시험이었다. 루터는 이런 시험 중에서 특히 자신의 고해 신부였던 슈타우피츠로부터 도움을 받는데, 그는 시험으로 고통당하는 루터에게 "십자가에 못 박히신 그리스도를 바라보라!"고 권면했다. 루터는 그의 권면에 따라 시험을 적극적으로 검토하게 되었는데, 하나님께서 멀리 떨어져 계심이라는 경험은 하나님의 특별한 접근으로 해석되었다. 여기에 대한 모델은 고난당하신 그리스도 그분 자신이었다. 그리스도께서 십자가상에서 "하나님이여, 어찌하여 나를 버리셨나이까?"라고 고백할 때 실제로 하나님은 그와 가장 가까이 계셨던 것이다. 이런 식으로 성경을 해

---

5) 베른하르트 로제, 루터연구입문, 이형기 옮김, 서울: 크리스챤 다이제스트, 1993, 47-48.

석하니 큰 위로가 되었다. 루터는 이 사상을 나중에 그의 십자가 신학 속에 물려받는다.

시험은 그의 신학 형성에 중요한 요소로 작용했다. 단지 일시적이 아니라 그는 일생 동안 시험을 경험하며 살았다. 루터는 나중에 그런 시험을 통하여 심한 시험에 휩싸이고 또 이 시험을 극복하면서 자신의 신학이 더욱 깊어지게 되었다고 말한다. "시험 속에 신앙의 가장 깊은 물음들, 즉 하나님과 그리스도의 본질 그리고 인간의 규정과 가능성이 관계되어 있다. 나는 내 신학을 단번에 배운 것이 아니다. 도리어 항상 더 깊이 더 깊이 숙고했다. 그때 내가 당한 시험들이 나를 한 발자국 앞으로 데려다주었다. 왜냐하면 실천적인 사용 없이 우리는 배울 수 없기 때문이다."[6]

성경

슈타우피츠 원장의 권면을 통하여 많은 도움을 받았지만 그에게 결정적으로 도움을 준 것은 성경이었다. 그는 시험을 당하면서 성경에 좀 더 깊은 관심을 갖게 되었다. 그 당시 수도원에서나 대학에서 성경을 보는 경우는 희박했으므로 그 역시 성경을 접할 기회를 거의 갖지 못했다. 그는 당시를 회고

---

6) Brecht, ibid, 88.

하면서 이렇게 말했다. "사람들은 로마서를 바울 당시의 일련의 토론들로 간주했고 자신의 시대를 위해서는 사용될 수 없는 것으로 간주했다. 일반 대학에서는 성경을 거의 강의하지 않았고, 토마스나 둔스 스코투스나 아리스토텔레스가 강독되었다. 혹시 강의하더라도 아리스토텔레스 철학의 범주 하에서만 읽혀졌다. 예언자들과 사도들의 이름은 거의 인용되지 않았다. 토론 주제는 스코투스나 아리스토텔레스로부터 발췌되었고 스콜라적 방법으로 나누어졌다."[7] 요약하면 루터 당시 수도원에서나 대학에서 성경은 전적으로 덮여졌거나 알려지지 않았다. 성경 해석은 전혀 중요한 역할을 하지 못했다. 루터는 스콜라 신학자들이 성경을 단지 지적 인식을 위하여 그리고 하나의 역사 문서로 읽었지 실존적 묵상을 위해서 읽지 않았다고 비판했다. 하지만 그는 성경을 묵상하고 되새김질해야 한다고 주장했다.

루터의 생애를 살펴볼 때, 그는 어렸을 때부터 성경에 대하여 특별한 관심을 가진 사람이었다. 그는 예배 때나 예식을 통해 그리고 성경 이야기를 통해 성경 말씀을 접하고 큰 관심을 가졌다. 그러나 스무 살이 될 때까지도 성경을 본 적이 없었다. 그가 에어푸르트 대학을 졸업할 때에야 비로소 대학 도서

---

7) Brecht, ibid, 89.

관에서 처음으로 성경을 접하게 되었고 사무엘 이야기를 처음으로 읽었다. 그때까지는 그런 본문들이 성경에 있을 것이라고만 믿고 있었다. 그는 신입 수도사 시절 붉게 물든 성경 한 권을 받아 가지고 있던 적이 있었다. 비록 나중에 **빼앗기**긴 했지만 그는 이 기간에 성경에 대한 상당한 식견을 갖게 되었다고 말했다. 루터는 읽을 본문을 찾아 그것을 묵상하고 반추했으므로 모든 장의 요약본을 가질 정도가 되었다. 1533년에 그때를 회고하면서, 그는 매년 2회 정도 성경을 읽었고 이 나무에 달린 모든 작은 가지들을 다 훑었다고 술회했다.

루터는 자신이 에어푸르트 수도사들 중 성경을 읽은 유일한 사람이었다고 회고했다. 성경에 대한 그의 열정적인 사랑과 탁월한 식견 때문에 그는 슈타우피츠 신학원장에게 주목을 받게 되었다. 이 교수는 대학과 수도원에서 성경에 대한 무관심과 경시의 풍조를 비판하면서 성경 연구를 학교에 도입시킨 예외적인 사람이었기 때문이다. 그는 개혁 종단들에 성경 연구를 복원시킨 사람이었고 최고의 천재들을 모아 신학 공부를 시켰다. 이 서약 기간이 끝나고 루터는 다시 성경보다는 신학 책들에 매달리게 되었다. 그러나 그는 틈틈이 성경을 읽었고 성경 연구를 하고자 하는 소원에 불타게 되었다. 그는 철학과 신학을 맞바꾸었으면 하는 바람을 가졌고, 신학을 '호두의 알맹이와 **뼈**와 밀의 골수를 탐구하는 학문'이라고 불렀다. 그는 성경을 연구하면서 「표준 주석」(Glossa Ordinaria)과 니콜라우스 리라(Nikolaus von Lyra)의 「성경해설」을 읽게 되었는데, 후자는 특별히 성경을 역사적으로 해석한 책이었다. 이런 교부들과 신학자들의 책을 읽을 때 척도는 항상 성경이었다. 그는 교부들과 신학자들의 말을 성경과 연관지었고, 성경으로 측정했다. 그리고 성경을 좀 더 깊이 이해하기 위해서 정식으로 신학 공부를 시작했다.

신학 공부

루터는 성경을 읽고 묵상하고 또 십자가에 못 박히신 그리스도를 묵상하면서 점점 자신에게 일어난 시험을 극복해나가고 있었다. 그러던 중 그는 본격적으로 신학 공부를 시작하게 되는데 우선 스콜라 신학자들의 글을 공부했다. 가브리엘 비엘, 오캄의 윌리엄, 둔스 스코투스, 토마스 아퀴나스를 공부했다. 이런 스콜라 신학자들에 대한 공부는 나중에 스콜라 신학의 문제점을 파헤치는 데 크게 기여한다. 그리고 네 권으로 된 피터 롬바르드의 「문장론」을 주해하였는데, 이 책은 당시의 조직신학 책으로 모든 학생들이 공부해야 할 교과서와 같은 책이었다. 그는 여기서 어거스틴을 비롯한 교부들의 글을 대하게 되면서 이들의 도움으로 바울을 새롭게 이해하기 시작한다. 의에 대한 바울의 이해가 스콜라 신학자들이 말한 이해와 어느 정도 차이점이 있음도 느끼게 된다.

이렇게 신학 공부에 빠져들고 있을 때, 갑자기 에어푸르트 수도원 상급자들로부터 작센의 영주가 자신이 체류하기 위해 선택한 도시인 비텐베르그에 1502년에 세운 비텐베르그대학에 가서 교양 과목을 가르치라는 분부가 떨어졌다. 그는 즉시 비텐베르그로 가서 아리스토텔레스의 니코마코스 윤리학을 가르쳤고 동시에 신학 공부도 계속했다. 비록 아직 시작 단계이기는 하지만, 스콜라 신학자들이 아리스토텔레스의 철학에 많이 오염되어 있다는 생각을 하게 되었고 어거스틴이야말로 가장 바울적인 신학자임을 깨닫게 되었다. 그러는 사이에 루터는 슈타우피츠 원장의 주목을 받게 되어 그의 권유에 따라 그의 지도 하에 박사학위 논문을 쓰기 시작했다. 또 종단의 대표로 로마를 방문하기도 했다. 로마 방문을 통하여 그는 로마 가톨릭이 심히 타락했다는 것을 몸소 경험했다. 특히 미사가 얼마나 형식적으로 행해지고 있는지를 목격하고 개탄했다. 로마에서 돌아온 후 1512년 루터는 드디어 신학박사 학위논문을 끝내고 신학박사가 된다. 그리고 어거스틴 은자수도원 독일 종단의 부총회장 직을 맡기 위하여 학교를 그만두어야 하는 슈타우피츠의 뒤를 이어 그의 추천을 받아 비텐베르그대학교의 성경 교수가 되었다.

에어푸르트 수도사 시절은 이후 개혁자로서 루터의 행보에

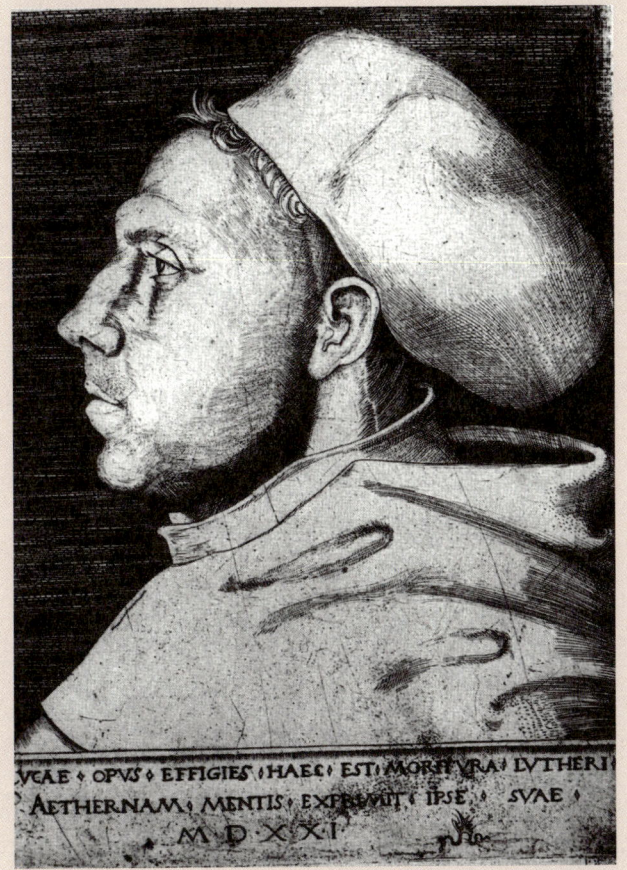

박사모를 쓴 루터

여러 가지 면에서 많은 도움을 준 시간들이었다. 계율 준수를 통하여 하나님의 진노로부터 빠져나올 수 있다는 생각의 허구를 볼 수 있었고, 예정의 난제를 십자가에 못 박혀 죽으신 예수 그리스도를 바라봄으로 극복할 수 있다는 생각을 갖게 되었다. 그리고 무엇보다 오직 성경만이 시험당하는 자에게 위로가 될 수 있다는 확신을 가질 수 있었다. 또한 아리스토텔레스의 철학에 영향을 받은 스콜라 신학자들이 잘못된 구원관을 가지고 있다는 것을 보게 되었고, 교부들을 통하여 바울을 바로 이해하기 시작했다. 바울은 구원에 대해 스콜라 신학자들과 다르게 말하고 있다는 것을 그는 확신하게 되었다.

비텐베르그대학 교수 활동과 첫 번째 강의(1512-1517)

비텐베르그대학 교수로 취임하고 난 후 루터는 곧바로 시편을 강의하기 시작했다. 시편을 강의한 후에는 바울 강의로 넘어가 로마서를 강의했고 이어서 갈라디아서와 히브리서 강의를 계속해 나갔다. 이 초기의 강의들은 루터 연구의 초기에는 크게 주목받지 못했다. 그러나 20세기 초 루터 르네상스를 시작한 칼 홀(Karl Holl)이 등장한 후 이 초기의 강의들은 주목받기 시작했고 심지어는 루터 신학의 정수가 담긴 작품들로 평가되기 시작했다. 무엇보다 루터는 이 작품들의 주석에서 그의 십자가 신학(theologia crucis)의 토대를 형성했다. 그리고 이 십자가 신학을 바탕으로 하여 당시 지배적인 신학이었던 스콜라 신학을 비판하고 또 95개조 논제를 작성하여 당시 로마 교회의 부패와 그 교회가 붙잡았던 신학인 영광의 신학(theologia gloriae)을 비판했다.

시편 강의

일반적으로 루터를 생각할 때, 많은 사람들이 루터가 성경 가운데 로마서와 갈라디아서를 가장 선호했을 것이라고 생각한다. 이는 루터가 이신칭의 교리를 확립한 사람이라고 생각하기 때문이다. 하지만 이 주장은 루터의 로마서 주석의 경우에는 거의 해당되지 않는 말이다. 왜냐하면 로마서는 루터가 그의 생애 초기에 해당하는 1515~1516년에 단 한 차례밖에 강의하지 않았고 그 분량도 매우 적기 때문이다. 갈라디아서의 경우에는 어느 정도 맞는 말일 수 있다. 루터는 일생 동안 세 차례, 즉 1516년과 1519년 그리고 1531년에 갈라디아서를 강의했으므로 책의 분량도 많고 또 그의 신학에서 차지하는 비중도 대단히 크다. 뿐만 아니라 갈라디아서를 통해 우리는 그의 칭의론의 진수를 전달받을 수 있기 때문이다. 그럼에도 불구하고 갈라디아서는 루터가 일생 동안 가장 심혈을 기울여 쓴 책은 아니다.

그렇다면 루터가 가장 선호했고 심혈을 기울여 쓴 책은 어떤 책인가? 바로 시편이다. 시편 강의는 이 강의에 바친 수년간의 시간이나 분량에서 다른 책들에 대한 그의 주석들과 비견될 수 없다. 루터는 이미 1513~1515년에 제1차 시편 강의(Dictata super Psalterium)를 했고, 1519~1521년에는 '시편에 대한 명상'(Operationes in Psalmos)이라는 이름으로 또 한 번 했고, 마지막으로 1532~1534년에 또 한 차례 강의했다. 물론 중간중간 했던 시편 강의와 주석들도 있다. 이 책들은 대부분 라틴어로 되어 있고 영어나 독일어로조차 전 권이 번역되어 있지 않은 상태였다. 그런데 이 시편들 속에 갈라디아서를 능가할 정도의 루터 신학의 정수가 담겨 있고 그것은 그의 신학의 심층을 보여주고 있다.[8]

시편이 학계에서 주목을 받게 되고 본격적으로 연구되기 시작한 것은 무엇보다 독일 학자 에벨링(Gerhard Ebeling)의 공로 때문이다. 그는 루터의 제1차 시편 강의를 연구하여 "복음적인 복음서들 해석"이라는 제목으로 박사 학위를 받는다. 이것은 성경해석학적 측면에서의 연구라는 한계를 가지고 있는 논문이지만, 그의 연구를 통하여 시편은 학계에서 주목을 받게 되

---

8) 여기에 대하여 필자는 <그 말씀. 2008년 10월호>에 '루터의 시편 이해'라는 제목으로 작은 글을 기고했다.

었고 특히 루터 신학의 시작(Initium theologiae Lutheri)과 관련된 토론을 하면서 더욱 많이 연구되고 있다.

그렇다면 루터는 왜 비텐베르그대학 교수가 된 후 첫 번째 강의로서 시편을 선택한 것일까? 그 이유는 무엇보다 그가 몸담았던 수도사로서의 삶에 기인한다. 수도사들의 기도문 내용은 대부분 시편이었고, 수도사들은 그날그날 주어진 시편 말씀들을 묵상하면서 기도했다. 따라서 그는 시편의 주요 구절들을 거의 다 암송하고 있었고 그 때문에 큰 어려움 없이 강의할 수 있었을 것이다. 그러나 또 다른 이유가 있다. 바로 그가 시편 구절들을 묵상하면서 일부 구절들의 의미를 알지 못해 적지 않게 애를 먹었기 때문이다. 특히 그는 '하나님의 의'가 나오는 시편을 해석할 때 이 개념을 어떻게 이해해야 할지 몰라 난처할 때가 많았다. 처음에 시편 31편 1절의 "주의 공의로 나를 건지소서"를 읽고 노래했을 때, 그는 깜짝 놀랐는데, 이는 그가 하나님의 의를 하나님의 심판으로 이해했기 때문이었다. 하나님의 의가 죄인에 대한 심판을 의미한다면 그는 멸망당할 수밖에 없고 구원을 받을 수 없었다. 2편 11절의 "여호와를 경외함으로 섬기고 떨며 즐거워할지어다"라는 말씀을 읽을 때도 그랬다. 71편 2절의 "주의 의로 나를 건지시며"라는 말씀도 비엘의 해석 방법에 따라 미사 때 현존하는 심판자 그리스도로 해석했다.

그러나 1513년부터 시작한 제1차 시편 강의를 통해 시편을 깊이 묵상하게 되었고 시편 말씀을 바로 이해하면서 시험은 극복될 수 있었다.

그가 시편 강의를 어떻게 해나갔는지 살펴보자. 그는 시편의 본문들을 행간 사이를 넓게 하고 좌, 우, 아래에 넓은 여백을 두도록 만들어 학생들에게 나누어주었다. 먼저 중요한 단어에 간단한 설명을 달았는데 이것을 행간주석(Interlinearglossen)이라 불렀고, 이어서 좀 더 상세한 설명이 따랐는데 여백주석(Randglossen)이라 불렀으며, 마지막으로 연결시키는 설명을 덧붙여주었는데 이것을 강의(Scholien)라 불렀다. 그가 본문을 주석하기 위해 참고했던 주석들은 스콜라 신학자들의 책들과 교부들의 책들 그리고 리라(Nikolaus von Lyra)와 제롬(Hieronymus), 크리소스톰의 책들이었으며 어거스틴의 펠라기안 반박서들도 사용되었다. 하지만 그는 스콜라 신학자들이 하듯이 단순히 이런 보조 서적들을 인용하고 조합하는 데 만족하지 않았다. 먼저 본문이 무엇을 의미하는지를 집중적으로 들으려 했다. 그는 본문을 묵상함으로써 본문을 이성적으로 이해하는 것에서 끝나지 않고 그 말씀이 정서적으로도 자기에게 경험되게 하려 했다. 즉 이런 들음을 통하여 성경 본문과의 지속적인 내적 교제를 가지려 한 것이다.[9] 그리고 그는 본문을 자기 생각에 따르도록 하는 것이 아니라 성경 본문이 말하는 방식을 따르려 했다. 또한 자기의 실존적 문제들과 본문을 연관시켜 생각하려 했는데, 무엇보다 자기 안에 일어난 시험을 극복하기 위해서 시편의 구절들을 읽고 묵상했다. 그리하여 바른 이해에 도달했을 때 그는 자신의 시험도 극복할 수 있었다. 그래서 그는 나중에 "시편은 시험의 책이고 시험당하는 자를 위한 책이다"라고 말했다.

그는 이 시편을 이해해 나가면서 놀라운 하나님의 구원 방식을 발견하게 되는데, 바로 하나님께서 신자를 다루시는 특이한 행동 방식을 발견한 것이다. "하나님은 오직 은혜로 그리스도의 의를 신자에게 전가시킴을 통하여 믿는 자를 의롭게 하신다. 그러나 그는 곧바로 성도에게 환난을 주시는데, 이는 성도가 안주에 빠지지 않고 계속 영적 전투를 해나가도록 하기 위함이다. 그런데 이런 환난은 여러 가지 육적인 고통뿐만 아니라 성도의 영혼 안에 일어나는 영적인 시험들이다. 이 환난과 시험을 이길 수 있는 유일한 방법은 하나님의 약속에 대한 신뢰와 부르짖는 기도다. 특히 환난 중에 십자가에 못 박히신 그리스도를 바라보고 그를 불러야 한다. 그를 믿음으로 성도는 시험을 극복하고 점점 더 그리스도를 닮아간다." 이것이 바로 그가 1518년 이후로 말했던 십자가 신학이라고 부른

---

9) Brecht, Martin Luther, Bd. 1, 131.

내용이다. "하나님은 십자가, 즉 환난과 시험 없이 신자를 구원하시는 법이 없다"는 것이 그가 말한 십자가 신학이다.

그는 이런 하나님의 기이한 인도 방법이 이미 구세주의 생애에서 나타났다고 말한다. 누가복음 24장을 인용하면서, 그는 하나님께서는 예수 그리스도를 구원하실 때도 먼저 그를 고난에 내어주시고 그 다음에 그에게 면류관을 씌우셨다고 지적한다. 이처럼 하나님은 신자 역시 고난을 통하여 영광으로 이끄신다.

그는 '하나님의 의'라는 표현도 하나님께서 신자를 다루시는 방식과의 관계 아래 해석할 때 바르게 해석할 수 있음도 알게 되었다. 하나님은 신자를 의롭게 만들기 위해서 먼저 심판하시고 그런 다음 그를 의롭게 하신다는 것이다. 하나님의 의는 먼저 심판이고 그 다음 구원이다. 그러므로 하나님의 의라는 말을 들을 때 절망할 필요가 없는 것이다. 구원해주시기 위해서 심판하시는 의이기 때문이다.

루터가 시편 강의를 통해 얻은 최고의 수확은 하나님께서 신자를 다루시는 방식의 발견이다. 그는 신자에게 다가오는 고난과 환난, 시험과 핍박 등이 바로 하나님 자신에게서 유래한다는 귀한 진리를 발견한다. 이를 통하여 그는 시험을 극복하는 법도 배우게 되었고 점점 영적인 평화를 갖게 되었다. 또 하나의 중요한 사실은 바울에 대한 좀 더 깊은 이해이다. 그는 시편 연구를 통하여 바울이 즐겨 사용했던 하나님의 의, 십자가, 영과 육 같은 개념들을 더 잘 이해하게 되었고, 바울이 이런 용어들을 스콜라 신학자들과 다르게 해석하고 있음도 알게 되었다. 다시 말해 그는 시편으로 바울을 이해하게 되었다. 그러자 이제 그는 본격적으로 바울을 이해하고 싶었다. 그래서 시편 연구가 끝나면서 곧바로 바울 연구로 들어갔다. 이리하여 로마서 강의가 시작되었다. 이때가 1515년 중순경이었다.

로마서 강의

로마서를 강해하면서 루터는 무엇보다 어거스틴의 펠라기안 반박서들의 도움을 받았다. 특히 그의 「영과 문자에 관하여」(De spiritu et litera)를 통해서 바울의 칭의론을 새롭게 이해하게 되는데, 바울은 죄인이 구원을 받는 것은 행위를 통해서가 아니라 오직 은혜로 받는다는 사실을 말하고 있음을 발견한다. 그리고 칭의에 대한 이런 방식의 이해는 당시 스콜라 신학자들이 가르치는 행위 구원과 상치됨을 포착하면서 그들을 비판하기 시작한다.

그는 먼저 로마서의 전체 개관을 하면서 인간은 자신의 지혜와 행위로는 구원을 받을 수 없음을 분명히 하며 바로 이 사실이 이 서신이 기록된 목적이라고 본다.

"이 서신의 요약(summarium)은 육의 온갖 지혜와 의를 멸하고(destruere), 뿌리 뽑고(evellere), 멸절시키는(disperdere) 것이다. 비록 그것들이 우리 눈이나 다른 사람들의 눈에 정말 크게 보이고, 우리가 그것들을 온 정성과 성심을 다해 행한다 할지라도 말이다. 그 대신 우리의 소견에 정말 전혀 없어 보이기도 하고 또 많이 있다고 생각된다 할지라도 죄(peccatum)를 심고(plantare), 세우고(constituere), 증대시키고(magnificare) 있다."[10]

또한 그는 우리의 의가 아니라 그리스도의 의로만 우리가 구원을 받는다는 사실도 명확히 한다.

"하나님은 분명 우리 자신 안에 내재하는 의(per domesticam)를 통해서가 아니라 우리 밖으로부터 오는 의(per extraneam iustitiam)와 지혜를 통해서 우리를 구원하신다. 그런데 이런 의와 지혜는 우리로부터 오거나 태어나는 것이 아니라 다른 곳으로부터(aliunde) 우리 안으로 들어오며, 이 땅에서 기원하는 것이 아니라 하늘로부터 내려온다. 따라서 우리는 바깥의 낯선 의(externa et aliena iustitia)를

---

10) Vorlesung über der Römerbrief 1515/1516, Lateinische-deutsche Ausgabe; Erster Band, 1960, Wissenschaftliche Buchgesellschaft Darmstadt, 8.

가르쳐야 한다."[11]

 죄인이 의롭게 되는 것은 바로 하나님께서 위로부터 내려주시는 낯선 의를 믿음으로(ex fide) 받음을 통해서이다. 그러나 이 신앙은 행위를 불필요하게 만드는 것이 아니라 도리어 굳건히 세운다. 그는 바울이 율법의 행위(opera legis)를 헐고 신앙의 행위(opera fidei)를 세우려 했다고 본다. 율법의 행위는 신앙과 은혜 밖에서 일어나는 행위이고, 두려움을 통하여 강요하는 율법을 통해 행해진 행위이며, 일시적인 약속을 통한 자극으로 행해진 행위일 뿐이다. 그러나 신앙의 행위는 '자유롭게 만드시는 영을 통하여 오직 하나님에 대한 사랑 때문에(ex spiritu libertatis amore solo Dei) 행해지는 행위'이다. 그는 이런 신앙의 행위는 믿음을 통하여 의롭게 된 사람이 아니면 결코 행할 수 없다고 본다.[12] 말하자면 루터가 헐려고 했던 행위는 하나님에 대한 사랑 없이 강요되어 일시적인 유익을 얻으려고 하는 위선적 행위였다.

 이렇게 1장에서 3장으로 이어진 칭의에 대한 설명은 4장의 주석에서 좀 더 구체적으로 전개된다. 그는 아브라함이 행위

---

11) Ibid. 10.
12) Ibid. 210; 3장 19절에 대한 해석에서 인용함.

로써가 아니라 믿음으로 의롭게 되었음을 주장하며 또 다윗이 어떻게 의롭게 되었는지를 설명한다. 그러면서 신앙과 행위의 관계를 다음과 같이 말한다.

> "하나님은 행위(opera) 때문에 그 사람을 받으시는 것이 아니라 믿음 있는 그 사람(persona) 때문에 그 행위를 받으신다. 하나님은 먼저 그를 믿는 사람으로서 받으신 다음에 믿음으로부터 흘러나오는 행위를 받으신다. 행위로 의롭다 하심을 얻고자 하는 자들은 결국 스스로를 더 이상 죄인으로 여기지 않는 반면에, 믿는 자들은 항상 스스로를 죄인으로 인정한다."[13]

4장 7절의 "불법이 사함을 받고 죄가 가리어짐을 받는 사람들은 복이 있고"라는 구절의 해석에서도 그는 의롭게 된다는 것이 무엇을 의미하는지 설명하고 있다.

> "성도들은 내적으로(intrinsece) 언제나(semper) 죄인들이다. 그러므로 항상 밖으로부터(extrinsece) 의롭다 하심을 얻는다. 반면 행위로 의롭다 하심을 얻으려 하는 위선자들은

---

13) Ibid. 256: 4장 6절에 대한 해석에서 인용함.

내적으로 언제나 의롭다. 그러므로 그들은 항상 밖으로부터 죄인들이다. 여기서 '내적으로'라는 말은 '우리 자신의 판단과 소견을 따라서'를 의미하고 '밖으로부터'라는 말은 '하나님과 그의 심판대 앞에서'를 의미한다. 우리의 의가 우리에게서나 우리의 행위로부터 흘러나오지 않는다면, 우리는 '우리 자신의 외부에서' 의롭다. 우리는 오직 하나님의 전가(sola Dei reputatione)를 통해서만 의롭다. 즉 그의 전가는 우리 안에도, 우리의 권세 안에도 없다. 따라서 우리의 의도 우리 안에나 우리의 권세 안에 없다."[14]

이런 인용 구절들을 볼 때, 루터는 인간이 행위 구원을 추구할 때 선행 자체도 자기를 드러낼 목적으로 행하는 위선자로 나타날 수밖에 없다고 본다. 거꾸로 믿음을 통한 칭의가 올바른 사람을 만들고 올바른 사람에게서 나오는 행위가 하나님이 보시기에 인정될 수 있는 행위임을 분명히 한다.

그는 하나님의 칭의 방식을 설명하기 위하여 의사와 환자의 비유도 사용한다.[15] 의사는 환자에게 병을 진단하고 고쳐주겠다고 약속한다. 환자는 그 약속을 믿고 치료를 받는다. 분명한

---

14) Ibid. 258.
15) Ibid. 263-264.

것은 환자는 아직 병이 낫지 않았고 단지 치료해주겠다는 의사의 약속을 받은 것뿐이다. 그러나 환자가 이 의사의 약속을 믿고 지속적으로 치료를 받는다면 마침내 병은 치료될 수 있다. 루터는 이 비유를 가지고 그리스도인이 어떤 존재인지를 설명한다. 그리스도인은 죄인이면서 동시에 의인(Simul peccator et iustus)이다. 자신을 볼 때 사람들 앞에서는 죄인이지만, 하나님 앞에서는 하나님의 약속 때문에 그는 의인으로 간주된다.

"그렇다면 그가 완전히 의로운가? 아니다. 그는 죄인이면서 동시에 의인이다. 그는 실제로는(re vera) 죄인이다. 하지만 하나님의 전가와 확실한 약속으로 인하여(ex reputatione et promissione Dei certa) 의롭다."[16]

로마서 5장 1~2절의 해석에서는 이 진리를 좀 더 상세히 설명한다. 의인들은 하나님의 전가(refutatio)를 통하여 행위로부터가 아니라 믿음으로 의롭다. 그럼에도 그들은 의롭다기(iusti)보다는 의롭게 되었다(iustificati)라고, 의(iustitia)라기보다는 칭의(iustificatio)라고 일컬어져야 한다. 그러므로 이들은 항상(semper) 의로워져야 한다. 이들은 칭의의 과정 속에 있다. 오직 그리스

---

16) Ibid. 264.

도 한 분만이 온전히 의로우시고 온전한 의를 가지고 있다. 루터는 이러한 그들의 의의 상태로 인하여 현재의 삶은 필연적으로 모순되게 나타난다는 사실을 지적한다. 신자들은 양심 안에서나 영 안에서는 하나님과 평화를 가지고 있지만 육체와 세상과 악마와는 불화를 가지고 있다. 따라서 그리스도인의 삶은 자신의 육체 안에 있는 죄와 세상과 악마와 끊임없이 싸워나가야 한다. 그리고 죄와 싸워 승리하면서 신자의 삶은 매일 갱신을 경험한다. 루터는 그리스도인의 삶의 이러한 치열함을 외면하고 추론과 명상을 통하여 하나님께 직접 도달하려는 디오니시우스(Dyonisius von Areophagita)와 같은 신비주의자들의 신비적 영성을 비판한다. 루터가 보기에 이들은 자신 안에 있는 죄를 보지 못하고 바로 하나님의 깊은 곳으로 들어가려는 사람들이었다.[17]

신자는 날마다 자신 안에 있는 죄를 직시하고 죄와 싸워야 한다. 그러나 신자는 때로는 육신의 약함으로 인하여 모든 악의 주인인 안주함(securitas)에 빠진다. 그래서 하나님은 의인들에게 환난을 주신다. 바로 소망을 이루는 방식을 다루는 로마서 5장 3~5절에 대한 주경에서 환난의 중요성에 대하여 말한다.

루터는 이렇게 죄로 인하여 안주함에 빠질 수 있는 신자를

---

17) Ibid. 314-321.

구원하시기 위하여 행하시는 하나님의 지혜를 언급한다. 바로 이미 앞의 시편 강의에서 언급했던 십자가를 통하여 신자를 구원하시는 방식이다. 하나님은 신자를 먼저 의롭게 하신 후에 곧바로 환난을 주신다. 물론 이 환난은 심판으로부터 말미암은 환난이 아니라 하나님의 자비로부터 말미암은 환난이다. 이는 신자가 안주에 빠지지 않고 죄와 마귀와 세상과 싸우도록 하기 위함이다. 신자에게 환난은 반드시 온다. 그러나 신자는 이 환난을 그리스도의 십자가와 같이 존중해야 한다. 십자가의 유물을 흠모하면서도 환난과 역경을 피하는 자는 위선자이다. 루터는 바울이 그리스도의 십자가라고 말했을 때 이런 환난도 포함되어 있음을 분명히 했다. "그래서 성경에서는 (고전 1:18, 마 10:38, 갈 5:11, 빌 3:18) 환난이 본래 그리스도의 십자가(Crux Christi)라고 칭한다." 그는 이 환난을 미워하는 사람들이 바로 그리스도의 원수들이라고 말했다.

그렇다면 하나님께서 신자에게 왜 이런 환난을 주시는가? 환난을 주시는 목적은 신자로 하여금 인내를 배우고 연단을 받도록 하기 위함이다. 하나님은 먼저 연단을 받지 않은 어떤 의인도 받지 않으신다. 이런 연단이 필요한 것은 인간 안에 남아 있는 원죄 때문이다. 인간의 마음은 "자기 안으로 구부러져 있으므로"(curvitas in se) 연단이 없으면 자신의 죄악된 마음을 알 수 없다. 루터는 이렇게 자기 안으로 구부러진 죄를 '십자가의 적'(inimica crucis)이라고 칭하며, 오직 십자가만이 우리 안에 존속하고 있는 모든 죄악을 죽일 수 있다고 말한다. 하나님께서는 당신께서 받으시는 자녀마다 이런 연단을 허락하신다. 또한 환난은 신자로 하여금 소망에 도달하게 한다. 소망에 도달하는 것은 피터 롬바르드가 주장했던 것처럼 공적을 통해서가 아니라 환난을 통해서이다. 또한 하나님은 이 환난을 통하여 하나님의 사랑(Charitas Dei)을 신자의 영혼 안에 쏟아부으신다. 그러므로 신자는 환난을 미워하지 말고 사랑해야 한다. 이런 환난은 하나님의 사랑으로 말미암은 것이기 때문이다.[18]

이런 맥락에서 루터는 로마서 8장 26절의 주석에서 독일 신비주의자로서 감명 깊은 설교로 평신도들에게 감동을 주었던 요한 타울러를 칭찬하고, 반대로 이런 환난에 대하여 무지했던 스콜라 신학자들을 비판한다. 그는 기도 응답에 대하여 다루면서 하나님의 응답은 우리의 기대를 거슬러 올 수 있다고 말한다. 그 이유는 앞에서 언급했던 대로 신자를 다루시는 하나님의 행동 방식 때문이다(사 55:8-9, 시 94:12; 32:10, 사 28:21). 하나님의 충고는 우리 안에 있는 것을 파괴하는 성격을 가지고 있다. 이런 하나님의 선물들을 받기 위해 인간은 수동적으로(passiv) 견뎌야 한다. 그러나 당시 스콜라 신학자들은 하나님의

---

18) Ibid. 320-336.

일에 대한 인간의 적극성을 강조하면서 이런 수동성에 대해서는 침묵했다. 그러나 인간 편에서는 하나님의 일이 일어날 때 견뎌야 한다. 이런 견딤은 성령의 도움을 통해서만 가능하다. 이것은 그의 십자가 신학에서 매우 중요한 개념인 '정반대 형태 아래로'(Sub contraria specie) 행하시는 하나님의 행동 방식을 말한다. 하나님은 그의 선물들을 고난이라는 정반대 형태 아래서 선물하신다. 하나님은 이 방법을 예수 그리스도의 출생 때 사용하셨고 신자들도 역시 이런 정반대 형태의 방법으로 인도하신다.

루터는 이런 사상을 타울러에게서 보았고 이 점에서 그를 칭찬했다. 하지만 그가 타울러를 칭찬했다고 해서 루터의 십자가 신학이 타울러의 독일 신비주의로부터 유래했다고 추정하는 것은 잘못이다. 루터는 단지 타울러가 신자들에게 일어나는 환난을 긍정적으로 평가했다는 것을 알았고 이 점에서 그를 칭찬했던 것이다. 여기에 비해 그가 스콜라 신학자들을 비판했던 이유는, 그들이 하나님으로부터 유래하는 신자의 환난이 갖는 이러한 유익에 대하여 거의 무지했다는 사실 때문이었다. 아리스토텔레스 철학의 영향 하에 이와 같은 하나님의 지혜를 형이상학적으로(methaphysice) 또는 존재 유비의 방법(analogia entis)으로 이해하려 했기 때문에 그들은 그리스도와 같이 귀중히 여겨야 할 환난의 가치를 평가절하했던 것이다.

로마서 강의를 통해서 그는 이제 바울을 더 깊이 이해하게 되었고 바울이 말하는 칭의론이 스콜라 신학자들이 주장하는 칭의론과 매우 다르다는 것을 알게 되었다. 무엇보다 스콜라 신학자들은 신자의 신분이 처한 역설적 성격, 그들의 삶에 일어나는 역설성 그리고 이 역설성에서 유발되는 환난과 그 유익에 대하여 무지했다. 루터는 이것을 그들이 아리스토텔레스 철학을 차용하여 신학을 변증법적으로 이해하려 했기 때문이라고 보았다.

그는 이 로마서 강의를 통해 어거스틴의 신학과는 더욱 친숙해지고 그가 에어푸르트 시절 배웠던 아리스토텔레스 신학과는 멀어졌다. 그는 스콜라 신학자들이 신학적으로 말하는 방식(modus loquendi theologicus)을 모르고 철학적으로 말하는 방식(modus loquendi philosopicus)으로 말하고 있다는 사실을 분명히 간파했다.[19] 이러한 그의 통찰은 이후 행해진 갈라디아서 강의와 히브리서 강의에서 계속 이어졌다.

히브리서 강의

히브리서 강의(1517-1518)에서 루터는 예수 그리스도의 인성

---

19) Leif Grane, Modus Loquendi Theologicus, Luthers Kampf um die Erneuerung der Theologie(1515-1518), Leiden, E. J. Brill, 1975.

과 그의 고난 그리고 십자가 죽음의 필요성을 더욱 강조하고 있다. 인간은 먼저 예수 그리스도의 인성을 통하여 신성에 도달할 수 있다. 그리스도의 인성을 통해 우리는 하나님을 바로 알 수 있다. 그는 그리스도의 인성을 창세기 28장에 나오는 야곱의 사닥다리에 비유하는데, 인간은 이 인성의 거룩한 사닥다리를 통해 하나님께 도달하여 그를 알 수 있다는 것이다. 또한 그는 어거스틴의 해석 전통을 따라서 예수 그리스도를 우리 구원의 표징(sacramentum)과 모범(exemplum)으로 이해한다. 이는 중세 신학 사상들이 대체로 한 쪽만 강조하면서 예수 그리스도를 올바로 나타내지 못하고 있음에 대한 반박이다. 그는 이 서신에 대한 주석에서도 앞서 말해왔던 십자가를 통한 하나님의 인도 방식에 대하여 강조하고 있다. 구원을 받으려면 먼저 자신이 부서져야 한다. 하나님은 살리고자 하실 때 먼저 죽이시며, 높이고자 하실 때 먼저 낮추신다. 이런 구원 방식을 하나님은 먼저 그리스도에게 적용시키셨고 또한 우리 신자들에게도 적용시키신다.

루터는 계속해서 그리스도가 우리 구원의 완성을 위한 원상(Urbild)과 표상(Vorbild)이 되었다고 말한다. 그가 우리 구원의 원상이 되었음을 믿음으로 우리는 구원을 얻는다. 그가 우리에게 표상이 되었으므로 우리는 십자가를 지고 그를 따라가야 한다. 또한 십자가에 못 박히신 그리스도가 악마와 죽음에 대한 승리의 비밀이라고 말한다. 여기서 그는 그의 십자가 신학에서 중요한 개념이 되는 하나님의 두 일에 대하여 언급한다. 하나님은 성도에게 낯선 일(opus alienum)을 통하여 본래 하고 싶은 고유한 일(opus proprium)을 행하신다. 하나님은 죄인을 살리시기 위해 마귀를 사용하신다(히 2:14). 즉 마귀를 통하여 생명의 원수인 죽음을 없이 하시고 본래 주시고자 하는 생명을 주신다. "하나님은 악마 자신을 통하여 악마를 부수시고 그의 낯선 일을 통하여 자신의 고유한 일을 완성시키신다. 이것이 세상이 이해하지 못하는 것이다." 그리스도인은 사는 날 동안 죽음에 대한 두려움을 가질 수 있고 시험을 당할 수 있지만, 시험 당할 때 그리스도의 죽음과 부활을 기억하고 그를 위하여 스스로 성례와 모범이 되어주신 그리스도에 대한 신앙을 가짐으로 시험을 극복할 수 있다.

루터는 하나님의 이런 행동 방식을 강조한다. 하나님은 당신께서 사랑하시는 자들을 징계하신다. 루터의 이 말은 당시 스콜라 신학자들이 말했던 바와는 정반대이다. 그들은 아리스토텔레스의 존재유비 방법을 차용하여 하나님은 미워하는 자들을 징계하시고 사랑하는 자들은 징계하지 않으신다고 가르쳤기 때문이다. 마침내 그는 12장 11절의 난외 주해에서 신자를 다루시는 하나님의 이런 놀라운 지혜를 '십자가 신학'(theologia crucis)이라는 개념으로 표현한다.

"성경에는 서로 반대되는 두 개념들이 병행되어 있다. 예를 들어 심판과 의, 진노와 은총, 사망과 생명, 악과 선 등이 그러하다. 이것은 "대저 여호와께서……일어나시며……자기의 일을 행하시리니 그의 일이 비상할 것이며……"(사 28:21)의 구절에서 언급된 것이다.……왜냐하면 시편 4편 1절의 "곤란 중에 나를 너그럽게 하셨사오니"에서 표현된 것처럼 하나님은 놀라운 방식으로 양심을 기쁘게 하시기 때문이다. 그 구절은 '당신은 나를 중시하셨으며 향상시키셨습니다'라는 뜻이다. 이것은 은총이 주어졌을 때 일어나는 것을 의미하며 로마서 5장 4절에서는 "연단은 소망을 이루는 줄 앎이로다 소망이 우리를 부끄럽게 하지 아니함은"이라고 말씀한다. 여기서 우리는 십자가 신학을 발견한다. 또 사도가 고린도전서 1장 18절과 23절에서 "십자가의 도가……유대인에게는 거리끼는 것이요 이방인에게는 미련한 것이로다"라고 말한 것처럼 십자가의 도가 다른 사람들의 눈에는 감추어져 있기 때문이다."[20]

루터의 초기 강의는 전반적으로 칭의와 더불어 그리스도의

---

20) WA 57, 79, 16-21. 그리고 80, 11-14.

십자가의 의미를 올바로 파악하려고 애쓰고 있다. 그는 시편과 바울 서신의 주석을 통해 죄인은 오직 믿음으로 구원받을 수 있음을 분명히 한다. 무엇보다 예수 그리스도의 십자가의 의미를 명확히 규명하고자 하는데 첫째, 십자가를 하나님의 구원 방식과 관련지어 예수 그리스도의 십자가가 대속적 십자가임을 분명히 한다. 또한 하나님께서 칭의 후에 신자를 훈련시키시고 영광으로 이끌기 위해 허락하시는 환난, 연단, 시험으로 이해한다. 루터가 스콜라 신학을 비판했던 이유는, 이 신학의 주창자들이 하나님께서 성도를 이끄시는 지혜에 대하여 전혀 무지하고 세상의 지혜로 하나님의 일을 판단하기 때문이었다. 또한 신비주의를 비판했던 이유는 그들이 고난을 말하면서도 머리로만 고난을 명상했지 실제의 삶 속에서 고난을 당하려 하지 않았기 때문이다. 이런 사실은 후에 나타나는 토론과 강의에서 더욱 분명해진다.

루터가 설교자로 봉사했던 시 교회

개혁의
🌱 ♡ 🔔 시간

Martin Luther

개혁의 시간

chapter 03

개혁의 시간

제 양심은 하나님의 말씀 속에 사로잡혀 있습니다.
그러므로 저는 성경적으로 증거가 확실하다고 믿는 저의 책들 중
그 어떤 것도 철회할 수 없고 하지도 않을 것입니다.

루터는 본래 종교개혁 프로그램을 만들어 개혁을 시작한 사람이 아니었다. 그는 비텐베르그대학에서 성경을 가르치는 한 교수에 불과했다. 그런데 그가 해석한 성경의 내용은 기존의 성경 해석들과 부딪쳤고 기존 교회가 옳다고 가르치는 내용들과 충돌을 일으키기 시작했으며 그렇게 충돌하는 내용들이 쌓여가고 있었다. 루터는 아직 이런 내용들에 대해 말하지 않았지만 언젠가는 말해야 할 때가 올 것이라고 믿고 있었다.

먼저 신학의 정체성 문제로 인한 토론이 시작되었다. 1517년 9월 4일, 그는 '스콜라 신학 반박문'(contra scholasticam)을 통하여 스콜라 신학을 신랄하게 비판한다. 그 다음 1518년 4월에

는 하이델베르그 토론을 통해서 자신의 신학 정체성의 뿌리는 바울과 어거스틴임을 종단 회원들 앞에 발표한다. 그러고 난 후 그의 이후 신학에 중요한 출발점이 될 발견, 소위 '종교개혁적인 발견'이라고 불리는 하나님의 의에 대한 새로운 발견을 하게 된다. 이런 신학의 정체성에 대한 투쟁은 1519~1521년 사이 비텐베르그대학 개혁과 신학 갱신운동에서 일단락된다.

이렇게 신학 개혁을 진행시키면서 그는 교회 개혁의 포문 또한 열었다. 교회 개혁에 대하여는 이미 그의 강의나 토론문들을 통해 발표했지만 본격적인 개혁에는 이제 착수한 것이다. 그 원인을 제공한 것은 면죄부 판매로 인한 당시 교회의 심각한 부패였다. 루터는 로마 가톨릭의 모든 그릇된 신학과 관행 그리고 영혼을 부패시키는 누룩들이 이 면죄부 판매 행위에 고스란히 담겨 있다고 보았다. 그는 지금까지 축적해왔던 성경에 대한 모든 지식을 동원하여 면죄부 판매와 교황권의 부패, 이들에게 아첨하는 신학자들의 잘못된 신학에 대하여 총공세를 펼쳤다. 95개조 논제는 로마 교황권의 심장을 향하여 쏜 첫 포탄이었다. 연대기적으로는 중복되는 부분이 있지만 먼저 신학의 개혁을 살펴본 다음 교회 개혁에 대하여 정리해보았다.

신학의 개혁

하이델베르그 토론

이미 초기 강의에서도 루터는 기존의 스콜라 신학이 여러 가지 문제를 가지고 있음을 알렸지만, 1517년 9월 4일 발표한 '스콜라 신학 반박문'을 통하여 이 신학이 매우 잘못된 신학임을 더욱 분명히 밝히게 된다. 스콜라 신학과의 본격적인 신학 논쟁이 시작되고 있을 때, 대속죄일인 11월 1일 독일 지역 내에 대대적인 면죄부 판매가 공포된다는 사실이 알려지자, 그는 95개조 반박문과 이 논제에 대한 해설을 통해 계속해서 스콜라 신학을 맹렬히 비판한다. 이 논제가 발표된 이후 루터 문제는 교황청에서뿐만 아니라 그가 속해 있던 교단에서도 문제가 되었다. 교단은 루터가 교부 어거스틴을 충실히 따르는 어거스틴 은자수도원 소속 사제로서 어거스틴의 신학으로부터 벗어난 새로운 신학을 말하는 것이 아닌가 하는 의구심을 가졌다. 마침 1518년 4월 25~26일 독일의 하이델베르그에서 어거스틴파 총회가 열릴 예정이었으므로 루터의 고해신부인 슈타우피츠는 이번 기회에 루터가 자신의 신학이 어거스틴의 신학과 다르지 않다는 것을 종단 회원들에게 발표하는 것이 좋을 것이라며 거기서 발표할 내용을 토론문 형식으로 만들 것을 권했다. 루터는 그의 조언을 받아들여 28항의 토론문을 작성하여 종단 총회 때 발표했다.[21] 이 발표에는 종단의 소속 회원들뿐만 아니라 장래 종교개혁의 동반자가 될 마틴 부처 (Martin Bucer)와 같은 젊은 신학도들도 참여했다.

루터는 이 토론문의 서두에서 자신의 신학을 '역설의 신학' (theologica paradoxa)이라고 부르며, 이 신학은 그리스도의 선택된 그릇이자 도구인 바울과 그의 가장 충실한 해석자인 어거스틴과 일치한다는 것을 분명히 밝힌다. 토론문의 전반부(1~17항)에서, 그는 인간이 어떻게 칭의에 도달할 수 있는가에 대하여 다룬다. 먼저 칭의에 이르는 잘못된 길을 지적하는데, 유대인들이 말하는 하나님의 율법이나 희랍인들이 주창하는 인간의 지혜를 통해서 인간은 구원에 도달할 수 없다고 주장했다. 그는 양쪽 다 인간의 자유의지에 의하여 행해진 선한 행위들을 통한 구원을 외치나 "인간의 행위(opera hominum)는 항상 아름답고 선하게 보이지만 사실은 죽을 죄(peccata mortalia)에 해당할 뿐이다"(3항)라고 말하며 이들을 반박한다. 문제는 인간의 마음인데 마음은 은혜와 신앙 없이는 정결하게 될 수 없기 때문이다. 그러므로 인간은 하나님의 행위를 통해서만 의롭게 될 수 있다. 이는 "하나님의 행위(opera Dei)는 항상 보잘것없고 약하게

---

21) WA 1, 353ff. 한국어로는 「루터선집」 5권 (지원용 편집, 컨콜디아사: 서울, 1984)의 247-248에 실려 있다.

보이지만, 참으로 불멸의 공적들이기 때문이다"(4항). 겉으로 보기에는 하나님의 행위가 죽음과 지옥으로 이끄는 것 같지만 실제로는 그를 살리고 지옥으로부터 끄집어낸다. 바로 앞 장에서 설명했던 것처럼 하나님은 낯선 일을 통해서 본래의 일을 이루시기 때문이다.

그렇다면 "왜 하나님은 이런 방법으로 인간을 구원하시는가?" 그것은 바로 인간의 죄 때문이다(5-12항). 스콜라 신학은 죄를 피상적으로 이해하여 용서 받을 죄와 용서 받지 못할 죄를 구분하지만, 루터는 모든 죄를 치명적이고 전인에게 영향을 주는 것으로 본다. 그리고 죄에 대한 피상적인 이해가 거짓 안주(securitas)를 만들어내고 은혜보다 행위를 의지하게 만든다고 주장한다.

이어서 그는 "인간이 과연 구원을 준비할 수 있는가?"라는 질문을 던지며 먼저 잘못된 준비를 가르치는 이론을 반박한다. 그는 이런 이론들 중에서도 특히 당시 유명론자들이 주장하던 이론인 "인간이 인간 안에 있는 것을 행하게 될 때 하나님은 구원을 거절하지 않으신다"라는 이론을 반박한다. 여기에 대하여 그는 "자유의지는 타락한 이후에는 오직 그 명칭뿐이며, 자기 안에 있는 것을 행하게 될 때 그것은 곧 죽을 죄를 범하는 것이다"(13항)라고 반박한다. 타락한 후에는 우리 안에 선을 행할 수 있는 의지가 없어졌다는 것이다. 그렇다면 무엇이 바른 준비인가?" 그는 하나님의 말씀을 들어야 한다고 말한다. 먼저 율법의 말씀을 듣고 자신이 하나님 앞에 죽을 죄인임을 깨닫고 자신에 대하여 철저히 절망해야 한다. 그리고 복음의 말씀을 들어야 한다. 복음의 말씀을 들음으로 구원의 유일한 길이신 예수 그리스도를 믿어야 한다. 이런 점에서 교회 안에 율법 설교가 긴급하게 필요하다고 강변한다. "율법을 통하여 죄 인식이 이루어지고, 죄의 인식을 통하여 겸손에 이르게 된다. 그리고 겸손을 통하여 은혜가 획득된다." 교회는 율법을 잘못 사용하고 있는데, 죄를 지적하기 위해서가 아니라 도리어 공적을 쌓는 수단으로 설교를 하고 있다. 그로 인하여 죄로 인한 절망이 없어지고 거짓 안주에 빠져 하나님 앞에 그의 행위의 공적을 내세우려 한다. 그러나 참다운 율법 설교만이 거짓 안주를 버리게 한다. 그리고 그리스도에 대한 설교만이 참된 안주를 가져다준다.

  토론문의 18항까지를 통해 루터는 예수 그리스도를 믿음으로만 구원을 얻는다는 사실을 분명히 확인한다. 이 점에서 어거스틴과 자신의 입장이 동일함을 천명한다. 이후의 조항들에서는 이런 바른 신학이 바로 아리스토텔레스의 누룩 때문에 망가지게 되었음을 밝히고 있다.

율법과 복음

먼저 그는 아리스토텔레스의 영향을 받은 스콜라 신학의 신 인식론을 비판한다. "하나님의 볼 수 없는 것을 만들어진 만물을 통하여 이해한 후에 인식할 수 있다고 말하는 사람이 있다면 그는 신학자라고 불릴 자격이 없다"(19항). 이는 스콜라 신학자들이 이성을 가지고 만물을 합리적으로 잘 관찰하면 신의 존재를 증명할 수 있다고 말한 것에 대한 비판이다. 토마스 아퀴나스에 의해 완성된 소위 신 존재 증명은 이성에 대한 맹목적 신뢰에 바탕을 두는 이론인데, 루터의 입장에서 볼 때 이런 방법으로 신을 인식했다 하더라도 결국 그 신은 우리를 구원할 수 있는 신은 아니다. 참으로 신학자라 불릴 자격이 있는 사람은 바로 십자가를 통해 신을 알려는 사람이다. "도리어 고난과 십자가를 통해 나타난 하나님의 볼 수 있는 것들(하나님의 계시의 말씀)과 그의 뒷면(십자가와 고난)을 깨닫는 사람은 신학자로 불릴 자격이 있다"(20항).

스콜라 신학자들은 로마서 1장 19절 이하의 말씀으로 이런 만물을 통한 신 인식의 가능성을 주장하나 인간의 죄 때문에 이런 인식은 불가능하며, 도리어 바울이 고린도전서 1장 18절 이하에서 밝힌 것처럼 우리는 십자가를 통해서만 하나님을 바로 인식할 수 있다고 말한다. 여기서 루터가 말하고자 하는 것은 죄에 대한 진지한 인식이 없는 곳에 이런 철학적 신 인식이 득세한다는 것이다. 죄를 바로 인식한다면 신 인식의 유일한 자리는 바로 십자가이다. "그러므로 십자가에 못 박히신 그리스도 안에 참된 신학과 하나님 인식이 있다." 그런데 그가 봤을 때, 영광을 추구하는 스콜라 신학은 십자가에 못 박히신 예수님과 성도들이 받는 고난의 선에 대하여 눈이 멀어 있었다. 이런 점에서 그는 "영광의 신학(theologia gloriae)은 악을 선이라 부르고 선을 악이라 부른다. 그런데 십자가 신학(theologia crucis)은 사물을 사실 그대로 부른다"(21항)고 말한다.

그렇다면 "율법이나 지혜가 나쁜 것인가?", "이것은 바울의 주장을 뒤엎는 것이 아닌가?"라는 질문이 나올 수 있다. 여기에 대하여 그는 답변한다. "그렇다고 해서 그런 지혜 자체가 악한 것은 아니며 율법 또한 회피할 것이 아니다. 그러나 십자가 신학 없이는 사람은 가장 선한 것을 가장 나쁘게 오용하게 된다"(24항). 그는 인간이 고난과 십자가라는 하나님의 낯선 일을 통하여 먼저 겸손해지지 않으면 하나님께서 인간에게 주신 가장 고귀한 선물인 이성도, 율법도 오용하게 된다는 것을 지적한다. 반대로 인간이 겸손해진다면 인간은 모든 것을 그것의 용도에 합당하게 사용할 수 있다.

또한 이렇게 십자가 신학을 통하여 겸손을 배운 사람은 선행도 바른 동기로 행할 수 있다. 그는 자신의 선한 행위를 통하여 자기 의를 추구하려 하지 않는다. 그는 자신의 선행조차 그리스도께로부터 온 것임을 알고 그 선행으로 그리스도를 알리고 하나님의 영광을 드러낸다. 그리고 이웃도 아가페의 사랑으로 사랑할 수 있다. "하나님의 사랑(amor Dei)은 사랑 받을 대상을 발견하려 하지 않고 도리어 사랑 받을 수 없는 그 대상을 먼저 사랑하여 그에게 사랑 받을 수 있도록 만든 후에 그를 사랑한다. 인간의 사랑(amor hominum)은 사랑 받을 대상이 사랑 받을 조건을 갖출 경우에만 사랑을 한다"(28항, Amor Deo non invenit, sed creat suum diligibile, Amor hominis fit a suo diligibili.). 아리스토텔레스의 윤리학에 영향을 받은 스콜라 신학자들은 결국 아가페의 사랑이 아니라 에로스의 사랑을 가르치고 있다. 그러나 아가페의 사랑만이 하나님의 사랑으로 죄인들을 사랑할 수 있다. 유유상종의 사랑은 성경이 가르치는 하나님의 사랑이 아니다. 루터는 이와 같은 내용을 다음의 아름다운 문장으로 표현하고 있다. "죄인들이 아름다운 것은 그들이 사랑을 받고 있기 때문이지, 그들이 아름답기 때문에 사랑을 받는 것이 아니다."

이 토론에 참여하여 루터가 발표한 십자가 신학의 내용을 들은 청중들의 반응은 엇갈렸다. 종단의 많은 사람들이 그의 신학이 바울과 어거스틴을 따르는 신학임을 분명히 알게 되었다는 점에서 성공적인 토론이었다. 그러나 나이 많은 일부 사람들은 "십자가와 고난이 도리어 축복이다"라고 말하는 루터의 주장을 강하게 비판했다. 그러나 마틴 부처와 같은 젊은 신학도는 크게 감명을 받고 종교개혁자의 입장에 동조하게 된다.

이제 그는 비텐베르그 대학을 바울과 어거스틴의 신학을 가르치는 대학으로 만들려는 소원을 갖게 되며 소위 대학과 신학 개혁의 계획을 세우게 된다. 그런데 바로 이때 그의 생애에서 중요한 계기가 되는 새로운 신학적 발견을 하게 된다. 이 발견을 후세 사람들은 '종교개혁적인 발견'(reformatorische Entdeckung)이라고 부른다.

종교개혁적인 발견

루터는 1519년 제2차 시편 강해에 들어가기 직전 바울 서신에 나오는 '하나님의 의'를 어떻게 이해해야 하는가라는 문제에 직면하게 된다. 그는 그때까지 이 '하나님의 의'라는 표현을 대할 때마다 대부분의 스콜라 신학자들과 같이 하나님의 심판으로 이해해왔다. 그러나 그는 이 구절을 좀 더 깊이 묵상해보았다. 그리고 어느 순간 그에게 이 말씀이 전혀 다르게 다가왔다. 그는 사도 바울이 '하나님의 의'라는 표현을 쓸 때 하나님의 속성(genitivus subjectivus)으로서의 심판을 말하려는 것이 아니라 하나님이 죄인에게 선물하셔서 그를 의롭게 만들고자 하는 의도에서 말한 구원의 의(genitivus objectivus)임을 깨닫게 되었다. 그러자 '하나님의 의'라는 표현은 그에게 완전히 다르게 다가오게 되었고 고통당하는 자신의 양심에도 평화가 임하게 되었다. 그는 그때 자신이 느꼈던 희열을 죽기 직전 라틴어 전집의 서문에 다음과 같이 기록해두었다.

"한편 나는 이미 그 해에 시편을 새롭게 해석하는 일로 돌아와 있었다. 대학에서 로마서, 갈라디아서, 히브리서를 강의하면서 내가 좀 더 능숙해졌다는 사실을 확신했고, 실제로 나는 로마서에서 바울을 이해하는 데 있어서 비상한 향기에 심취해 있었다. 그러나 그때까지 나의 길을 방해한 것은 마음의 차가운 피가 아니라 "하나님의 의가 나타나서"라는 1장 17절에 나오는 단어였다. 나는 '하나님의 의'라는 단어를 미워했다. 왜냐하면 당시 모든 교사들의 용법과 관습에 따라 나는 이 단어를 형성적(forma) 또는 능동적 의를 의미하는 것으로서 철학적으로 이해하도록 가르침 받았기 때문이다. 하나님은 의로우셔서 이런 식으로 불의한 죄인을 벌하신다는 것이다. 나는 수도사로서 흠 없이 생활했지만 극도로 혼란스러운 양심 속에서 나는 하나님 앞에 죄인이라고 느꼈다. 나는 하나님께서 나의 보속(補贖: satisfactio)을 통해 달래졌다고 믿을 수 없었다. 나는 죄인들을 벌하시는 의로운 하나님을 사랑하지 않았다. 아니 그러니까 미워했다. 그리고 신성모독까지는 아니지만 분명히 나는 은밀하게 하나님께 화를 내며 이렇게 중얼거렸다. "실제로 원죄로 인하여 영원히 잃어버려진 저 비참한 죄인들은 하나님의 복음, 즉 그의 의로움과 진노의 복음으로 고통받게 되는데 이는 십계명의 율법에 의해 온갖 종류의 고난으로 으스러지도록 고통당하고 있다는 것만으로는 충분하지 않은 듯 우리를 위협하고 있다"라고 말했던 것이다. 그래서 나는 격렬하고 고통스러운 양심으로 화를 냈다. 그럼에도 불구하고 나는 바울의 그 말씀에 끈덕지게 매달렸고 정말 열렬히 바울이 원하는 것을 알고자 하였다. 마침내 하나님의 자비로 밤낮으로 묵상하는 가운데 나는 그 단어들이 나오는 문맥에 주의를 기울였다. "하나님의 의가 나타나서……기록된 바 오직 의인은 믿음으로 말미암아 살리라 함과 같으니라." 거기서 나는 하나님의 의는 이 의에 의하여 의인이 하나님의 선물, 즉 믿음으로 말미암아 살아가는 바 그 의라는 것을 이해하기 시작했다. 이것은 이런 의미이다. 하나님의 의는 복음에 계시된 바, 즉 자비로우신 하나님이 우리를 믿음으로 말미암아 의롭다고 하시는 수동적인 의에 의해 드러나는데, "기록된 바 오직 의인은 믿음으로 말미암아 살리라"라는 것이다. 여기서 나는 내가 완전히 새로 거듭나서 열린 문들을 통해 낙원으로 들어갔다는 것을 느꼈다. 그곳에서 성경 전체의 전혀 다른 면모가 내게 보여졌다. 나는 기억 속에서 성경을 꿰뚫으며 성경의 다른 용어들 속에서 유비(類比)를 발견했다. 하나님이 우리 속에서 이루시는 하나님의 역사, 우리를 강하게 만드시는 하나님의 권능, 우리를 지혜롭게 하시는 하나님의 지혜, 하나님의 힘, 하나님의 구원, 하나님의 영광. 그리고 나는 '하나님의 의' 라는 단어를 이전에 미워했던 것만큼 이제는 사랑하고 가장 달콤한 단어로 찬양하게 되었다. 이렇게 해서 바울의 그 구절은 내게 진정으로 낙원으로 들어가게 하는 문이 되었다."[22]

일부 루터 연구가들은 바로 이 시점에서부터 루터가 진정한 의미에서 개신교인이 되었다고 말한다.[23] 그러나 이 주장에 대하여 여전히 찬반 논란이 지속되고 있는 이유는 루터가 이전에도 심지어는 제1차 시편 강의에서도 어거스틴을 인용하면서 하나님의 의를 구원의 의로 해석한 부분들이 존재하기 때문이다. 그러므로 우리는 루터가 이미 초기에 이런 생각

---

22) 로제, 「마틴 루터의 신학」, 134-136.
23) Ernst Bitzer와 Oswald Bayer가 대표적인 학자들이다. 뒤의 참고 문헌에서 이들의 책을 구체적으로 제시함.

을 해오고 있었으나 십자가를 통해 영광으로 인도하시는 하나님의 방식(십자가 신학)에 대한 더욱더 분명한 깨달음을 통하여 하나님의 의의 문제에 대해서도 새로운 인식을 갖게 되었다고 말하는 것이 좋을 것이다. 하나님은 율법 안에 나타난 의를 통하여 인간의 의를 심판하시면서 복음 안에 나타난 하나님의 의를 통하여 인간의 죄를 용서하신다. 그는 이제 율법 안에는 하나님의 진노하시는 의가 나타났고, 복음 안에는 하나님의 용서하시는 의가 나타났다는 강한 확신을 가지게 되었다. 구원을 얻는 유일한 방법은 바로 복음 안에 나타난 하나님의 선물로서의 의에 대한 믿음이다. 구원을 받기 위해 인간의 어떤 행위도 덧붙여질 필요가 없다. 그는 이런 복음적 구원의 확신 때문에 이후 그에게 따르는 심문과 파문의 과정을 참고 뚫고 나갈 수 있었다. 그의 싸움은 사실상 이 복음 안에 나타난 하나님의 의와 이 의를 믿음으로 말미암는 구원을 변호하기 위한 싸움이었다. 그는 여기서 한 발자국도 물러서지 않았다. 그리고 이런 확신으로 고통스러운 시간들을 견뎌나갈 수 있었다.

비텐베르그 갱신 운동

루터가 비텐베르그대학에 부임해온 후 그리고 그의 초기 강의를 끝냈을 때, 대학의 신학 연구 분위기는 확실히 변해가고 있었다. 지금까지 이 대학을 지배해오던 스콜라 신학이 새로운 신학의 거센 도전을 받아 설 자리를 잃게 되고 대신 바울과 어거스틴을 중심으로 하는 새로운 신학의 부흥이 일어난다. 새로운 신학의 핵심은 바울이 전파한 십자가였다. 십자가를 중심으로 하는 십자가 신학이 영광을 중심으로 하는 영광의 신학을 밀어냈다. 먼저 이 신학 갱신 운동의 역사를 살펴보자.

비텐베르그 신학 갱신 운동(1518-1521)에 대한 지식은 먼저 동시대 사람들의 증언을 통하여 얻을 수 있다. 이들의 증언에 의하면, 이 운동은 스콜라 신학에서 돌아서서 교부들에게로, 특히 어거스틴에게로 돌아가자는 운동이었다. 이 운동에 관여한 사람들은 성경을 변증법이 아닌 문법을 통하여 해석하기를 원했다. 우리는 이 운동의 지도적 역할을 했던 루터와 멜랑히톤을 통해서 이에 관해 좀 더 구체적인 지식을 얻을 수 있다. 루터는 1517년 5월 18일 요한 랑(Prior Johann Lang)에게 보낸 편지에서 다음과 같이 쓰고 있다.

> "우리의 신학(nostra theologia)과 성 어거스틴은 놀라운 진보를 하고 있고 하나님의 간섭에 의하여 우리의 대학을 지배하고 있다. 아리스토텔레스는 점점 내리막길을 걸어 이제 막바지에 다달아 몰락 직전에 있는 것 같다. 문

장론에 관한 강의들은 현저하게 피해지고 있으며 이 신학, 즉 성경과 어거스틴 또는 다른 교회 안에서 권위를 가진 교사들(예를 들어 터툴리안, 이레니우스, 키프리안)을 고백하지 않는 신학자는 어느 누구도 많은 수강자들을 기대할 수 없다."[24]

우리는 루터가 비텐베르그대학의 신학을 '우리의 신학'이라고 부르고 있는 것을, 그리고 그 신학을 성경과 어거스틴을 포함한 교부들에까지 소급하고 있음을 볼 수 있다. 루터는 이런 권위들에 호소하며 이 운동의 처음 단계에서는 랑과 칼슈타트(Karlstadt)와 함께 신학을 철학의 토대 위에 세웠던 스콜라 신학으로부터 해방시키려 하였다.

시간이 경과하면서 비텐베르그 신학은 주로 원전과 언어 연구에 몰두했던 인문주의로부터 도움을 받는다. 이러한 경향은 멜랑히톤이 이 대학 그리스어 교수로 부임해오면서 절정에 달하게 된다. 멜랑히톤은 그의 취임 강연에서 이 대학을 인문주의의 이상에 부합하게 개혁하고 싶다고 말한다.[25] 그는 여기

---

24) WABr. I, 99, 8.
25) De corrigendis adolescentiae studiis (1518), Melanchthons Werke, Bd. III. Humanistische Schriften, herausgegeben von Richard Nürnberger, Gütersloh 1969, 30-42.

서 신학의 본래 목적에 대해서는 아주 조금만 말하고, 대부분의 내용을 대학에서의 학문 연구를 어떻게 개혁시킬 것인지에 대해 프로그램적으로 제시하는 데 할애했다.

> "우리가 만일 원전으로 향한다면 우리는 그리스도를 이해하기 시작할 수 있고, 그의 계명은 우리에게 분명해지며 하나님의 영광에 연결되어, 하나님의 지혜로 채워질 것이다."[26]

루터에게 있어 신학의 관심은 그리스도를 이해하는 것이고, 이런 이해는 오직 원전들에 대한 연구를 통해서만 도달될 수 있다고 보았다. 무엇보다 그는 이 강연에서 비텐베르그 신학의 중심은 그리스도가 되어야 하며 이 목적을 위하여 언어 연구와 중요한 교부들 연구는 돕는 수단으로 사용되어야 한다고 말하고 있다. 우리는 이 점을 멜랑히톤이 루터의 두 번째 시편 강해인 「Operationes in Psalmos」(1519-1521)에 썼던 서문에서도 발견할 수 있다.[27] 그는 여기서 '순전하고 원시적인 신학'(syncera ac nativa theologia)에 대해 말하고 이런 신학을 다시 백

---

26) ibid.
27) Theologieae Studiosis Philippus Melanchthons (Philipp Melanchthons Vorrede an die Studierenden der Theologie); WA 5, 16-25.

일하에 드러나게 한 사람들을 칭찬한다. 그는 그가 그들을 칭찬할 수밖에 없는 이유를 다음과 같이 적고 있다.

"우리는 로테르담의 에라스무스에게 희랍어와 라틴어 연구에 대하여 빚을 지고 있다. 또한 해설된 신약성경의 발행에 대해서도 그에게 빚지고 있다. 이 점에서는 제롬에게도 빚을 지고 있다. 로이힐린(Reuchlin)에게 우리는 여러 가지를 빚지고 있으나 특히 히브리어에 대하여 빚을 지고 있다. 파브리키우스(Wolfgang Fabricius)와 외콜람파드(Johannes Oecolampad)에게도 빚을 지고 있는데 이들 역시 히브리어와 희랍어 연구에 공헌하였기 때문이다. 안드레아스 칼슈타트(Karlstadt)에게는 학교에서의 일련의 차가운 신학들을 확실하게 그리고 신중하게 반박했다는 점에서 빚을 지고 있다."[28]

이러한 칭찬을 하면서 그는 비텐베르그 신학이 정신적으로 주로 언어학에 관심을 가졌던 북독일 인문주의에 연결되어 있음을 암시하고 있다. 이어서 그는 순전하고 원시적인 신학이 인문주의로부터 무엇을 배웠는지 구체적으로 설명하고 있다.

---

28) ibid.

그는 순전하고 원시적인 신학이 인문주의로부터 희랍어와 히브리어 그리고 라틴어 연구에 빚을 지고 있다는 사실을 강조한다. 또한 이런 언어들 덕택에 순전하고 원시적인 신학이 가능하게 되었다는 사실과 이를 통하여 순진한 영혼들이 다시 복음적인 연구로 들어설 수 있게 되었다는 사실로 인하여 그들에게 특별히 감사하고 있다. 이와 같은 멜랑히톤의 서문은 비텐베르그 신학이 언어 연구를 통하여 성경을 바로 해석하는 순전하고 원시적인 신학의 목적을 따르고 있다는 사실을 보여주고 있다. 우리는 이 서문에서 순전한 신학(Syncera Theologia)에 대한 일련의 개요를 볼 수 있다.

루터는 이런 생각을 그의 두 번째 시편 강해인 「Operationes in Psalmos」(1519-1521)의 헌정사에서 밝히고 있다. 그는 이 헌정사를 1519년 작센의 선제후 현자 프리드리히에게 헌정했는데, 여기에서 그는 비텐베르그 신학을 '순전한 그리스도의 신학' (Syncera Theologia Christi)이라고 칭하면서 '그리스도의 십자가' (Crux Christi)를 가장 순전한 신학의 중심으로 밀어넣는다. 그가 말하는 가장 순전한 신학이란, 그리스도의 십자가를 강조하면서 하나님의 말씀을 순전하게 해석하는 신학이다. 이 헌정사에서 그는 순전한 그리스도의 신학이 무엇인지에 대하여 명확히 제시하고 있다.

첫째, 비텐베르그 신학은 성경 언어들과 교부들을 중요시한다. 루터는 이 헌정사에서 그가 선제후 프리드리히에게 이 작품을 헌정하는 이유는, 그가 학문을 장려했고 특히 그가 교양과 신학의 도구들로 간주되었던 희랍어와 히브리어를 비텐베르그 대학에 개설하게 했기 때문이었다고 말한다.[29] 이어서 그는 순전한 그리스도의 신학이 인문주의, 특히 에라스무스에게 빚지고 있음을 언급하고 있다. 그러나 루터가 에라스무스를 칭찬하고 있다고 해서 그의 '그리스도의 신앙'(Fides Christiana)이 에라스무스의 '그리스도 철학'(Philosophia Christiana)을 따랐다는 것을 의미하지는 않는다. 도리어 루터가 그의 개혁 사상을 에라스무스를 통해 강화시키게 되었다는 것을 의미한다. 즉 루터가 인문주의에 대해 감사하게 여긴 것은 그가 언어의 도움을 통하여 성경을 적절하게 해석할 수 있었다는 데 있었으며, 또한 이런 언어 습득을 통하여 교부들의 책들을 접할 길이 열려 교부 신학, 특히 어거스틴 신학을 깊이 이해할 수 있게 되었다는 데 있었다. 그리하여 순전한 그리스도의 신학에 착수할 수 있게 되었기 때문이다.

둘째, 비텐베르그 신학은 성경 해석을 위하여 문법을 중요시한다. 루터는 문법이야말로 성경을 이해하기 위한 충분하면서도 최상의 완전한 조력 수단이라고 여겼다. 문법의 도움으

---

29) 이후의 내용은 WA 5, 20-22에서 인용함.

로 우리는 성경을 올바로 해석할 수 있다. 그러므로 순전한 신학은 성경 본문을 문법의 규칙에 의하여 이해하는 신학이다. 즉 본문은 문자적 의미에서 해석되어야 하고 변증법적으로나 알레고리적으로 해석되면 안 되는데, 그 이유는 이러한 해석 방법은 본문의 분명한 의미를 상실하기 때문이다. 그는 성경의 이해와 관련해서 스콜라 신학자들을 비판하는데, 그들이 최상의 도움 수단으로 여겼던 변증법은 신학을 위해서 무용하고 심지어는 해롭다고 말한다. 스콜라 신학이 전혀 순전한 신학이 아닌 것은, 이 신학이 변증법을 사용하여 성경을 불명료하게 만들고, '텍스트 없이' 알레고리적으로 단지 의견들만을 말하기 때문이다. 루터는 이렇게 문법적 그리고 문자적 해석 원리를 철저하게 고수하는데 이 점에서 심지어는 교부들과도 거리를 둔다.

셋째, 비텐베르그 신학은 성경의 무조건적 권위를 인정한다. 루터는 두 종류의 신학자들, 즉 참 신학자(verus theologus)와 위선자를 구분한다. 참 신학자는 성경의 절대적 권위를 인정하고 성경을 문법에 따라 문자적으로 해석하는 신학자이다. 반대로 거짓 신학자들 내지 위선자들은 성경을 변증법이라는 도구를 가지고 자의적으로 해석하고 잘못된 해석 방법으로 성경의 권위를 파괴시키는 신학자들이다. 이것을 루터는 계속적인 주장으로 강화시키고 있는데, 그가 영주에게 이 책을 헌정하게 된 이유를 성경에 대한 영주의 각별한 애정에 돌린다. 또한 루터는 영주가 참된 신학자와 위선자를 구분할 수 있기 때문에 그를 특히 높이 평가했다. 루터가 볼 때 영주는 위선적인 신학자들의 위험을 알아채고, 그들이 신학을 인간들의 날카로운 감각과 의견에 세우려 하였다는 것을 보았다. 그러나 이런 변증법적 방법은 인간을 확신으로 이끌지 못하는데, 이는 모든 의견은 하나의 다른 날카로운 감각의 언사를 통해 반박되기 때문이다. 루터는 변증법이 가진 또 하나의 더 큰 위험을 보았는데, 변증법은 성경의 절대적인 권위를 파괴시킨다는 것이다. 성경은 인간적인 변증법의 도움 없이 성경 스스로 자신의 진정성을 권세 있게 내보일 수 있다는 사실에 대해 그는 조금도 의심하지 않는다. 성경은 자신 안에 명료성을 가지며 그 때문에 이해될 수 있다. 그는 여기서 이미 "성경은 자기 자신의 해석자이다"(Scriptura sacra sui ipsius interpres)라는 종교개혁의 성경 해석 원리를 암시하고 있다. 루터에 의하면 성경은 반박될 수 없는 신적인 권위를 가진다. 성경의 권위에 대한 인정은 참 신학자와 거짓 신학자를 구분하는 기준(Kriterium)이다. 루터는 그 때문에 참 신학자는 성경의 권위를 인정하고, 성경을 깨끗한 마음으로 사랑하며 백성에게도 성경을 가르쳐야만 한다는 사실을 강조한다. 즉 그는 성경을 철학적인 방법이 아니라 신학적인 방식으로(Modus loquendi theologicus) 말해야 함을 암시하고 있다. 성경의 권위를 이렇게 강조하는 것을 보면서 일부 사람들은 루터의 유명론적 영향을 추론한다. 하지만 루터는 성경의 권위를 유명론에서처럼 이성과 신앙의 관계에서가 아니라 도리어 목양의 관계에서 강조한다. 즉 참 신학자들에 대한 루터의 질문은 명백히 영혼들을 목양하는 것과 관련되어 있다.

넷째, 비텐베르그 신학은 오직 하나님의 말씀을 통한 목양을 강조한다. 루터는 스콜라 신학자들과 법학자들이 성경의 여러 구절들을 자의적으로 꿰어 셀 수 없는 주해들을 만들어 성경을 뭔가 우스꽝스러운 책으로 만들고, 하나님의 말씀 대신 그들 자신의 사상을 내놓으려 했다고 비난한다. 그는 이런 부류의 신학자들 속에 스코투스주의자들, 토마스주의자들, 알버트주의자들 그리고 현대의 길(Via Moderna)의 대표자들과 시대를 오염시키는 다른 사람들을 포함한다. 루터는 이 점에서 동시대의 스콜라 신학자들 전체를 비판한다. 그리고 그들의 결정적인 잘못은 잘못된 성경 해석으로 영혼들을 타락하게 만들고 있다는 것이라고 본다. 그에게 신학의 과제는 바로 목양, 즉 평범한 인간에 대한 목양에 있었다. 그에게는 신학과 목양이 분리될 수 없는 통일을 이루고 있었다. 이 점에서 스콜라 신학은 스스로를 쓸모없는 것으로 입증한다. 왜냐하면 이 신학은 목양에는 무용할 뿐만 아니라 심지어 영혼들을 멸망시킬 수 있기 때문이다. 루터에 의하면 오직 순전한 신학만이 참된 목양 신학으로 간주될 수 있다. 왜냐하면 이 신학은 영혼들을 올바른 방법으로 즉 '오직 하나님의 말씀을 통해서'(Solo verbo Dei) 목양하기 때문이다. 루터는 여기서 인간의 의견들이나 규례들은 목양하는 데 도리어 해로울 수 있으며, 오직 하나님의 말씀을 통하여서만 영혼들이 실제로 위로를 받을 수 있음을 분명히 한다.

다섯째, 비텐베르그 신학은 성경의 온전한 해석자로서의 성령에 대하여 강조한다. 서문의 마지막 부분에서 루터는 성경의 해석자에 대하여 말한다. 그는 성경의 해석자들에게 성경 해석에 있어서 이성의 한계를 인정하도록 요청한다. 그리고 성경의 유일하고 완전한 해석자는 오직 성령님뿐이시라는 사실을 강조한다.

"성령님은 많은 것을 유보하신다. 이는 우리를 항상 그의 제자들로 두시기 위함이다. 그가 많은 것을 보여주시는 것은 우리를 인도하시기 위함이다. 그가 많은 것을 가르치심은 우리 마음을 움직이기 위해서이다. 그리고 (어거스틴이 적절하게 말했던 것처럼), 어떤 인간도 모든 것을 이해하는 것처럼 말하지 않았다. 오히려 성령님 자신만이 그의 모든 말씀에 대해 완전히 이해하고 계신다. 어거스틴도, 루터도 성경의 완전한 해석자가 아니다. 왜냐하면 성령님만이 성경을 온전하게 해석하실 수 있기 때문이다. 모든 인간 해석자들은 단지 그의 학생으로만 머물 뿐이다."[30]

우리는 '순전한 그리스도의 신학'의 다섯 가지 특성을 살펴보았다. 그러나 이는 결정적인 특징은 아니다. 이 신학의 결정적인 특징은 바로 그리스도의 십자가에 대한 강조에 있었다.

여섯째, 비텐베르그 신학의 핵심은 그리스도의 십자가이다. 루터는 그리스도의 십자가를 비텐베르그 신학의 중심 개념으로 간주한다. 그는 이 사실을 두 번째 시편 강해인 「Operationes in Psalmos」에서 분명히 말하고 있다. 시편 5편 12절에 대한 해석에서 우리는 그리스도의 십자가와 비텐베르그 신학과의 연결을 볼 수 있다. "십자가만이 우리의 신학이다"(Crux sola est nostra theologia).[31] 시편 6편 11절에 대한 해석에서도 그리스도의 십자가를 '순전한 그리스도의 신학'의 표지로서 강조한다. 그는 여기서 그리스도의 십자가만이 하나님의 말씀을 바로 해석해주고 이를 통하여 목양을 가능하게 한다고 말한다. "그리스도의 십자가가 하나님 말씀의 유일한 교육이며 가장 순전한 신학(Crux Christi unica est eruditio verborum dei. Theologia syncerissima).이다"[32] 이 문장을 이해하기 위해서 또 하나 덧붙여져야 하는 것은, 루

---

30) ibid.
31) WA 5, 176, 32-33.
32) WA 5, 217, 2-3.

터는 그리스도의 십자가를 강조했을 뿐만 아니라 그리스도의 십자가를 독특하게 이해했다는 사실이다. 이러한 사실은 루터가 1518~1521년 사이에 언급했던 몇몇 구절에서 개괄적으로 확인할 수 있다.

먼저 루터는 신앙인들의 삶에서 시험의 상황을 주의하도록 가르치기 위하여 십자가를 사용한다. 그는 하나님께서 의롭게 하신 후 신자에게 선물하시는 시험과 십자가를 관련지었다. 또한 그는 그리스도의 십자가를 성경 해석에 적용했다. 그는 그리스도의 십자가가 하나님의 말씀에 대한 순전한 해석과 이를 통한 목양을 가능하게 만든다고 본다. 이러한 사실은 신자들이 시험(tentatio)의 면제를 통해서가 아니라 도리어 하나님에 의해 주어진 시험에 의하여 하나님의 말씀을 좀 더 잘 해석하고 이해할 수 있다는 것을 의미한다. 더 나아가 그는 십자가를 강조함으로써 신학자들과 사제들로 하여금 그리스도의 십자가를 인식하게 하고 이 사실을 신자들에게 가르치게 하도록 권면하고 싶었다. 왜냐하면 그에게 그리스도의 십자가는 참 신학의 표지이고 진리의 유일한 시금석이기 때문이었다. "십자가는 모든 것을 시험한다"(Crux probat omnia).[33] "십자가 그 자체만이 진리와 시험의 법전이다"(Verum et hic crux ipsa sola iudex

---

33) WA 5, 179, 31.

est testisque veritatis).[34] "십자가만이 모든 거짓을 드러낸다"(Crux ipsa omnes ostendit mendaces).[35] 루터에 의하면 그리스도의 십자가의 의미를 올바로 파악하는 신학만이 참된 신학이다. 이러한 의미에서 비텐베르그 신학은 참된 신학이다. 왜냐하면 루터는 비텐베르그 신학의 정체성을 그리스도의 십자가에 두고 있기 때문이었다.

하지만 우리는, 루터가 그리스도의 십자가와 비텐베르그 신학을 동일시함으로써 이 신학을 종래의 신학들이나 경건의 형태들과 거리를 두려고 했다는 사실에도 주목해야 한다. 그는 비텐베르그 신학과 그런 신학들과 경건들과의 결정적인 차이는 그리스도의 십자가에 대한 이해와 태도에 있다고 보았던 것이다. 그는 특히 무엇보다 이들에게서 보여지는 그리스도의 십자가에 대한 소홀함과 그리스도의 십자가에 대한 잘못된 이해를 비판했다. 이러한 관점에서 그는 우선 자신부터 십자가보다는 영광을 강조했던 스콜라 신학과 거리를 두었고, 그리스도의 철학이 중심이 되었던 인문주의와도 거리를 두었으며, 심지어는 십자가와 고난을 강조했음에도 불구하고 고난의 실제성을 소홀히 했던 신비주의와도 거리를 두었다. 더 나아가

---

34) WA 5, 188, 18-19.
35) WA 5, 188, 31.

그는 자신을 십자가를 오용했던 종래의 경건의 형태들과도 분리시켰다. 루터는 두 번째 시편 강해에서 그가 그리스도의 십자가를 비텐베르그 신학의 표지로 간주했다는 것을 분명히 보여주었다.

비텐베르그 신학 갱신 운동을 통해 이제 비텐베르그 신학교는 바울과 어거스틴 중심의 신학과 무엇보다 십자가를 가르치는 신학교로 개혁되었다.

우리는 이 비텐베르그 신학교가 개신교 신학교의 정체성을 만들었다는 것에 유념해야 한다. 오늘날 언어에 대한 강조와 성경을 중심으로 가르치는 개신교 신학 공부의 방향은 비텐베르그 신학교에 근원을 두고 있다.

교회의 개혁

95개조 논제의 배경

우리가 흔히 '95개조 반박문'으로 알고 있는 이 논제의 원제목은 '면죄부들의 효력의 포고에 대한 토론'(Disputatio pro declaratione virtutis indulgentiarum)이다.[36] 이 논제는 본래 면죄부가

---

36) 이 주제에 대하여 필자는 <목회와 신학> (2008년 9월호와 10월호)에 '루터의 95개조 논제'라는 제목으로 기고했다. 이후의 내용은 그 내용을 약간 변형하고 보완한 것이다.

어느 정도의 효력을 가지고 있는지에 대하여 당대의 신학자들에게 공개 토론을 요청할 목적으로 쓰였다. 제목만으로 이 논제는 당시 교회 안에서 그렇게 문제가 될 소지가 없었다. 왜냐하면 교회의 개혁을 원했던 신학자와 사제들이 면죄부(免罪符)의 폐해에 대하여 지적하고 있었고, 독일 국민들 역시 면죄증이라는 이름으로 자신들의 돈을 수탈해가는 면죄부 부흥사들과 그들을 배후에서 조종하는 교황에 대한 원성이 컸기 때문이다. 그러나 이 논제는 일파만파의 파장을 일으켰다. 왜냐하면 이 논제가 면죄부의 효력에 대해서뿐만 아니라 면죄부를 가능하게 만든 속죄 제도인 고해 제도와 이 제도를 주관하는 교회 그리고 교회의 수장인 교황의 열쇠권에 대하여 공격하고, 더 나아가 면죄부의 이론적인 토대가 되는 신학을 비판하고 있었기 때문이다. 먼저 이 조항들을 이해하기 위해 미리 알고 있어야 할 몇 가지 사실을 살펴보자.

먼저, 면죄부(indulgentia)가 무엇인지 살펴보자. 면죄부는 본래 죄를 용서해주는 증서가 아니라 교회가 부과한 형벌을 사면해주는 증서였다. 여기에 대해 좀 더 분명히 이해하기 위해서는 로마 가톨릭 교회의 속죄 시스템을 알고 있어야 한다. 하나님께서는 성례전(聖禮典)을 통하여 은혜를 내려주신다고 보는 관점이 이 교회의 은혜관의 핵심이다. 모든 은혜는 사제의 손을 통해 주어지는 7성례, 즉 세례, 성찬(미사), 고해, 견진, 성직 수임, 결혼 그리고 종부성사를 통하여 수여된다. 그런데 이 성사들 중 당시 가톨릭교회에서 가장 중요한 것으로 여겨졌던 것이 바로 고해(告解)성사였다.

고해성사는 본래 초대교회에서 유래된 고해 제도로 거슬러 올라간다. 고해 제도가 만들어진 이유는 최악의 궁지에 빠진 죄인을 극적으로 구조하기 위해서였다. 본래 초대교회에서는 세례를 받은 교인이 우상숭배, 살인, 간통 혹은 배교 등과 같은 대죄(大罪)를 지으면 수찬을 정지시키고 교회에서 추방시켰다. 하지만 외부로부터 오는 심한 핍박과 교회 내부로부터 생겨난 여러 가지 타락으로 인하여 원치 않게 대죄를 짓는 경우도 발생하게 되었다. 그래서 교회는 이렇게 원치 않게 타락한 자들에게 마지막으로 한 번 더 기회를 주고자 했는데 그것이 고해 제도였다. 이는 파멸 직전에 있는 죄인들에게 마지막 기회를 주는 것이었으므로 배가 난파된 후 살기 위해 붙잡는 '구조용 널빤지'에 비유되었다. 고해제도가 처음 시행될 때는 공적인 성격을 띠었다. 죄를 범한 성도는 교인들 앞에서 자신의 죄를 공적으로 자백하고 교회가 부과하는 형벌을 받고 다시 교회 안으로 받아들여졌다. 그러나 중세에 접어들면서 초대교회가 본래 고해 제도를 만들 때의 정신, 즉 거룩성의 유지라는 정신이 퇴색하고, 모든 죄가 이 고해 제도를 통해 용서 받는 고해 제도(System)로 발전되었다. 공적인 고해가 점점 개인 고해로 대체되었다.

고해는 세 단계로 이루어지는데 먼저 죄를 미워하고 '마음으로 뉘우쳐야'(contritio) 하며, 그런 다음 신부 앞에 자신이 지은 죄를 일일이 '고해 바쳐야'(confessio) 하고, 사제로부터 "내가 너를 사면한다"(Ego te absolve)라는 사면(absolutio) 선언을 들어야 한다. 사제의 이 선언과 동시에 죄인은 하나님 앞에서 자신의 죄를 용서 받게 된다. 그러나 여기서 끝나지 않고 신부가 부과하는 형벌(poena)을 받아야 했다. 이 형벌은 그가 교회의 영광을 훼손시킨 데 대하여 받아야만 하는 응분의 대가였는데 이런 일을 보속(補贖: satisfactio)이라 칭했다. 그래서 죄인은 신부가 그에게 형벌을 면하도록 하기 위해 정해준 기도, 철야, 금식, 적선, 순례, 교회당 지을 때 기부 등을 해야 했고, 이를 통하여 그는 자신이 지은 죄에 대하여 철저히 뉘우치고 다시는 죄를 짓지 않고자 했던 것이다.

그러나 세월이 지나면서 이 고해 제도가 변질되기 시작하며, 보속으로 부과된 형벌에 대하여 여러 가지 경감(輕減) 장치가 창안된다. 이 경감 장치들 중 하나가 바로 면죄부인데, 본래 면죄부는 죄(罪; culpa)를 사해주는 증서가 아니라 교회가 부과한 형벌(刑罰; poena)을 감면해주는 증서였다. 그러나 형벌이 축적되어가면서 사람들은 몸으로 그 형벌을 다 감당할 수 없게 되었다. 그래서 면죄부는 더 인기를 끌게 되었고, 면죄부 판매는 급등하였으며, 시간이 지나면서 교회는 돈을 받고 면죄부를 발행해주는 데까지 이르렀다. 면죄부 판매를 통한 수입은 십일조를 비롯해 교회가 얻을 수 있는 어떤 수입들과도 비교할 수 없을 만큼 컸다.

그래서 교회는 여러 관변 신학자들을 동원하여 면죄부에 대한 신학적 근거를 강화시키고 그 효력도 확대시켰다. 죄인은 면죄부를 통하여 일시적인 형벌뿐 아니라 하나님께서만 용서하실 수 있는 죄까지도 용서 받을 수 있고 지금까지 지은 모든 죄를 용서 받을 수 있으며, 심지어는 연옥에 있는 영혼들까지도 구원할 수 있다고 가르쳤다. 면죄부에 대한 이런 효력 확대는 지옥보다 연옥을 더 두려워하고 있던 사람들에게 환영할 만한 소식이었다. 그래서 테첼(J. Tetzel)과 같은 면죄부 부흥사들이 "면죄부 상자에 돈이 떨어지는 순간 연옥에 있는 영혼들이 거기에서 뛰어나옵니다"라고 외칠 때 백성들은 앞을 다투어 뛰어 나와 면죄부를 샀다.

하지만 이와 같은 면죄부 판매에 대하여 모두가 찬성하는 것은 아니었다. 이런 상황을 비판적으로 지켜보고 있던 백성들과 직접적으로 비판하고 있는 학자들, 성직자들이 있었다. 하지만 아직은 때가 무르익지 않았다. 그런데 드디어 때가 왔다.

로마 교황이 베드로 성당을 건축하기 시작하면서 면죄부 판매 문제는 당시 교회의 가장 큰 이슈로 떠오른다. 교황청은 베드로 성당을 짓는 데 필요한 자금을 충당하기 위해 일시적인 죄뿐만 아니라 지금까지 지은 모든 죄까지 용서 받는 '완전

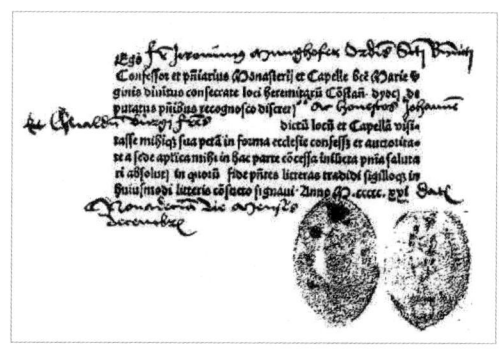

가톨릭 면죄부(1521년)

사면 면죄부'를 발행한다. 면죄부 판매는 온 유럽에 걸쳐 무난히 판매되고 있었는데 유독 독일에서 큰 저항을 받게 되었다. 그 이유는 교황이 독일 사람들을 너무 얕잡아본 데 있었다. 독일은 신성로마제국 내에서 경제적으로 가장 부유했고 또 교황에게 대체로 순종적이었기 때문에 큰 무리 없이 잘 팔릴 것으로 보았던 것이다.

교황의 면죄부 판매 계획은 마침 실시될 마인츠(Mainz) 교구의 대주교 선거라는 호기와 맞물려 진행된다. 이 마인츠 교구는 그 당시 독일 내에서 가장 힘이 있고 큰 교구였는데 전임 대주교의 사망으로 인해 대주교 자리가 비어 있었다. 교황은 이 교구의 적임자로 호헨졸러른(Hohenzollern) 가문 출신으로서 브란덴부르크(Brandenburg)를 다스리던 요아킴(Joachim) 후작의 동생 알브레히트(Albrecht)를 낙점했다. 요아킴은 독일 황제 선거

개혁의 시간 **137**

에 영향력을 행사하고 있던 중요한 사람이었으므로, 교황은 정치적 목적으로 스물세 살밖에 안 되었던 알브레히트를 막데부르그(Magdeburg) 교구의 대주교로 임명한다. 그리고 교회 직책의 중임을 불허하는 교회법을 위반하면서까지 알브레히트에게 마인츠 교구의 대주교직도 제안한다.

이것도 알브레히트에게는 자신의 야망을 이루고 호헨졸러른 가문의 정치적 영향력을 넓힐 기회가 되고, 교황에게는 대주교 선거를 인준해주면서 자신이 마인츠 교구로부터 받기로 되어 있는 돈 외에 그로부터 더 높은 변상을 기대할 수 있게 되기 때문에 피차 할 만한 거래였다. 그러나 이를 위해 알브레히트는 마인츠 교구가 교황에게 지불해야 할 돈과 또 자신에 대한 호의에 보답하는 감사의 돈을 교황에게 지불해야 했는데 그에게는 그 정도의 큰 돈이 없었다. 바로 이때를 이용해 그에게 그 큰 돈을 빌려준 사람이 당시 은행 재벌이며 킹메이커로 통하던 푸거(Fugger) 가문의 야콥 푸거이다. 푸거는 알브레히트가 그 돈을 갚을 수 있도록 교황으로 하여금 베드로 성당 건축을 위해 발행된 희년 면죄부를 비롯해서 여타의 면죄부들을 발행하도록 부추긴다. 교황은 마인츠에서 면죄부를 발행하게 했으며 면죄부 판매의 전권을 알브레히트에게 위임한다. 알브레히트는 막데부르그에서도 면죄부 발행청을 만들었고, 면죄부의 판매를 위한 홍보 부흥사를 고용했는데 그 사람이 바로 도미니칸 교단 출신의 테첼이었다. 이 테첼의 등장과 함께 면죄부 판매 사업은 활기를 띠게 된다.

키가 작고 큰 덩치를 가진 테첼은 당시 성직자들에게 따라다니던 여러 가지 불명예스러운 구설수에 휘말릴 정도로 결함이 많은 사람이었다. 그럼에도 불구하고 면죄부 부흥사로서 그의 명성 때문에 어느 누구도 그에 대하여 문제를 제기할 수 없었다. 그는 정식으로 신학을 공부한 후 박사 학위까지 받은 사람이었으므로 성경에 능통해 있었고 나름대로 면죄부 신학을 정립하고 있었다. 그는 확신을 가지고 면죄부의 효력과 면죄부를 사야만 하는 이유를 설명했고 그의 탁월한 웅변으로 청중을 감동시켰다. 그의 설교의 일부를 들어보자.

> 당신들은 이것을 알아야 합니다. 고해 신부가 충고하는 것처럼 죄를 자백하고 통회하며 이 궤짝에 돈을 넣는 사람은 누구를 막론하고 그의 모든 죄를 용서 받을 것이며, ……여러분이 밤낮으로 집요하게 뜬세상의 이익에 신경을 쓰는 것처럼 구원의 문제에 대하여 깨어 있으십시오. "너희는 여호와를 만날 만한 때에 찾으라 가까이 계실 때에 그를 부르라"(사 55:6). 요한은 이렇게 말했습니다. "때가 아직 낮이매 나를 보내신 이의 일을 우리가 하여야 하리라 밤이 오리니 그때는 아무도 일할 수 없느니

개혁의 시간

라"(요 9:4). 여러분은 당신들의 죽은 부모와 다른 사람들이 소리치며 말하는 목소리가 들리지 않습니까? "나를 불쌍히 여겨다오. 나를 불쌍히 여겨다오. 하나님의 손이 나를 치셨구나(욥 19:21). 네가 하려고만 한다면 잔돈 몇 푼으로 우리가 당하고 있는 이 심한 벌과 고통에서 우리를 구원할 수 있단다." 귀를 열고 아버지가 아들을 부르며 어머니가 딸을 부르는 그 소리를 들어보십시오.[37]

테첼이 이렇게 담대히 외칠 수 있었던 것은 그를 후원하는 세력이 막강했기 때문이다. 가장 강력한 후원자인 교황은 면죄부에 대하여 비판하는 자는 누구든지 교회로부터 형벌을 받을 것이라고 말했다. 저명한 스콜라 신학자들 중 일부도 그의 편에 서 있었다. 백성들조차도 그를 좋아했다. 그리하여 면죄부 설교는 그 당시 교회에서 가장 인기 있는 설교가 되었다. 이로 인해 교회 안에서는 면죄부 설교가 복음의 설교를 대신하게 되었고, 교인들은 십자가의 값비싼 은혜보다 면죄부의 값싼 은혜를 구하고 있었다.

독일 전역을 순회하며 면죄부의 효력에 대해 설교했던 테첼의 영향력은 점점 커지고 있었다. 양심적인 신학자라면 또

---

37) 루터, 「하나님과 악마 사이의 인간」, 헤이코 오버만 지음, 이양호 · 황성국 공역, 한국신학연구소 1995. 285-286.

영혼을 사랑하는 목자라면 더 이상 간과할 수 없는 일이었다. 비텐베르그 대학의 성경 교수로서 비진리를 막고 이단을 물리칠 책임을 가진 신학자로서, 루터는 이런 말도 안 되는 면죄부 판매에 대해 뭔가 말해야 한다는 거룩한 부담을 갖게 되었다. 그리고 얼마 안 되어 그 말해야 할 때가 찾아왔다. 자신이 동역 목회하던 교회인 '시 교회'(Stadt Kirche)의 성도들이 몰래 면죄부 부흥회에 참여하여 면죄부를 사온 것이다. 그들은 자신들의 영적 아버지였던 루터로부터 이미 몇 가지 죄에 대하여 지적을 받고 형벌을 받고 있는 사람들이었는데, 이제 고해 신부인 자신의 말을 들으려 하지 않고 회개하고 형벌을 받는 대신 면죄부를 들고 기뻐하고 있었다. 형벌 후에 받는 복음의 은혜보다 형벌 없이 받는 면죄부의 은혜를 더욱 신뢰했다. 그로 인하여 목양이 제대로 이루어지지 않았다.

루터 자신은 면죄부 판매 광경을 직접 목격하지는 못했지만, 집회에 참여하고 온 성도들의 말을 통해 이 집회가 얼마나 휘황찬란하게 행해지고 있는지 듣게 되었다. 그러던 중 그는 마인츠의 대주교 알브레히트가 발행한 '면죄부 지침서'(instructio summaria)를 수중에 넣게 되었다. 이 책자는 면죄부에 대한 모든 내용을 요약하고 있었는데, 여기에는 신자들의 영혼에 독이 될 수 있는 가르침들이 포함되어 있었다. 특히 면죄부를 통해 얻을 수 있는 '네 가지 주요 은혜'라는 내용을 보면서 루터는 격앙된다. 그 내용은 면죄부가 모든 죄를 완전히 용서할 수 있고 가장 위대하고 가장 크게 도움이 되며, 지금까지 들어보지 못한 가능성들로 가득 찬 증서라는 것이었다. 또한 보편 교회의 모든 축복에 참여하게 해주며, 연옥에 있는 영혼들을 위하여 모든 죄를 완전히 사면해줄 수 있다는 비성경적인 내용이었다. 그래서 그는 이 오류를 정식으로 반박하고 면죄부 판매 중단을 요청하기 위하여 테첼이 대대적으로 면죄부를 팔기 위해 벼르고 있던 대속죄일인 11월 1일의 전날인 10월 31일, 막데부르그의 감독을 겸하고 있던 알브레히트에게 면죄부 판매를 반대하는 이유를 적은 95개 조항이 담긴 편지를 써서 보냈다.

그가 이 편지를 어떤 정치적인 동기 없이 오직 목양적 관심으로만 썼다는 사실은 다음의 그의 말에 잘 나타나 있다. "모든 감독의 첫 번째 그리고 유일한 의무는 백성이 복음과 그리스도에 대한 사랑을 배우도록 돕는 것이다." 그런 다음 그는 이 논제에 대하여 학자들과 토론할 것을 요청하면서 당시의 관행대로 95개의 논제를 '성 교회'(Schloßkirche)의 북쪽 문에 붙였다. 이날이 10월 31일인지 아니면 그 다음 날인지 아니면 일주일 후인지는 논란이 많다.[38] 그러나 날짜가 중요한 것이

---

38) 루터 자신이 이것에 대하여 정확하게 얘기한 적이 없기 때문이다. 그래서 가톨릭 신학자 이세로(Erwin Iserloh)는 이날이 아니라고 말한다. 그러나 루터는

비텐베르그 성 교회, 95개조 조항을 붙인 문

아니라 이 논제가 담고 있는 내용이 중요하다.

여기에 담긴 내용은 당시 스콜라 신학자들이 해왔던 토론 관행대로 "여기서는 이런데 저기서는 아니다"(Sic et non)라는 방식으로 토론하다가 끝날 그런 정도의 것이 아니었다. 95개의 조항에는 단지 면죄부의 오용에 대한 지적뿐만 아니라 교황청의 주 수입원이었던 고해 제도의 문제점을 폭로하고 심지어 교황의 권위를 떨어뜨리는 내용도 담겨 있어서 일반 평신도들이 알면 큰 혼란이 야기될 수 있었고 면죄부 판매 사업에도 차질이 생길 수 있었다. 이런 위험성을 가장 먼저 알아채고 이 문서 속에 담긴 반권위적인 냄새를 맡은 사람이 바로 테첼이었다. 또한 카예탄(Cajetan)이나 엑크(J. Eck)와 같은 로마 교회의 관변 신학자들 역시 이 논제들 속에 교회의 머리이며 자신들의 주인인 교황에게 대드는 반항 정신(Protestant)이 숨어 있음을 간파했다. 비록 이 논제에 대한 학문적인 토론은 이루어지지 않았지만, 이 논제는 독일어로 번역되고 인쇄되어 14일 만에 독일 전역으로 퍼져나갔다. 교회는 이런 위험한 정황을 알아차리고 카예탄 추기경을 보내 루터를 아우그스부르크로 소환하여 심문한다. 이때부터 루터는 로마 교회가 위클리

이미 그 전 해인 1516년 10월 31일에 면죄부를 비판하는 설교를 했다. 그는 아마도 이 설교를 기초로 해서 95개조 논제를 작성했을 것이고 바로 10월 31일에 대자보를 붙였을 것이다.

프, 후스와 같이 반드시 없애야 할 인물로 분류된다. 루터는 그의 목적이 교황 제도나 교황에 대한 위엄을 떨어뜨리는 것은 아니라고 말했지만, 상황은 악화되어 결국 1521년 보름스 국회로 불려가 심문을 받았다. 거기서 그는 그가 썼던 책이 불온서적임을 시인하고 그 책들을 철회하도록 강요받는다. 그러나 루터는 이를 거절한다. 그러자 보름스 국회를 이끌었던 칼(Karl) 5세는 그를 이단자로 파문했다. 그리하여 루터를 추종하는 세력과 그를 반대하는 로마 가톨릭 교회와의 끝없는 싸움이 시작되었다. 그리고 결국 서로 건너지 못할 강을 건너게 되고 개신교(Protestant)가 태동된다. 그렇다면 도대체 95개 조항의 무엇이 문제가 되어 여기까지 오게 되었는지 그 내용의 중요한 부분을 「면죄부 논제에 대한 해설」[39]을 통해 살펴보자.

95개조 주요 조항의 핵심 논점

이 논제의 구성을 보면 다음과 같다. 1항에서 7항까지는 논제의 핵심 주제가 되는 회개를 다루고, 8항에서 29항까지는 죽은 자를 위한 면죄부와 그 전제가 되는 연옥에 대한 교황의 권세를 다루고 있다. 30항에서 40항까지는 산 자들을 위한 면죄부에 대해서 그리고 41항에서 52항까지는 면죄부와 이것을

---

39) 원제목은 *Resolutiones disputationem de indulgentiarum virtute*으로서 1518년 8월에 발행되었다. 「루터선집」 5권, 지원용 편집, 컨콜디아사: 서울, 1984, 83-242.

사서 베드로 성당 건축을 위한 기금을 내는 것과 다른 선한 행위들을 비교하며, 면죄부에 대한 신앙은 헛된 것임을 선언한다. 53항에서 80항까지는 면죄부에 대한 설교와 복음에 대한 설교를 비교한다. 이런 맥락에서 교회의 보물을 다루는 56항에서 68항까지의 내용이 등장한다. 69항에서 80항까지는 면죄부 설교가들의 허황된 꿈들에 대해 비판하고, 81항에서 91항까지는 영혼을 사랑하는 교황이나 감독들이 진정으로 해야 할 일이 무엇인지에 대하여 말한다. 그리고 92항에서 95항까지는 이 논제의 결론으로 의롭게 된 신자들이 이 땅 위에서 무엇을 하며 살아야 할지에 대하여 상기시킨다. 95개 조항을 일일이 해설하자면 지면이 너무 부족할 것이다. 그러므로 이 조항들을 개괄적으로 살펴보되 핵심 조항들을 중심으로 그 조항들의 의미를 살펴보는 것이 좋을 것이다.

95개조 논제의 핵심은 회개이다. 루터는 이 논제들을 통하여 표면적으로는 면죄부에 대하여 다루지만, 사실은 회개의 의미를 규명하려 한다. 신자가 회개해야 하는 이유는 신약성경에 명령된 것이기 때문이다. 그리고 참으로 회개한 의인은 십자가(형벌, 고난)를 피하지 않고 그것을 사랑하게 된다. 십자가의 은혜를 효력 없게 만들었던 당시 교회의 잘못된 고해 제도 사용을 지적하고, 이를 통해 성도의 삶에서 잊혀지고 있던 십자가의 은혜를 회복하여 신자들로 하여금 '면죄부의 값싼 은혜 대신 십자가의 값비싼 은혜'를 구하도록 하는 것이 그가 논제들을 통해 전달하고자 했던 주요 목적이었다.

이런 주요 관심사와 관련해서 루터는 두 가지 중요한 문제들을 건드리는데, 바로 고해 제도와 교회의 보물 이론을 이용한 교황의 열쇠권 사용의 문제이다. 그러므로 이 논제들의 핵심 조항은 먼저 고해 제도의 배경에서 회개와 십자가를 다루는 1항에서 7항까지이고 또한 교황의 열쇠권을 가능하게 만드는 '교회의 보물 이론'을 다루고 있는 56항에서 68항까지이다. 나머지 이어지는 항들에서는 그리스도의 십자가가 신자의 삶에 얼마나 중요하고 필요한 것인지를 강조하고 있다.

1~4항 : 신자의 삶은 회개의 삶

루터는 1항에서 회개는 주님께서 명하신 것이고 평생 하는 것임을 분명히 한다.[40] "우리의 주인 되시고 선생이 되시는 예수 그리스도께서 '회개하라'(마 4:17)고 말씀하실 때는, 신자들이 모든 삶을 회개하기를 원하신 것이다." 회개는 교황이 고해 제도에 따라 정해주어서가 아니라 예수님께서 신약성경에서 명령하셨기 때문에 하는 것이라는 메시지가 들어 있다. 그는 회개에 해당하는 희랍어 '메타노니아'(metanonia)의 어원을

---

40) WA 1, 530-532.

분석하면서, 회개란 고해로 하나님의 용서를 받아내고 보속(補贖)으로서 성난 교회를 만족시키는 공개적인 행위가 아니라 영과 진리로 마음이 변화되어 죄를 미워하는 것을 의미하며 더 나아가 새 삶을 사는 것이라고 말한다. 그리고 참된 보속은 새로운 삶이라고 말한다. 회개가 이렇게 영적으로 이해된다면, 회개는 일시적인 전시 행위가 될 수 없으며 전 삶이 회개의 삶이 될 수밖에 없다. 주기도문에서 가르쳐주신 것처럼 "우리 죄를 사하여 주옵시고"라고 일평생 회개 기도를 하며 살아야 한다. 이렇게 영적 회개를 하며 사는 사람은 내적으로는 육신의 여러 가지 정욕을 억누르며, 외적으로는 성령의 열매를 맺으며 살기 위해 애쓴다(2-3항).[41] 이러한 회개를 할 때, 신자는 형벌조차도 그리스도의 십자가로 여기고 기꺼이 받는다.

4항에서 그는 회개한 자에게는 형벌이 부과된다는 사실을 분명히 한다.[42] 죄는 사제가 아니라 하나님이 용서하시며, 하나님은 용서 받은 의인에게 형벌을 면제해주시지 않고 도리어 부과하신다고 분명히 말한다. 그는 이렇게 사제가 아닌 하

---

41) 제2항: 이 말씀은 하나님께 드리는 성례전적 참회 곧 사제의 직권으로 수행하는 고백과 속죄로서 이해할 수는 있다.
제3항: 그러나 이 말씀은 단지 내적인 회개만을 뜻하는 것은 아니다. 그럴 수도 없다. 만일 그와 같은 내적 회개가 육신의 여러 가지 정욕을 외적으로 억누르지 못한다면 그 회개는 무가치한 것이다.
42) WA 1, 533-535.

나님에 의해 부과된 형벌은 그리스도인의 생애 동안 지속적으로 필요하다는 사실을 강조한다. "그런고로 사람이 자기 자신을 미워하는 한(참 내적 참회를 계속하는 한) 형벌이 계속될 것이다. 즉 우리가 하늘나라에 들어갈 때까지 계속될 것이다."(4항) 루터는 이 항을 통해 신자의 전 삶이 회개의 삶, 그리스도의 십자가를 지는 삶이 되어야 한다고 말하면서 그 이유를 설명하고 있다.

먼저 그는 '그리스도의 십자가'가 신자에게 무엇을 의미하는지를 말한다. 그는 이미 첫 번째 시편 강의(1513-1515)를 통해 그리스도의 십자가가 그리스도의 고난뿐만 아니라 신자들이 그리스도 때문에 당하는 여러 종류의 고난이라는 사실을 말했다. 또한 신자의 이런 고난은 자유로운 징계를 통해서뿐만 아니라 악마와 세계와 육체의 시험들을 통해서 또한 외부로부터의 핍박을 통해서도 생긴다고 분명히 말했다. 루터는 죽음 직전에 진지하게 회개했던 버나드나 어거스틴 같은 성인들을 예로 들면서, 신자라면 누구나 죽어서 하늘나라에 들어갈 때까지 이러한 십자가를 지속적으로 져야 한다고 말한다. 그는 로마서 6장 6절, 고린도후서 5장 17절에 근거하여 그런 회개의 십자가는 신앙인 속에 머물고 있는 죄의 존속으로 인하여 옛 사람과 죄의 육체가 죽을 때까지, 첫 번째 아담이 그의 형상과 함께 몰락할 때까지 그리고 새 사람이 하나님의 형상에 따라 완성될 때까지 계속 있어야 한다고 말한다.

5~7항 : 하나님만이 죄를 용서하실 수 있다

그는 5항에 대한 해설에서도, 신자에게 부과된 형벌은 하나님에 의해 부과된 것이므로 하나님 외에 어느 누구도 사면할 수 없다는 사실을 분명히 한다. 그는 신자들이 받아야 할 여섯 가지 형벌을 소개한다. 영원한 형벌, 즉 정죄 받은 자들의 지옥의 형벌, 연옥의 형벌, 자발적인 복음적 징벌, 하나님의 징계와 채찍질, 교회법에 의한 형벌, 신적인 정의가 충족될 수 있기 위하여 요구되는 징벌이다. 그는 이 형벌들 중에서 "교황은 그가 그 직권 혹은 교회법의 권세로 부과한 형벌 외에는 어떤 벌이든지 용서할 권세나 의지를 갖지 못한다"(5항)라고 말한다.

루터는 이 형벌들 중 세 번째 형벌, 즉 자발적인 복음적 징벌을 '그리스도의 십자가'로 간주하고 이 형벌은 신자에게 꼭 필요하다고 말한다. 그는 바울이 고린도전서 11장 31절에서 이 징벌에 대해 말하고 있으며 영적 참회를 한 사람에게 반드시 이 징벌이 나타나야 한다고 본다. 내적으로 죄를 뉘우친 사람은 육신의 정욕을 극복하고 외적으로 십자가를 진다. 이런 극기와 십자가는 영적 참회의 본성과 구원의 필요와 관련되어 있고 또 그리스도에 의해 명해졌으며, 인간의 권위가 아니라 은혜와 성령에 의존하는 것이기 때문에 어떤 상황 하에서도 사제가 그것을 증가시키거나 감해줄 권세를 가지지 못한다. 교황이 할 일은 이런 형벌을 제거해 달라고 기도하는 것이 아니라 은혜를 획득하는 것과 마찬가지로 죄인을 위하여 이 형벌을 획득하여 그것을 부과하는 것이다. 더 나아가 교황은 그것이 하나님으로부터 부과되었음을 선언해야 한다. 그렇지 않으면 "그는 그리스도의 십자가를 무효화시키며(고전 1:17), 가나안의 남은 자들을 그들의 아들 딸들과 결합시키게 될 것이며, 하나님의 원수들(죄)을 전적으로 멸망시키지 못할 것이다"라고 경고한다.

루터는 계속해서 네 번째 형벌인 하나님의 징계와 채찍질을 그리스도의 십자가로 간주한다. 이 형벌은 하나님의 법을 지키지 않은 신자들에 대한 하나님의 사랑의 간섭 때문에 생기는 것으로 본다. 그러므로 이러한 형벌은 사제들의 손 밖에 있다. 예레미야 49장 12절과 25절, 베드로전서 4장 17절, 요한계시록 3장 19절 그리고 히브리서 12장 6절과 8절에 근거해서 루터는 이 형벌이 축복 받은 모든 하나님의 자녀들에게 부과되어야 한다는 것을 강조한다. 그는 독자들에게 세례 요한과 위대한 성인들도 그런 형벌들을 감수했음을 상기시키면서 하나님에 의해 부과된 형벌은 어떤 형태로도, 심지어는 열쇠권을 통해서도 제거될 수 없고 오직 눈물과 기도를 통해서만 제거될 수 있으며, 그것을 경감해주는 것이 아니라 감당하게 함으로써만 없어지게 할 수 있다고 말한다. 이 두 조항에 대한 해설에서 루터는 죄는 오직 하나님만 용서하실 수 있고, 의인의 삶에는 하나님이 허락하시는 형벌(자발적인 복음적 징벌, 하나님의 징계)이 필요하며, 형벌의 부과는 회개한 그리스도인에게 하나님이 지게 하시는 그리스도의 십자가라고 분명히 말한다.

제6항과 7항에 대한 해설에서는 형벌을 부과하는 것은 하나님의 낯선 일에 속한다고 말한다. 이 두 조항에서 루터는 신자에게 십자가와 형벌이 발생하는 이유를 자신의 십자가 신학, 즉 하나님이 낯선 일을 통하여 본래의 일을 이루시는 방식의 관점에서 설명한다.[43] 6항에 대한 해설에서 죄는 오직 하나님 홀로 사하신다는 사실을 천명하며, 교황은 죄가 사해졌다는 사실을 선언할 수 있을 뿐이라고 말한다. "교황은 하나님이 죄를 사하셨다는 것을 선언하거나 혹은 시인하는 이외에 어떤 죄든지 사할 힘이 없다. 기껏해야 그는 그 자신에게 관계된 사건들에 한해서만 사할 수 있을 뿐이다. 하지만 이런 경우에도 그의 사죄하는 권한이 불확실하게 여겨진다면 사함 받았다는 죄는 확실히 그대로 잔재할 것이다."(6항) 이어 7

---

[43] 루터는 앞에서 언급했던 것처럼 1518년 초 히브리서 12장 11절의 난외 주해에서 '십자가 신학'이 무엇인지를 요약하고 있다. WA 57, 79, 16-21 그리고 80, 11-14.

항[44]에 대한 해설에서 루터는 하나님이 어떻게 우리 죄를 사하시는지에 대해 설명하면서 그분의 이중의 일을 언급하는데, 하나님은 '낯선 일'(opus alienum)을 통하여 '본래의 일'(opus proprium)을 이루신다고 말한다. "만일 하나님이 한 인간을 의롭게 만들기 시작하신다면 그분은 그를 먼저 정죄하신다. ······짧게 말하면 하나님은 그의 본래의 일을 일으키시기 위하여 낯선 일을 행하신다." 마음의 참된 회개와 영의 겸손 그리고 마음의 평안은 고해 행위를 통해서가 아니라 역설적으로, 단지 이러한 하나님의 일을 통해서만 생겨날 수 있다고 말한다.

그 이유를 그는 하나님이 은혜를 부으시는(gratia infusa) 방식에서 찾는다. "이런 식의 은혜의 부음은 사제의 용서 이전에 일어난다. 이 용서는 우선 진노의 형태 아래 숨겨져 있다. 하나님은 그의 은혜를 통하여, 단지 십자가 외에 다른 것을 의미하지 않는 진노의 형태 아래서만 신자의 죄를 용서하신다. 이런 하나님의 진노 아래서 신자는 '오직 하나님의 말씀에 대한 신앙'만으로 평화를 가질 수 있다." 그는 하나님이 진노라는 낯선 일을 통해 죄를 용서하신다는 사실을 분명히 한다. 그러

---

44) "하나님께서는 그의 대행자인 사제의 권력에는 전적으로 복종하면서도 그 밖에 다른 모든 일에 대해서는 겸손할 줄 모르는 자의 죄를 결코 사하시지 않는다."(7항)

나 신자의 마음속에 평화가 이루어지는 방식과 관련해서는 사제의 역할을 배제하지 않는다. "말씀에 대한 신앙이 그리고 사제가 이 말씀에 근거하여 사면을 하면서 양심에 평화를 만든다. ……하나님의 사죄는 은혜를 일으키지만 사제의 사죄는 평화를 가져온다"라고 말한다. 이어서 그는 "이렇게 믿음으로 사죄를 받고 마음에 평화를 갖게 될 때 모든 징벌은 그에게 전혀 징벌이 되지 않는다"라고 말하면서, 마음에 평화를 가진 자는 형벌을 달게 받을 수 있음을 암시한다.

계속해서 그는 속죄에 대한 바른 이해만이 바른 참회를 가능하게 한다고 말한다. "사람들은 우선 은혜로운 사죄의 수여자이신 그리스도에 대한 믿음을 가르침 받아야 한다. 그리고 자신들의 회개와 속죄 행위에 대하여 절망하도록 설득을 받음과 동시에 그리스도의 긍휼에 대한 확신과 마음의 기쁨에 의해 강하게 됨으로써 마침내 죄를 힘 있게 멸시하고 참회와 속죄 행위에 임하게 될 것이다. ……진정으로 마음에 평화를 갖기를 원한다면 교황의 권세가 아니라 그리스도의 말씀을 신뢰하는 법을 배워야 한다. ……왜냐하면 우리는 오직 그리스도의 약속에 따라 믿는 만큼 평화를 갖게 되기 때문이다." 이런 맥락에서 그는 칭의의 은혜를 성례전에 묶어놓았던 당시 교회의 성례전적 칭의론을 비판하고 '오직 약속에 대한 믿음을 통한 칭의'를 선언한다. "중대한 사실은 그리스도의 말씀과 그에 대한 인간의 믿음이다. ……그러므로 우리는 행위나 참회나 고백에 의해서가 아니라 믿음에 의해 의롭다 함을 입으며 믿음에 의해 평화를 받는다. ……성례전을 받으려 나아가는 자는 믿어야 한다(히 11:6). 그러므로 의롭게 하는 것은 성례전이 아니라 성례전에 대한 믿음인 것이다." 루터 자신이 이 말들을 통해 의도적으로 성례전적 가톨릭 신앙으로부터 돌아서려고 했는지는 모르지만, 이 말들은 확실히 말씀 중심의 개신교 신앙을 태동시키고 있었다. '약속의 말씀에 대한 믿음을 통한 칭의', 개신교는 이 진리 위에 서 있다.[45]

8~29항 : 교황의 사죄의 권세는 산 자들에게만 유효하다

교황이 자신에게 주어진 법적 권세를 가지고 죽은 영혼들에게 영향을 미칠 수 있다는 교리는 잘못된 것이다. 이런 교리는 교회가 잠자고 있을 때 사탄이 잘못된 가르침의 누룩을 뿌려놓았기 때문에 생긴 것이다(8, 13항). 이제 루터는 본격적으로 그 당시 백성들에게 지옥보다도 더 공포의 대상이었던 연옥에 대해 언급하며 연옥을 새롭게 해석한다.

루터는 종래와는 다르게 연옥을 장소로 보기보다 영혼의 상

---

[45] Ernst Bizer, Fides ex auditu: Eine Untersuchung über die Entdeckung der Gerechtigkeit Gottes durch Martin Luther, Verlag der Buchhandlung des Erziehungsvereins Neukirchen Kreis Mors, 1958.

태로 본다. 죽은 자들에게는 그들의 불완전함이 두려움을 만들고 그들이 절망하여 경악하는 상태가 연옥이다. 루터는 지옥을 '절망의 상태'로, 연옥을 '거의 절망의 상태'로 그리고 하늘을 '안전의 상태'로 해석한다(14, 16항). 그는 연옥에 있는 영혼이 그 곳에서 공적을 획득할 수 있고, 사랑을 증가시킬 수 있으며, 그들의 구원을 확신할 수 있다는 당시 교회의 해석에 대하여 이성으로나 성경으로부터 확인된 것은 아무것도 없다고 반박한다(17, 24항). 그러므로 교황은 자신의 형벌권을 연옥에 있는 영혼에게까지 확대시키지 말아야 한다는 것이다. 계속해서 루터는 연옥과 관련지어 그 당시 교회에 널리 알려졌던 가브리엘 비엘이 만든 이론, 즉 "돈이 상자 안에 떨어지자마자 영혼이 연옥으로부터 뛰어나온다"는 이론은 결국 사람들을 수전노로 만들며 탐욕만 증가시킬 뿐이라고 말한다(27, 29항).

30~40항 : 고해 행위가 인간에게 안전을 가져다주지 못한다

이제 루터는 '그렇다면 인간은 뉘우치는 행위를 할 필요가 없는가?'라는 질문에 대답한다. 인간은 고해 행위를 할 필요가 있지만 그 행위를 통해 죄의 용서를 확신할 수 없다는 것이다. 그 이유는 나의 뉘우침이 진정한 뉘우침이었는가에 대하여 확신할 수 없으며 이를 통하여 내 죄가 완전히 사면되었다는 것은 더더욱 확신할 수 없기 때문이다. 그러므로 면죄부

는 구원의 확신을 가져다줄 수 없고 고해할 때 사람들에 의하여 부과된 형벌들만을 없애줄 수 있다. 그러나 이 경우도 면죄부 이전에 참된 뉘우침이 있어야 한다. 만일 진정으로 뉘우쳤다면 면죄부 없이도 죄책감과 형벌로부터 완전한 사면을 받을 수 있다. 똑같이 모든 그리스도인은 면죄부 없이도 그리스도와 교회의 모든 선물에 참여할 수 있다. 참된 회개는 형벌을 찾고 사랑한다. 면죄부의 관용은 반대로 형벌을 가볍게 하고 그것을 미워하게 만든다.

41~55항 : 인간은 면죄부를 통해 구원의 확신을 가질 수 없다

이 조항들에서 루터는 면죄부를 가르치는 교사들이 그리스도인들이 행하는 사랑의 행위보다 면죄부를 더 앞세워놓거나 그것들과 비교되는 것처럼 가르칠 수 있음을 언급하고 여기에 대하여 반박한다. 그는 가난한 사람을 구제하는 것이 면죄부로 자신의 형벌을 푸는 것보다 나은 행위라고 말한다. 왜냐하면 사람은 이런 사랑의 행위를 통해서 성장하고 더 성숙하게 되지만, 면죄부를 통해서는 갱신되지 않고 단지 자기가 받아야 할 형벌로부터 놓임을 받을 뿐이기 때문이다. 그리스도인들은, 가난한 자들을 구제하는 대신 면죄부를 획득하는 자는 교황의 사면이 아니라 하나님의 진노를 얻는다는 가르침을 받아야 한다. 교황의 면죄부는 사람들이 그것을 신뢰하지

않는다면 유익하지만, 그것을 통하여 하나님에 대한 두려움을 잃어버린다면 매우 위험하다. 루터는 여기서 면죄부 행상에 대하여 혹독한 비판을 퍼붓는다. 만일 교황이 면죄부 설교가들의 행상을 안다면, 그 성당이 그의 양들의 살가죽과 육체와 뼈들로 세워지는 것보다 도리어 재로 가라앉게 놓아둘 것이다. 루터는 특히 이 면죄부 설교 때문에 비교할 수 없이 중요한 복음의 설교가 교회 안에서 이루어지지 않고 침묵되고 있는 상황에 대하여 심히 안타까워했다. 그는 면죄부가 종 하나로, 가두시위 하나로, 의식 하나로 축하 받는다면 복음은 수천 개의 종으로 축하 받아야 한다고 말한다. 이제 본격적으로 면죄부 이론의 신학적 근거에 대해 비판한다.

56~57항 : 교회의 보물 이론은 성경에 위배된다

루터는 먼저 면죄부 발행의 근거가 되는 '교회의 보물 이론'은 성경에 위배되는 인간들의 고안물일 뿐이라는 사실을 지적한다. 이 이론은 휴고(Hugo von St. Cher)에 의하여 시작되고 아퀴나스에 의하여 발전된 이론이다. 교회의 보물에는 먼저 예수님의 십자가 공로가 있고 여기에 성인들의 잉여(剩餘) 공적이 보태지는데, 교황은 이 공적들을 모아서 공적에 근거하여 자신에게 허락된 열쇠권을 사용하여 성도들의 죄를 풀어 줄 수도 있고 묶을 수도 있다는 것이다.[46] 56항에서 루터는 교황이 면죄부를 주는 근거인 교회의 보물 이론이 (성경과 교부들의 글에서) 충분히 언급되어 있지 않으며 또 그리스도인에게 잘 알려져 있지도 않다면서 이 이론이 주로 신학자들과 사제들에게만 알려져 있다는 것을 암시한다. 57항에서 그는 교회의 보물이 어떤 시간적인 보물은 아니라고 말한다.

58항에 대한 해설에서 그는 그리스도의 공적은 내적 인간에게는 은혜를, 외적 인간에게는 죽음을 가져다준다고 말한다. 교회의 보물들은 엄밀한 의미에서 그리스도와 성도들의 공적이 아니고 오직 하나님 아버지의 공적임을 분명히 한다. "이것들이 그리스도와 성도들의 공적이 아닌 것은, 이것들이 교황 없이 내적 인간에게는 은혜와 십자가를, 그리고 외적 인간에게는 죽음과 지옥을 일으키기 때문이다." 그는 이 조항을 이어지는 구절들에서 좀 더 자세히 설명하고 있는데, 먼저 죄가 용서되는 방식을 다루면서 앞에서 언급했던 하나님의 이중의 일하심을 다시 말한다.

그는 하나님의 본래의 일하심으로서 은혜, 의, 진리 그리고 선택된 사람들 속에 있는 인내와 온유를 말하고 있다. 그러나 이 일하심은 언제나 그리스도를 통해서만 이루어진다고 본다. 그리스도의 의(iustitia)와 그의 수난의 공적(meritum)이 인간을 의

---

46) Gustav Adolf Benrath, Art. Ablaß, in: TRE, Bd. 1, 349.

롭게 하고 죄를 용서한다. 그리스도의 공적은 하나의 공적이긴 하지만 교회의 공적이 아니라 하나님 아버지의 공적이다. 그러므로 용서의 참된 원인자는 하나님 아버지이시다. 하나님 자신이 그리스도의 공적을 통하여 우리의 죄를 용서하신다. 이런 하나님의 죄의 용서에 있어서 그리스도는 우리 죄의 사면을 위하여 하나님께 탄원하시는 역할을 한다. 우리가 해야 할 일은 하나님의 자비를 구하고 우리를 위하여 변호하시는 그리스도의 피에 호소하는 것이다. 루터는 하나님이 행하시는 용서를 그분의 본래의 일하심으로 본다.

이어서 루터는 하나님이 이 본래의 일하심을 통하여 의로워진 사람에게 그의 낯선 일을 허락하신다는 사실을 덧붙인다. 이사야 28장 21절에 근거하여 그는 낯선 일의 의미와 목적을 설명한다. 낯선 일은 십자가와 수고, 신자에게 부과되는 여러 가지 형벌들, 죽음 그리고 육체 안에서의 지옥이다. 이런 일은 죄의 육체를 멸하고 땅 위에서 우리의 지혜가 죽임을 당하도록 하기 위하여, 그 결과 죄인이 지옥으로부터 빠져 나오도록 하기 위해서 일어난다. 루터는 계속해서 이런 낯선 일이 세례와 함께 시작된다는 사실을 강조한다. 그리스도 안에서 세례를 받고 새롭게 된 사람은 누구나 형벌과 십자가와 죽음을 각오해야 하고 매일 죽음으로 나아가야 한다. 이런 의미에서 그는 '십자가와 그리스도를 따름'은 칭의에 반드시 따라

와야 하는 것으로 본다. "비록 사람이 모든 면죄부를 자기 위에 쌓아놓았다 해도, 자기 십자가를 지지 않고 그리스도를 따르지 않는 자는 그의 제자로서 가치가 없다." 우리의 주목을 끄는 것은 루터가 하나님의 이중의 일하심과 십자가를 연결시키면서 스콜라 신학과 십자가 신학을 비교하고 있다는 점이다.

루터는 스콜라 신학(Theologia Scholastica)과 십자가 신학(Theologia Crucis)은 형벌에 대하여 서로 다르게 평가한다고 분명히 말한다. 그리고 스콜라 신학의 위험에 대하여 불평한다. "이로부터 당신은 이제 스콜라 신학, 즉 속이는 신학(왜냐하면 이것이 그 단어의 희랍어 의미이기 때문이다)이 시작된 이래 얼마나 십자가 신학이 폐지되었으며 모든 것이 전적으로 뒤죽박죽되었는지 볼 수 있을 것이다." 그는 어떤 점에서 모든 신학적인 입장들이 뒤죽박죽되었는지를 설명하고 두 종류의 신학을 비교한다. 먼저, 십자가 신학의 신학자(Theologus crucis)가 말하고 가르치는 방식을 설명한다. "십자가의 신학자는 십자가에 달리시고 숨어 계신 하나님에 대하여 말한다. 형벌, 십자가, 죽음이 모든 것들 중에서 가장 귀중한 보물이고 가장 거룩한 유물이라고 가르친다." 루터는 여기서 십자가 신학(theologia crucis)은 하나님을 우주 만물 속에 자신을 드러내는 영광 속에서가 아니라 십자가에 못 박히시고 숨겨지신 하나님 속에서 인식하는 신학임을 말한다. 또한 형벌, 십자가와 죽음이 피하고 숨기고 싶은 스캔들로서가 아니라 모든 것들 중에서 가장 귀중한 보물이고 가장 거룩한 유물로 여겨져야 한다는 사실을 지적한다. 그는 이처럼 신자의 삶에 나타나는 고난을 적극적으로 평가하는 십자가 신학을 태동시킨 분은 다름 아닌 그리스도 자신이라고 강조한다. "이 신학의 주인 자신이 거룩하게 하시고 복을 주셨는데, 이는 단지 자신의 가장 거룩한 육체의 접촉을 통해서뿐만 아니라 가장 거룩하시고 신적인 의지의 안아주심을 통해서였다. 그가 이것들을 남겨두신 것은 우리가 정말로 그것들을 보고, 찾고, 팔로 끌어안도록 하시기 위함이었다." 이것은 고통, 십자가 그리고 죽음이 그리스도 자신을 위해서뿐만 아니라 우리 그리스도인들을 위해서도 효력을 가져야 한다는 것을 의미한다. 그는 이어서 그러한 그리스도의 유물인 보물들이 하나님이 선물로 주신 것이며, 이런 보물을 받을 은혜와 영광이 모든 사람에게가 아니라 단지 하나님께 선택된 자들에게만 속한다는 사실도 덧붙이고 있다.

루터는 당시 교회의 관행이었던 유물 추구에 대한 비판에서 교회의 보물이 십자가와 고난 외에 다른 어떤 것도 아니라는 사실을 좀 더 분명히 한다. 그는 로마로 순례하고 그리스도의 바위와 그의 흔적들을 보기 위하여 여러 장소들을 방문하는 사람들을 비판한다. 그런 사람들은 십자가와 고난의 보물과는 다른 보물을 찾는 사람들이다. 이런 종교 활동은 위험하다. 그들은 이런 활동을 통해 참된 유물들, 즉 십자가와 고난을 인식하지 못할 뿐만 아니라 온 힘을 다해 그것들을 던져버리고 이곳저곳으로 떠돌아다니기 때문이다. 루터는 목양적 관심을 가지고 염려하면서 십자가와 고난이, 즉 가장 값비싼 유물들이 하나님의 선택된 자녀들에게 선물로 주어지도록 하나님께 간청한다. 이런 천상의 보물들은 지상의 보물들과 비교될 수도 없는 것들이다. 그는 계속해서 민중들이 이러한 보물들에 대해 모르고 있다는 사실을 한탄하고 여기에 대한 책임을 로마 교회의 가장 뛰어난 학자들과 인도자들에게 돌리고 있다. 이 사람들은 그들의 무지로 인하여 정말 귀한 유물들을 던져버렸을 뿐만 아니라 심지어는 참된 그리스도인들을 핍박하기까지 했다고 비판하고 있다.

이런 맥락에서 루터는 영광의 신학자(Theologus gloriae)와 십자가 신학자(Theologus crucis)의 신 인식 방법을 비교한다. 그는 영광(gloria)을 추구하는 스콜라 신학의 신 인식 방법, 즉 하나님을 그의 창조 작품들에 근거하여 인식하기를 원하는 자연적 신 인식 방법을 비판한다. 더 나아가 루터는 스콜라 신학의 뿌리를 공격하고 있다. 그는 영광의 신학이 아리스토텔레스로부터 배웠다고 불평하고 있다. 아리스토텔레스에 의하면 선은 사랑받을 가치가 있고 악은 미워할 가치가 있다. 하나님은 극진히 사랑받을 가치가 있는 분이시므로 오직 사랑받을 가치가 있는 것들만 사랑한다. 이 신학은 하나님을 이렇게 지고의 선(summum bonum)으로 만들면서 고난에 대해 잘못된 해석을 한다. 즉 고난은 사랑으로부터 나오는 것이 아니고 형벌과 고통 역시 결코 적극적으로 평가될 수 없다. 루터는 여기서 이와 같은 신 인식 방법이 신자들에게 어떤 부정적인 영향을 가져다 주는지 세세하게 설명하지 않는다. 그러나 하나님을 지고의 선으로 규정하여 수동적 고난이 하나님의 사랑과 관계되지 못하도록 하고, 형벌 역시 적극적으로 평가되지 못하게 하는 결과를 가져왔음을 지적한다.

이 두 신학자들은 서로 다른 신 인식 방법으로 인하여 형벌에 대해서도 반대로 평가한다. 영광의 신학자는 '나쁘고 미워해야 할 만한 형벌'들을 없애는 것을 그리스도의 보물로 이해하는 반면 십자가의 신학자는 형벌을 부과하는 것을 '선하고 사랑할 가치가 있는 그리스도의 보물'로 간주한다. 영광의 신학자는 그의 보물에 대한 대가로 금을 받으나 십자가의 신학자는 그 보물을 백성들에게 공짜로 나누어줌으로써 사람들의 시선도 끌지 못하고 결국에는 핍박을 당하고 있다고 꼬집는다. 또 영광의 신학자가 잘못된 신학으로 신앙인들로부터 그리스도와 같이 되려는 가능성을 빼앗는다고 한탄한다. 그 때문에 루터는 이 글을 읽는 독자에게 그가 어느 편에 설 것인지 결단하도록 요구하고 있다.

59~68항 : 교회의 보물은 복음이다

이어지는 59항에서 루터는 과연 무엇이 교회의 참된 보물인지 설명한다. 교회의 보물에 관해 말했던 라우렌티우스는 교회의 가난한 사람들을 교회의 보물이라고 말했다. 60항에 대한 해설에서 그럼에도 의심 없이 이 보물이 그리스도의 공적을 통하여 교회에 선물된 열쇠라고 보고 있다. 61항에 대한 해설에서 교황의 특별한 권세는 그에게 허락된 경우에 한해서만 형벌의 사면을 할 수 있는 것이라고 말한다. 그러면서 루터는 62항에서 이 반박문에서 가장 중요하면서 그의 신학의 핵심이 될 수 있는 문장을 말한다. "교회의 참된 보물은 하나님의 영광과 은혜의 가장 거룩한 복음이다"(Verus thesaurus ecclesie est sacrosanctum euangelium glorie et gratie Dei). (62항) 그는 그리스도께서 이 세상에 복음 외에 남겨놓은 것이 없지만, 이 복음이 교회 안에서 거의 알려지지 않고 있다고 한탄한다. 이에 대한 이유를 그리스도께서 사람들이 자신에 대하여 전혀 개의치 않을 정도로 깊이 숨겨놓으셨기 때문이라고 말한다.

그는 이어서 복음의 내용을 요약한다. "복음은 우리의 구원과 평화를 위하여 선물로 보내지신 하나님의 아들의 화육에 관한 말씀이다. 또한 구원의 말씀, 은혜의 말씀, 위로와 평화의 말씀, 신부와 신랑의 소리, 축복과 평화의 말씀이다." 율법은 이 복음과 대조된다. 율법은 파멸의 말씀, 진노의 말씀, 슬픔과 고통의 말씀, 심판과 정죄의 말씀, 평화 없는 말씀 그리고 저주의 말씀이다. 율법이 인간을 정죄하는 반면, 복음은 율법의 정죄로 깜짝 놀란 양심을 위로하고 그 양심을 확신으로 채워 죽음과 어떤 종류의 형벌 그리고 지옥조차 두려워하지 않게 만들어준다. 복음만이 우리에게, 행위를 통한 율법의 성취에 대하여 가르치지 않고 신앙을 통한 충만함으로부터 만물에 참여함을 가르쳐 하나님의 참된 영광을 일깨운다. 그러나 복음은 자신의 지혜와 힘을 의지하는 사람들에게 미움을 당한다. 왜냐하면 복음은 '십자가의 규칙'(regula crucis)에 의하여 이런 것들을 파괴시키고 먼저 된 자를 나중 된 자로 만들기 때문이다(63항).

루터는 면죄부의 효력을 아직 부인하지 않는다. 면죄부는 복음의 말씀을 듣고 고통하며 형벌로부터 빠져나오려고 애쓰는 사람들에게 효력이 있다(64항). 이어서 그는 '복음의 보물'과 '면죄부들의 보물'을 비교한다. 그는 복음의 보물을 고기를 잡는 그물에 비유하면서 복음의 보물은 한때 부한 사람들을 낚는 그물이었지만(65항), 면죄부의 보물은 부한 사람들이 아니라 사람들의 재산을 낚는 그물이 되고 있다고 풍자한다(66항). 그러면서 인간은 형벌의 사면을 통해서 상황이 더 좋아지거나 하나님께 더 가까이 갈 수 없으며 오직 그리스도의 말씀을 통해서만 좋아질 수 있음을 확인한다. 이런 맥락에서 면죄부를 파는 설교자들을 비판한다. "면죄부 설교자들이 '가장 큰 은총'이라고 소리 높여 부르짖는 면죄부는 이익을 증가시키는 한에서는 사실처럼 보인다(67항). 그렇지만 하나님의 은총과 십자가의 경건에 비하면 그것은 참으로 아무것도 아니다."(68항)

여기까지의 내용을 통해 그는 면죄부 신학의 뿌리를 들춰내고 그 뿌리를 공격한다. 그 비판의 핵심은 십자가였다. 면죄부를 사려는 사람은 실상 십자가를 피하려는 것이다. 그런 사람은 십자가를 말한다 해도 성경이 말하는 '그리스도의 십자가'가 아니라 '인간이 고안해낸 십자가'에 불과하다. 이와 같은 맥락에서 '교황의 인장이 새겨진 십자가'와 '그리스도의 십자가'를 비교하며, 교황은 십자가를 앞세우면서도 그 십자가로 영혼을 구하지 않고 도리어 영혼을 고통스럽게 한다고 비판한다.

69~91항 : 그리스도의 십자가와 교황의 십자가는 다르다

루터는 성도들에게 이렇게 큰 유익을 가져다주는 그리스도의 십자가를 어떤 유익도 가져다주지 못하고 도리어 해만 가져다주는 교황의 십자가로 바꾸는 것을 비판한다. "교황의 문장으로 장식된 십자가 상(象)이 그리스도의 십자가와 똑같은 능력이 있다고 말하는 것은 신성모독"(79항)이라고 말한다. 그리스도의 십자가가 사람들의 죄를 용서해주고 무거운 짐을 없애주는 반면, 교황의 십자가는 사람들의 죄를 용서받지 못하게 할 뿐 아니라 고통만 더해주기 때문이다. 이런 맥락에서 교황에 대한 뼈 있는 비판을 가한다. "예를 들어 만일 교황이 베드로 성당에 소비될 썩어질 금전으로 인해 수없이 많은 영혼을 구원한다 할 것이면 어찌하여 가장 정당하다고 볼 수 있는 이유, 즉 거룩한 사랑과 영혼들의 최고의 필요를 위해 연옥을 비우지 않는가?(82항)……또한 성 베드로 성당쯤은 오늘날 가장 부자인 사람보다 더 많은 재산을 가진 교황이 가난한 신자의 돈 대신 차라리 자신의 돈으로 세울 수 있지 않은가?"(86항)

92~95항 : 십자가가 선포되는 곳에 참된 평화가 있다

이제 루터는 마지막으로 거짓 평화를 선포하는 로마 교황과 성직자와 신학자들을 예레미야 시대의 거짓 선지자들에 비유한다. "그러므로 평안도 없는데 그리스도의 백성을 향하여 '평안, 평안' 하고 부르짖는 예언자들은 다 물러가라(겔 13:10,16, 렘 6:14, 8:11, 살전 5:3)(92항). 그러나 그리스도의 백성을 향하여 '십자가, 십자가' 하고 부르짖는 모든 예언자들은 축복을 받을지

어다. (사실)십자가는 없는 것이다(93항). 그리스도인은 형벌이나 죽음이나 지옥을 통해 머리 되신 그리스도를 부지런히 따르도록 훈계 받아야 한다(94항). 이같이 하여 그리스도인으로 하여금 위안에 의해서보다 오히려 많은 고난을 통해 하늘나라에 들어가는 데 더욱 깊은 신뢰를 하도록 하라(행 14:22)(95항)." 그러나 그는 오늘날 십자가와 형벌에 관한 설교를 듣기 힘들 것이라 경고한다.

95개조 반박문은 목양적, 성경해석학적, 신학적 관점에서 이해되어야 한다. 이 논제의 주된 관심은 고통당하는 영혼의 위로에 있었다. 루터는 영혼의 위로는 오직 성경으로부터 또한 성경에 대한 바른 해석으로부터 온다고 보았다. 이런 관점에서 그는 성경을 잘못 해석하여 영혼을 파멸로 이끌었던 로마 교회 신학의 기본 골격들을 공격하고 있다. 또한 영혼을 고통 속에 빠뜨렸던 고해 제도의 뿌리를 공격하고 이를 통하여 교황권의 한계를 정하고 있다. 아직 면죄부의 폐지까지는 말하지 않았지만 복음과 십자가의 값비싼 은혜를 주장함으로써 면죄부의 값싼 은혜를 효력 없게 만들었다. 이를 통해 이 악습으로 고통 받고 있는 성도들에게 참된 위안의 길을 열어주었다. 죄는 하나님만이 용서하실 수 있다는 사실, 용서받기 위해 약속의 말씀에 대한 믿음 외에 어떤 행위도 필요하지 않다는 사실 그리고 용서받은 대가로 형벌을 받는 것이 아니라 용서해주신 은혜에 보답해서 자발적으로 형벌을 받는다는 주장은 하늘의 위로를 전달하는 복음의 소리였을 것이다.

우리는 이 논제를 루터 자신의 신학 발전의 관점에서도 생각해볼 수 있다. 그는 교회의 가장 절실한 문제인 고해 문제를 다루면서 신약성경을 좀 더 깊이 깨닫게 되었다. 그는 회개를 하나님 중심으로 이해한다. 하나님을 죄 용서의 주체자로 세우며 십자가 역시 하나님 중심으로 이해한다. 하나님은 용서받은 성도에게 십자가를 선물로 주시며, 형벌 역시 하나님이 주시는 선물 중 하나라는 사실을 분명히 말한다. 그는 이로써 인간 중심의 철학적 신학인 스콜라 신학으로부터 더욱 분명히 거리를 두게 된다. 이 신학이 의존하고 있던 아리스토텔레스의 권위로부터 성경의 권위로 더욱 철저히 돌아서게 된다. 사소한 문제를 가지고 토론하며 소일하던 스콜라 신학자로부터 성도들의 실제적 문제를 해결하기 위하여 애쓰는 목양 신학자로, 양들과 거리를 두고 학문적으로 판단하는 신학자로부터 양들 속으로 들어가 그들의 고통을 끌어안고 함께 씨름하는 십자가의 신학자로 거듭난다.

그는 이 논제에서 이미 개혁의 필요성을 알린다. 개혁을 하는 것이 얼마나 어려운 일인 줄도 안다. 그래서 그는 이런 개혁은 오직 하나님만이 이루실 수 있다고 말한다. 그분만이 개혁의 방법과 개혁의 때를 알고 계신다고 말한다. 루터는 이미 여기에 대해 예언자적 메시지를 던져주고 있다. "최근의 공의회에 의하여 증명되었듯이 교회는 교황 한 사람 혹은 여러 추기경들의 행위가 아닌 개혁을 필요로 한다. 그것은 온 세상의 일, 아니 홀로 하나님이 하시는 일(행위)이다. 그러나 시간을 창조하신 하나님만 이 개혁을 위한 시기를 알고 계실 뿐이다."(89항에 대한 해설)[47]

추기경 카예탄 앞에서의 심문

루터 사건은 이제 독일 안에만 머물러 있을 수 없는 사건이 되었다. 로마 교황청은 교황의 권위를 추락시킨 루터를 가만 두고 볼 수만은 없었다. 당시 이탈리아의 뛰어난 학자 출신 추기경 카예탄(Cajetan)을 독일로 파송하여 루터 문제를 해결하게 한다. 교황청이 그를 함부로 다룰 수 없었던 것은 루터 뒤에 서 있던 작센의 영주 프리드리히 현자 때문이었다. 그는 황제 막시밀리안 1세의 계승자를 위한 투표에서 중대한 영향력을 행사할 인물이었기 때문이다. 그래서 카예탄은 그 영주에게 루터의 안전을 약속하고 1518년 10월 아우그스부르그(Augusburg)로 루터를 소환하여 심문한다.

---

[47] 위에 인용된 조항들의 해설에 대해서는 지면 관계로 구체적인 각주를 붙이지 않았다. WA 1, 540-628에서 인용하였다. 지원용 교수가 편집한 「루터선집」 5권 96-242에 나와 있는 내용들이다.

카예탄은 토론을 하기 전 이미 루터의 면죄부에 대한 비판이 단지 면죄부 오용에 대한 비판을 넘어섰다는 것을 알아차리고 있었다. 루터의 비판은 가톨릭을 지탱하고 있는 교황권에까지 미치고 있다고 보았으며 더 나아가 그가 성례전 없이 신앙을 통한 칭의, 신앙만을 통한 구원의 확신을 주장함으로써 로마교의 성례전적 구원론을 지탱하는 기둥까지 헐고 있다고 보았다. 그의 판단에 의하면, 루터는 지금까지 존재하지 않았던 새로운 교회(a new church)를 세우고자 하는 것이었다.

그래서 그의 논쟁 전략은 처음부터 루터로 하여금 그의 잘못된 가르침을 철회하라고 요구하는 것이었다. 그러나 루터는 성경에 근거해서 그리고 이성에 의한 합리적인 논증에 의해 자신의 의견이 논박을 당할 경우에만 철회할 수 있다고 잘라 말했다. 토론에 임하는 기본적인 입장 차이로 인하여 토론은 제대로 이루어질 수 없었다. 카예탄은 루터의 페이스에 말려들어 여러 교부들의 글과 스콜라 신학자들의 글을 인용하면서 루터가 문제 제기했던 교회의 보고, 교황권의 권위, 성경과 교회 직분의 관계에 대하여 교황청의 입장을 대변한다. 물론 구원을 얻게 하는 성례전에 있어서의 필수적인 신앙에 관한 교리도 비판한다. 그러나 그는 루터의 입장을 제대로 반박하지 못한다.

아우그스부르그 심문을 받은 직후인 1518년 11월 28일 루터는 교황에게 공의회 앞에서 재판을 받을 것을 청원한다. 루터의 호소는 성령 안에서 합법적으로 소집된 공의회가 하나의 거룩한 보편적 교회(a holy catholic church)를 대표하며, 신앙의 문제에서 교황보다 우월한 권한을 가진다는 콘스탄츠 공의회와 바젤 공의회의 결정에 기초한 것이었다. 물론 루터는 공의회 역시 하나님 말씀의 권위 아래 있다고 보았으며 오류를 범할 수 있다고 보았다.

아우그스부르그에서 카예탄의 심문이 불발로 끝나자 교황은 이듬해인 1519년 자신의 시종 칼(Karl von Miltitz)에게 루터를 회유할 임무를 맡긴다. 칼은 상황이 이처럼 악화된 것은 면죄부 부흥사 테첼의 무리하고 근거 없는 루터에 대한 공격 때문이라고 말하면서 루터를 회유해보려고 했지만 루터는 이런 회유책에 말려들지 않았다. 그러자 로마 교회의 대표적인 관변 신학자인 잉골슈타트(Ingolstadt)의 요한 엑크(Eck)를 내세워 루터 문제를 매듭 지으려 했다.[48]

라이프치히 토론

1519년 7월 엑크와의 토론 장소는 작센 지방에 속한 라이

---

48) Brecht, Martin Luther, Bd. 1, 237-263.

프치히(Leipzig)로 확정되고 루터 편에서는 동료 교수인 칼슈타트가 동행한다. 먼저 엑크(Eck)와 칼슈타트의 토론이 벌어진다. 칼슈타트는 주로 어거스틴의 책들을 인용하면서 "죄인은 오직 믿음을 통해서 의롭게 될 수 있다"는 진리를 분명히 말한다. 그러나 엑크는 근거가 매우 빈약한 교부들의 주장을 통하여 이 진리를 반박하려 한다. 토론이 격화되면서 토론은 결국 엑크와 그의 주적인 루터에게로 넘어간다. 이제 토론은 본래의 주제를 벗어나 공의회의 권위 문제로 옮겨간다. 루터는 공의회의 결정도 오류를 범할 수 있다고 말하며 콘스탄츠 공의회가 정죄한 보헤미아의 개혁자 후스(Jan Hus)의 가르침 중에서 많은 것들이 선한 기독교적 가르침이라고까지 주장했다. 루터는 이를 통해 성경의 권위는 교황과 공의회의 권위 위에 있음을 분명히 하고자 했던 것이다. 엑크는 성경의 권위를 내세우는 루터의 말에 귀를 닫고 오직 교황과 공의회의 권위만을 내세우며 루터를 이단자로 몰아붙였다. 토론의 결과는 엑크 쪽의 승리인 것처럼 보였다. 그러나 사실상의 승자는 루터였다. 그는 토론의 참가자들에게 누구도 생각하고 있지 않던, 성경만이 교회의 최종 권위가 될 수 있음을 분명히 일깨웠기 때문이다.[49]

---

49) Brecht, Martin Luther, Bd. 2, 285-332.

팸플릿을 통한 전쟁

루터의 방어 전술은 이제 팸플릿을 통한 전쟁(1520)으로 바뀌었다. 그는 소책자를 통해 자신에게 날아오는 비난들을 구체적으로 반박하고, 더 나아가 논적들의 핵심 사상을 비판한다. 먼저 「선행에 관하여」를 발표하고 뒤이어 소위 종교개혁 3대 문서로 알려진 「교회의 바벨론 유수」, 「그리스도인의 자유」, 「독일 크리스천 귀족에게 고함」을 발표한다. 우리는 이 소책자들을 통해 그의 개혁 사상의 핵심이 무엇이었는지 정확히 파악할 수 있다.

선행에 관하여

죄인은 오직 믿음으로만 구원을 얻는다는 새로운 교리는 로마 가톨릭의 심한 반발에 부딪친다. 이 교회의 신학자들은 루터가 오직 믿음(sola fide)만을 주장하면서 결국 인간의 선한 행위를 금지시키고 있다고 비난했다. 주변의 친구들이 여기에 대한 설교를 요청했을 때 루터는 다소 주저했는데, 이는 그가 너무 많은 책을 써서 독자들을 피곤하게 한다고 생각했기 때문이다. 그러나 곧 선행에 관한 설교를 하게 되고 이를 작은 책으로 발전시켜 「선행에 관하여」라는 책을 발행하였다. 그리고 루터 자신은 이 책을 최상으로 생각하지만 독자들도 그렇게 생각할지 모른다고 말했다.

루터에게 새로운 윤리의 기초는 제1계명인 "나는 주 너의 하나님이다. 너는 나 외에는 다른 신을 네게 있게 말지어다"의 해석이었다. 이 계명 속에 모든 다른 계명이 이미 포함되어 있다고 보았다. 책의 서두에서 그는 선행에 관한 두 가지 본질적인 확신을 천명한다. 첫째로 하나님이 명령하신 것 외에 다른 어떤 선행도 없다는 확신이다. 이는 당시 수도사들이 지켜야 할 권고(consilio) 등과 같이 성경 외에 인간들이 고안해 낸 행위들을 말하는데, 사람들은 이런 계율을 수행함으로 완전(perfectio)에 도달한다고 믿고 있었다. 루터는 이런 종류의 선행들은 본래 행할 의무가 없는 것이라고 분명히 말한다. 둘째로 신앙 외에는 어떤 선행도 없다는 확신이다. 당시 교회는 기도, 금식, 적선 등은 선행이 될 수 있지만 노동, 일상적인 일들, 수면 등은 선행으로 간주하지 않았다. 그러나 루터는 여기에 반대하며, 주로 바울 서신의 말씀에 근거해 믿음으로 행하지 않는 모든 행위가 죄라고 보았다.

신앙 안에는 사랑과 기쁨과 소망이 내포되어 있는데 이 신앙 안에서 모든 행위는 동일한 가치를 지닌다. 예를 들어 가정 주부의 일도 믿음으로 행해진다면 선행이다. 선행을 공적과 연결해서는 안 된다. 신앙이 없을 때 사람들은 특별한 공적을 찾는다. 신앙은 모든 행위를 선하게 만드는 전조(Vorzeichen)이고 모든 행위들의 주인(Hauptmann)이다. 이는 행위는 오직 신앙 안에서만 하나님의 기뻐하심 가운데 일어나기 때문이다. 다른 모든 것은 던져버려야 한다. 루터는 이것이 바로 제1계명의 뜻이라고 본다.

그는 여기서 그의 칭의론을 다시 천명한다. 의인은 믿음으로 산다. 그리고 신앙만이 의롭게 한다. 신앙이 하나님의 자녀들로 만든다. 행위들은 심지어 경건한 행위들도 위선자로 만들 수 있다. 우리가 신앙에 무게를 둔다면 어떤 교회법도 필요 없다. 신자는 어떤 법도 필요하지 않다. 그러나 율법은 아직 어려서 이런 신앙을 갖지 못한 젊은이들을 위해 그들의 연약함 때문에 필요하다.

하나님의 이름을 공경하라는 두 번째 계명의 요구 역시 신앙만이 성취할 수 있다. 기도, 금식 등과 같은 계명들도 오직 신앙을 통해서만 성취될 수 있다. 기도는 신앙의 연습이다. 금식도 공적의 수단이 아니라 옛 아담을 죽이는 데 본래의 목적이 있다. 시험도 신앙을 연습시키고 살아 있게 하기 위해 주어진다. 은혜로우신 하나님에 대한 신앙이 이웃 사랑도 가능하게 한다.

결론적으로, 루터는 하나님이 원하시는 선행인 십계명은 신앙을 통해서만 성취된다고 말하고 있다. 그는 신앙을 단순히 사실에 대한 승인 정도로 말하지 않는다. 그에게 있어 신앙은 인격적이고 자비로우신 하나님에 대한 신앙이다. 신앙은 그리스도를 내 안에 모심이고 그분이 내 안에서 통치권을 행사하시도록 맡기는 것이다. 또한 신앙은 이웃 사랑으로 움직이게 만드는, 사랑으로 역사하는 신앙이다. 이 '사랑으로 역사하는 신앙'이 모든 계명을 성취할 수 있게 한다. 루터가 말하는 신앙은 사랑 안에서 역동적으로 하나님의 계명을 성취할 수 있는 신앙을 말한다. 이런 신앙은 의롭게 만들 수 있고 선행도 행하게 할 수 있다. 이런 신앙을 말하므로 그는 결코 선행을 없애지 않는다. 도리어 이와 같은 신앙만이 선행을 굳게 세운다고 말한다.[50]

독일 크리스천 귀족에게 고함[51]

「독일 크리스천 귀족에게 고함」(An den christlichen Adel Deutscher Nation)이라는 책에서 루터는 교황주의가 지배하는 독일 안에서 일어나는 여러 종류의 폐단을 언급하면서 독일 영주들과 귀족들에게 이런 폐단들을 개선시키기 위해 최선을 다해 노력할 것을 독려하고 있다. "성경 연구 석사이자 비텐베르그 대성당 참의원이며, 존경하는 내 친우 니콜라우스 폰 암스도르프(Nicolaus von Amsdorf, 1483-1565)에게 헌정한다"는 헌정사로 시

---

50) 「루터선집」, 지원용 편집, 9권, 27-127.
51) 「루터선집」, 지원용 편집, 9권, 131-225. 이 책은 「루터저작선」, 존 딜렌베르거 편집, 이형기 역, 480-568에도 실려 있음.

작되는 이 책에서, 그는 전도서 3장 7절을 인용하여 이제는 "침묵의 시간은 지나고, 말할 시간이 도래했다"라고 말한다. 즉 이 책을 통해 그의 개혁 사상을 만인 앞에 밝히겠다는 의사를 분명히 한 것이다. 또 주님의 교회가 참된 교회로 거듭나기 위해서는 로마 교회가 만들어놓은 세 가지 담(장벽)이 무너져야 한다고 말한다.

"첫째, 로마파들은 세상 권세에 억눌렸을 때, 세상 권세가 그들을 누를 어떤 권리도 없으며 반대로 성직자의 권세가 세상 권세 위에 있다고 주장해 왔습니다. 둘째, 성경에 의거하여 로마파들을 처벌하려고 하면, 그들은 교황 외에는 아무도 성경을 해석할 자격이 없노라고 반론을 제기합니다. 셋째, 그들은 공의회를 통해 위협을 받으면, 교황 이외에는 어느 누구도 공의회를 소집할 수 없노라고 거짓말을 지어냅니다. 이렇게 그들은 벌을 받지 않으려고 우리에게서 세 가지 회초리를 슬며시 훔쳐 갔습니다. 그리고 우리가 지금 보고 있는 모든 비열한 행위와 악한 짓을 행하기 위해 이 세 가지 장벽의 안전한 요새 속으로 피신했습니다. ……하나님, 우리를 도우시고 여리고 성벽을 무너뜨리던 나팔 가운데 하나를 주시어 우리가 이 짚과 종이로 된 장벽들을 무너뜨리게 하소서. 그리고 죄를 벌하고 악마의 간계와 허위를 밝히는 데 그리스도의 회초리를 자유롭게 쓰게 하시고, 그리하여 우리가 징벌을 통하여 우리 자신을 개선하고 하나님의 은혜를 다시 얻을 수 있도록 하옵소서."[52]

우리가 이 책에서 주목해 보아야 할 또 한 부분은 루터가 소위 '만인제사장직'을 주장하고 있다는 점이다.

"왜냐하면 모든 기독교인은 진실로 영적 계층에 속하며, 그들 사이에는 직무상의 차이 외에는 아무 차이도 없기 때문입니다. 바울도 고린도전서 12장에서 우리 모두는 한 몸이지만, 각 지체가 다른 지체를 섬기기 위하여 각각 자기 나름의 일을 갖고 있다고 말합니다. 이는 우리가 하나의 세례, 하나의 복음, 하나의 믿음을 가지고 있고 또한 다 같은 기독교인이라는 점을 상기하게 합니다. 그도 그럴 것이 세례와 복음과 믿음, 그것만이 우리를 영적으로 만들고 같은 기독교의 백성이 되게 하기 때문입니다. ……실로 우리 모두가 다 같이 사제들이기 때문에 어느 누구도 우쭐해하면서 우리의 동의나 선택

---

52) 「루터선집」, 지원용 편집, 9권, 141-142.

없이 다 같은 권한을 지닌 일을 독선적으로 감행해서는 안 됩니다. 왜냐하면 그 누구든 공동체에 속한 것을 전체의 의사와 허락 없이 떠맡으려고 해서는 안 되기 때문입니다. ……그러므로 평신도, 사제, 영주들, 주교들 이른바 영적인 것과 세상적인 것 사이에는 실제로 직무와 일에 관한 차이만 있을 뿐 신분의 차이는 없습니다. 사제들이나 다른 성직자들 각자가 같은 일을 하는 것이 아닌 것처럼, 마찬가지로 그들 모두가 신분상으로는 사제, 주교, 교황이지만 전혀 같은 일을 하는 것이 아니기 때문입니다."[53]

루터는 여기서 "만인은 하나님 앞에서 신분상으로는 동등하지만 직무상으로는 동등한 것이 아니다"라는 '만인제사장직'의 원칙을 세운다. 오늘날 루터의 만인제사장직을 잘못 이해하여 앞부분만 말하고 뒷부분은 생략하는 경향을 본다. 그러나 우리가 유념해야 할 것은, 루터는 로마 가톨릭의 사제주의와 싸울 때는 신분상의 동등을 강조했지만, 영파들의 반 직제주의와 싸울 때는 직무상의 차이를 강조하고 있다는 사실이다.

---

53) 딜렌베르거, 같은 책, 487.

교회의 바벨론 유수[54]

이제 루터는 그의 개혁의 칼을 로마교의 심장을 향하여 겨눈다. 로마교를 지탱하고 있는 터전인 7성례(七聖禮)를 공격하기 시작한다. 그는 「교회의 바벨론 유수」(Von der babylonischen Gefangenschaft der Kirche)라는 책을 시작하면서, 그가 95개조 논제를 발표할 때 아직도 로마교의 성례관을 신뢰하고 있었고 특히 면죄부를 여전히 허용하고 있었다는 것을 후회한다. "내가 면죄부에 대하여 글을 쓴 것은 약 2년 전이었으나 지금도 나는 그 작은 책자를 출판한 것을 몹시 후회한다."[55] 이제 그는 이 책에서 면죄부는 로마교의 두꺼비들에 의하여 고안되었다고 말하며 당장 폐지되어야 한다고 주장한다. 그리고 로마교가 고안해낸 7성례전 역시 철저히 비성경적인 것이므로 폐지되어야 한다고 공언한다. 그는 이 책을 통해 모든 부패의 온상이 되어온 성례에 대한 잘못된 이해를 교정시키려 한다. 지금까지 로마교는 7성례전이라는 담을 만들어 그리스도인을 담 안에 가두어 교회를 바벨론 유수와 같은 포로 상태에 놓이게 만들었다. 이제 그는 각각의 성사에 대하여 비판하기 시작하는데 그 중에서도 성찬의 오용에 대하여 가장 강하게 비판

---

54) 이 책은 「루터저작선」, 존 딜렌베르거 편집, 이형기 역, 314-432.
55) 루터가 95개조 논제를 발표한 후에 썼던 면죄부 논제에 대한 해설(Resolutiones disputationum, 1518)을 두고 한 말이다.

한다.

성찬과 관련해서 루터는 로마교가 세 가지 담을 쌓아놓았다고 주장한다. 그 세 가지 담은 성만찬 때 평신도에게 포도주를 주지 않는 것, 신부의 축성과 함께 떡과 잔이 예수님의 몸과 피로 실제로 변한다는 화체설, 미사의 집례가 선행이며 제사라는 견해인데, 이 담들은 모두 비성경적이므로 헐어야 함을 역설하고 있다. 특히 그는 로마교가 고안해낸 미사 교리를 가장 강력히 비판한다. 로마교는 사효성(事效性)적 성례관(ex opere operato)을 주장하는데, 이는 행해진 성례는 그것을 받는 자의 신앙과 관계없이 그 자체로서 효력을 일으킨다는 뜻이다. 그가 볼 때 이 이론은 미신적이고 성찬의 거룩성을 파괴하는 내용이다. 이제 그는 성찬이 무엇을 의미하는지 설명한다.

성찬은 무엇보다 그리스도의 언약이다. "미사 혹은 성찬은 그리스도께서 자신의 죽음 이후 자기를 믿는 자들 가운데서 베풀어지게 하라고 유언하신 그리스도의 언약이다." 그리고 이 미사가 하나의 약속이라면, 인간은 인간 자신의 어떤 행위나 능력이나 공로를 통해서가 아니라 오직 신앙으로 스스로를 준비할 수 있어야 한다. 루터는 이 책의 곳곳에서 '약속에 대한 신앙'이 성찬을 효력 있게 만든다는 사실을 강조한다. "약속을 지키시는 하나님의 말씀이 존재하는 곳에서만 그 약속을 받아들이는 사람의 신앙을 필요로 한다. 우리의 구원은 우리의 신앙에서 시작되며 신앙이란 하나님의 약속의 말씀을 굳게 부여잡는 것이라는 점은 분명하다." 그는 성찬 역시 칭의의 원리에 따라 이해해야 바로 이해할 수 있다고 말한다. 즉 하나님은 먼저 우리의 행위를 받으신 다음 우리를 구원하신 것이 아니다. 우리를 구원하실 때 무엇보다 먼저 하나님의 말씀을 사용하신다. 하나님의 말씀은 다른 무엇보다도 선행한다. 그후에 신앙이 따르며 신앙 뒤에 사랑이 따른다. 그리고 사랑은 모든 선행을 낳는다는 것이 그의 지론이다. 그러므로 약속에 대한 신앙이 있는 곳에서만 성찬이 바로 시행될 수 있다.

"이 모든 것들로부터 당신은 미사를 가치 있게 지키는 데는 신앙 외에 다른 아무것도 필요치 않음을 알 것이다. 미사는 진정 이 약속을 토대로 하고 있다. 신앙은 그리스도가 이러한 말씀에 신실하심을 믿으며 또한 이 무한한 복이 신앙에 주어졌음을 의심하지 않는다. 이 신앙에는 즉시 마음의 가장 소중한 감성, 즉 인간의 영혼을 풍부하게 하고 깊게 하는 사랑이 그리스도에 대한 신앙으로 말미암아 성령을 통해 주어진다. 그리하여 믿는 자들은 저 사랑 많으시고 후하신 유언자 그리스도에게로 가까이 다가가서 철두철미하게 새롭고 판이한 인간이 된다. 만일 그리스도의 측량할 수 없는 약속이 자기에게 속한다는 것을 확고하게 의심 없이 믿는다면 누가 마음으로 눈물을 흘리지 않으며 극한 기쁨 속에서 그리스도께 철저히 순복하지 않겠는가?"[56]

그는 당시의 교인들 중에 미사가 그리스도의 약속임을 알고 있는 사람이 별로 없으며, 심지어 사제들은 평신도들이 이 말씀을 듣지 못하도록 경계까지 하고 있다고 지적한다. 또한 말씀에 대한 신앙 없이 미사를 형식적으로 행하고 있는 세태에 대하여 통탄한다. "오, 모든 시대 가운데서 가장 불경건하고 감사할 줄 모르는 우리 시대의 무가치한 경건이여! 그러므로 신앙 곧 미사, 즉 하나님의 약속을 믿는 신앙보다 더 가치있게 자신을 준비하고 적합하게 미사를 드리는 것은 없다."[57]

루터의 이와 같은 성찬관을 들을 때, 우리는 루터가 성례의 객관성을 부정하고 있는 것은 아닌가라는 생각을 할 수 있다. 그러나 결코 그렇지 않다. 그는 성찬 시 약속에 대한 신앙이 반드시 동반되어야 함을 말하고 있을 뿐이다. 성찬은 참된 교회에서 하나님이 세우신 종을 통하여 시행되어야 하며, 떡과 잔을 받는 쪽은 반드시 성찬에서 예수께서 주신 약속을 기억

---

56) 딜렌베르거, 같은 책, 343.
57) 딜렌베르거, 같은 책, 346.

하며 그 약속에 믿음으로 참여해야 효력이 발생할 수 있다는 것이다. 그러나 강조점은 분명히 다르다. 전반기의 루터가 성례의 형식적 측면을 강조하는 로마교를 비판하는 데 초점을 맞추었다면, 후반기의 루터는 교회의 질서와 객관적 성례관을 부정하고 성례의 주관적 측면만을 강조하는 영파나 재세례파의 성례관을 비판하고 있다.

루터의 예리한 비판은 세례와 고해성사 등의 7성사에 대한 비판에서도 계속 빛나고 있다. 그러나 기본적인 내용은 성찬에서 말한 것과 같다. 인간이 의롭게 되는 것은 성례전적 행위를 통해서가 아니라 오직 예수 그리스도의 말씀에 대한 신앙으로부터 되는 것임을 부단하게 그리고 힘써 설명하고 있다.

그리스도인의 자유[58]

「그리스도인의 자유」(Von der Freiheit eines Christenmenschen)는 본래 루터가 교황 레오 10세와의 화해를 위해 쓴 작품이다. 칼 폰 밀티츠는 루터와 교황과의 악화된 상황을 해결하기 위해 루터로 하여금 교황과의 화해를 구하는 책자를 써서 교황에게 보냈으면 좋겠다는 생각을 전한다. 루터는 이 제안을 받아들여 1520년 11월 20일 교황에게 전하고 싶은 그의 생각을 독

---

58) 딜렌베르거, 같은 책, 83-132.

일어와 라틴어로 쓰고 교황에게 보내는 편지를 동봉해서 그에게 보낸다. 소논문 형태로 작성된 이 책 속에서 그는 지금까지의 모든 논쟁은 로마 교황 개인에게 한 언사가 아니라 엑크와 같이 로마 교황에게 아부하는 자들에 대한 공격이었음을 분명히 한다. 이 작품은 루터 자신도 높이 평가했지만, 그가 쓴 모든 책들 중에서 가장 온건하고 부드럽고 달콤하게 써진 책으로 그의 작품 중 가장 많이 읽혀지는 작품이기도 하다. 특히 그는 이 논문에서 새로운 복음적 윤리를 전개한다. 필자가 볼 때, 이 책은 개신교의 기독교 윤리에 대한 책들 중 백미로 꼽아도 손색이 없는 작품이다. 그는 이 책을 서로 모순되어 보이는 두 문장으로 시작한다.

> "그리스도인은 만물에 대해 전적으로 자유로운 주인이다. 그러므로 어느 누구에게도 종속되어 있지 않다. 그리스도인은 전적으로 만물을 충실히 섬기는 종이다. 그러므로 모든 사람에게 예속되어 있다."[59]

루터는 바울 서신에 나오는 말씀들(고전 9:19, 롬 13:8, 갈 4:4, 빌 2:6-7, 고후 4:16, 갈 5:17)을 토대로 하여 만든 이 두 명제가 서로

---

59) 딜렌베르거, 같은 책, 95.

모순되는 듯이 보이지만, 만약 이것들이 서로 잘 조화된다면 그리스도인의 자유를 설명하려는 목적에 훌륭히 이바지할 것이라고 말한다. 그는 이 책을 두 부분으로 나누어 설명하고 있는데, 먼저 앞의 문장에 해당하는 속사람에 대하여 논하고, 그 다음은 두 번째 문장에 해당하는 겉사람에 대하여 설명한다.

먼저, 속사람이 의롭고 자유로워지는 것은 오직 신앙의 능력 때문이라고 말한다. 외적인 것은 그리스도인의 의와 자유를 만들어내거나 불의와 예속을 만들어내는 데 아무런 영향도 끼치지 못하며 "한 가지, 오직 한 가지만이 그리스도인의 생명과 의와 자유를 위하여 필수적이다. 그 한 가지란 바로 그리스도의 복음인 하나님의 가장 거룩한 말씀이다."라고 말한다. 이 복음의 말씀이 있는 곳에 영혼의 자유가 있다. "영혼은 하나님의 말씀을 가진다면 부요하고 부족함이 없을 것이다. 왜냐하면 하나님의 말씀은 생명과 진리와 빛과 평화와 의와 구원과 기쁨과 자유와 지혜와 권능과 은혜와 영광과 헤아릴 수 없는 모든 축복의 말씀이기 때문이다."

이 복음의 말씀을 그리스도께서 가져오셨다. 그리스도에 대한 참된 신앙이 완전한 구원을 가져오며 인간을 모든 악에서 구원하는 비할 데 없는 완전한 보화이다. 그러므로 인간이 행복해지는 비결은 바로 영혼이 약속의 말씀을 붙잡을 때이다. "하나님의 약속은 거룩하고 참되며 의롭고 자유롭고 화평한 말씀으로서 선이 가득하다. 따라서 확고한 신앙으로 이 말씀을 부여잡는 영혼은 말씀과 밀접하게 결합되고 말씀에 완전히 동화되기 때문에 이 말씀의 모든 능력에 동참할 뿐만 아니라 그 말씀에 젖어 도취될 것이다. ……그러므로 이것이야말로 영혼이 행위 없이 믿음으로만 그리고 하나님의 말씀으로 의롭게 되고 거룩하게 되며, 참되고 화평하고 자유하게 되고 모든 복으로 충만케 되며, 진정으로 하나님의 아들이 되는 방식이다."

신앙의 두 번째 유익은, 신앙은 영혼으로 하여금 참된 하나님께 예배를 드리게 하고 참된 순종을 하게 만든다. 하나님께 드리는 가장 고귀한 예배는 우리가 진실함과 의로움과, 신뢰하는 사람에게 돌리는 모든 것을 하나님께 돌리는 바로 그것이다. 또한 이런 신앙을 가진 사람은 진정으로 하나님의 계명에 순종하게 된다. 신앙의 세 번째 유익은 신부가 그의 신랑과 하나 되는 것과 같이 영혼과 그리스도를 하나 되게 한다. "그리스도는 은혜와 생명과 구원으로 충만하시다. 영혼은 저주로 가득 차 있다. 이제 신앙을 그들 사이에 개입되도록 하자. 그러면 죄와 죽음과 저주는 그리스도의 것이 될 것이고 은혜와 생명과 구원은 영혼의 것이 될 것이다." 이는 마치 신랑이 신부가 가진 모든 좋지 않은 것을 가져가고 거꾸로 그가 가진 모든 좋은 것을 그녀에게 주는 것과 같다. 신랑과 신부가 서로에 대한 신뢰 안에서 기쁨의 교환을 하게 되는 것처럼, 신앙이 그리스도와 그리스도인의 기쁨의 교환을 가능하게 만든다.

이제 그는 두 번째 부분인 겉사람에 대해서 말한다. 신앙을 가진 사람은 결코 나태할 수 없다. "신앙에 의하여 하나님의 형상대로 지음 받은 속사람은 그리스도로 인해 그 안에 매우 많은 유익이 주어지므로 기쁘기도 하며 행복하기도 하다. 그러므로 강요되지 않은 사랑으로써 이득을 생각하지 않고 하나님을 기쁘게 섬기는 것이 그의 한 직무이다." 행위는 의롭게 되기 위해서가 아니라 게으르지 않고 자신의 몸에 필요한 것을 공급하고 보존하며 오직 하나님을 기쁘시게 하기 위해서 자유롭게 행해져야 한다. 믿음은 사랑을 통해 역사하여 반드시 선행의 열매를 가져온다. 그러므로 그리스도인의 삶은 부요하고 영광스러운 삶이 될 수밖에 없다. 그는 이러한 사실을 이해하는 그리스도인들이 너무 적다고 개탄한다.

> "그렇다면 누가 그리스도인의 삶의 부요와 영광을 이해할 수 있는가? 그리스도인의 삶은 모든 것을 할 수 있고 모든 것을 소유하며 아무것도 부족한 것이 없다. 그리스도인의 삶은 죄와 죽음과 지옥을 정복한 주(主)이며, 아울러 모든 사람을 섬기고 보살피며 유익하게 한다. 그

러나 통탄스럽게도 우리 시대에는 이러한 삶이 전 세계에 걸쳐 알려져 있지 않다. 그런 삶은 설교되지도, 추구되지도 않는다. 우리는 우리 자신의 이름에 대해서 전혀 알지 못하며, 왜 우리가 그리스도인이고 그리스도인이라는 이름을 지니고 있는지 모른다. 이는 그리스도가 우리에게 없기 때문이 아니라 그가 우리 가운데 거하시기 때문이다. 즉 우리가 그리스도를 믿고 서로에 대하여 작은 그리스도들이며 또한 그리스도가 우리에게 행하시는 것과 같이 우리도 우리 이웃에게 행하기 때문이다. 그러나 이 시대에 우리는 공로와 보답과 우리에게 속한 것들 외에는 아무것도 구하지 못하도록 가르침 받고 있으며 또한 그리스도를 모세보다 훨씬 더 엄격한 감독자로 만들어놓았다."[60]

이제 이 책의 결론 부분에서 그는 그리스도인의 자유가 어떤 자유인지를 분명하게 요약하고 있다.

"그러므로 그리스도인은 자신 안에서가 아니라 그리스도와 그 이웃 안에서 산다고 우리는 결론을 내린다.

---

60) 딜렌베르거, 같은 책, 122.

그렇지 않다면, 그는 그리스도인이 아닌 것이다. 그는 신앙으로 그리스도 안에서 살며, 사랑으로 그의 이웃 안에서 산다. 신앙에 의해 그는 자기 자신 이상으로 하나님께 올려지며, 사랑에 의해 자기 자신 이하로 이웃에게 내려간다. 그러나 그는 언제나 하나님과 그의 사랑 가운데 머문다. ……자유에 대한 설명은 이것으로 충분하리라. 당신이 알다시피 이 자유는 영적이고 참된 자유이며, 모든 죄와 율법과 계명에서 우리의 마음을 해방시켜준다. 바울은 디모데전서 1장 9절에서 "율법은 옳은 사람을 위하여 세운 것이 아니요"라고 말하고 있다. 하늘이 땅보다 더 뛰어난 것과 마찬가지로 이 자유는 외적인 다른 모든 자유보다 뛰어나다. 그리스도께서 우리에게 이 자유를 이해하고 보존하게 하옵소서 아멘."[61]

그는 자신이 지금까지 싸워왔던 것은 바로 기독교의 근본 진리를 왜곡시키는 모든 그릇된 선생들과의 싸움이지 결코 로마 교황이 아님을 분명히 한다. 그리고 교황이 이런 성경의 진리를 받아들이고 교회를 올바른 방향으로 개혁시켜나가기를 빈다. 또 위의 책을 통해 그리스도인의 자유는 복음적인 자유

---

61) 딜렌베르거, 같은 책, 126.

라는 것을 분명히 함과 동시에 이 자유가 교회의 권세나 인간의 선행을 결코 폐하지 않는다는 것도 분명히 한다. 이를 통해 그는 마지막으로 교황과의 화해를 도모했다. 그러나 결과는 그가 원하지 않는 방향으로 전개되었다.

위에 언급한 네 책에는 그의 종교개혁 사상을 함축한 핵심 사상이 담겨 있다. 만일 로마 교황청이 이와 같은 루터의 개혁의 소리에 귀를 기울이고 루터가 아니라 다른 신학자들이나 교회의 지도자들을 책벌한다면 교회는 개혁되고 교황은 교회의 수호자가 되는 것이다. 그러나 교황은 정반대의 길을 택했다. 루터가 비판한 학자들이나 지도자들을 통해 루터를 책벌하고 파면하기로 했다.

파면 경고[62]

루터의 파면에 적극적으로 나선 사람들은 카예탄과 엑크였다. 이들은 쾰른(Cologne)과 루뱅(Louvain) 대학이 루터에 대해 정죄했던 항목들에 기초하여 교황을 선동하고 "주여 일어나소서"(Exsurge Domine)(1520. 6. 15.)라는 칙서를 발표하게 했다. 이 칙서에서 교황은 "루터의 주장 중 41개 항목들이 이단적이며,

---

62) Brecht, Martin Luther, Bd. 1, 371-412.

망측하고, 오류투성이며, 경건한 귀에는 거슬리는 것으로서 단순한 심령들을 미혹하여 가톨릭 신앙을 위배하는 것"이라고 정죄했다. 그러나 이 칙서에 정죄된 항목들을 보면, 루터의 글들 중 자신들이 원하는 곳만 발췌했기 때문에 부분적으로만 이해될 수 있었고 정죄에 대한 근거도 제시되지 않았다. 대표적인 예를 들면 칙서의 33항에서 "이단을 화형시키는 것은 성령의 뜻에 어긋난다"는 루터의 주장을 정죄했는데, 앞뒤 문맥을 무시하고 바로 이 부분만 발췌하여 자의적으로 인용한 경우다.

루터는 칙서가 발표된 후 60일 이내에 자신의 주장을 취소하라는 명령을 받았고 그렇게 하지 않을 경우에는 파문에 처해질 것이라고 위협받았다. 그러나 루터와 작센의 영주 프리드리히 현자는 이 엄포를 무시한다. 엑크가 이 칙서를 대학들의 정문에 붙이면서 칙서의 내용을 공포하자 비텐베르그와 라이프치히 그리고 독일의 여러 지역에서는 이와 같은 행위에 격분하고 엑크는 공개적으로 위협을 받기도 했다.

비텐베르그 쪽의 상황은 더욱 심각했다. 루터와 멜랑히톤 등의 비텐베르그 대학 교수들과 학생들은 1520년 12월 10일 비텐베르그의 엘스터 문 밖에서 이 교황의 칙서와 교령집들 그리고 스콜라 신학자들의 책들을 불태워버린다. 로마 쪽에서는 1521년 1월 3일에 교서 '로마 교황이 가르친다'(Decet

Romanum Pontificem)를 통해 루터를 최종적으로 파문한다. 이런 심각한 상황에서 작센의 영주와 로마 교황청 사이에 화해를 이루려고 노력했던 사람은 글라피온(Glapion)이었다. 그는 일부 강경론자들이 루터 문제를 너무 심각하게 만들었을 뿐이지, 루터는 결코 교황의 권위를 무시하지 않았으며 단지 교회의 개혁을 원했다는 것을 부각시키면서 루터 사건을 온건하게 해결하려 한다. 그러나 이에 맞서 교황청 대사 알레안더(Aleander)는 강경책을 밀고 나갔다. 그는 루터가 후스나 위클리프와 같은 이단이며, 그의 책은 모두 불살라져야 하고, 그는 즉시 교황청으로 와서 심문을 받아야 한다는 입장을 강경하게 고수했다.

독일 황제 칼 5세는 기본적으로 교황에게 충성한다는 원칙을 가지고 있었음에도 작센 영주의 막강한 영향력 때문에 루터 사건을 쉽게 처리할 수 없었다. 작센의 영주 프리드리히는 루터가 성경을 제대로 연구하고 객관적으로 심문할 수 있는 신학자들 앞에서 공정한 심문을 받을 기회를 가져야 하며, 그 심문은 독일 안에서 이루어져야 하고 또 만일 보름스(Worms)에서 심문을 받는다면 통행허가증이 발행되어 신변상의 위험이 없어야 한다는 것을 확약 받는다. 이리하여 루터는 심문을 받기 위해 보름스로 떠난다. 그의 가장 친한 친구인 멜랑히톤이 강의 때문에 함께 가지 못하자, 암스도르프를 비롯한 몇몇 친구들과 제자들을 데리고 보름스 여행에 오른다. 그리고 이때 그는 이미 자신에게 미칠 죽음을 예견하고 죽음을 맞이할 각오를 한다. 보름스 근처 뉘른베르그에 도착했을 때, 그는 일사 각오의 정신으로 고백한다. "그러나 그리스도는 살아 계신다. 그리고 비록 뉘른베르그에 있는 집들의 기왓장 수만큼이나 많은 악마들이 있다 할지라도 우리는 모든 지옥의 문과 공중의 권세들의 뜻에 맞서 보름스로 들어갈 것이다." 보름스로 가는 길은 이처럼 생사를 예측할 수 없는 고난의 길(via dolorossa)이었다.

보름스 국회에서의 마지막 심문과 보름스 칙서[63]

본래 보름스 국회는 루터 사건의 해결을 위해 열린 것도 아니고 루터 사건이 주요 안건도 아니었다. 루터 사건을 해결하기 위해 필사적인 노력을 한 사람들은 위에서 말한 알레안더와 같은 교황청 사람들이었다. 그들은 루터를 즉각 파면하도록 황제와 영주들과 의원들을 찾아다니며 설득했다.

드디어 황제 칼 5세뿐 아니라 영주들과 제국의 모든 의원이 모인 자리에서 심문이 시작된다. 그러나 심문은 결코 객관적으로 이루어지지 않는다. 엑크는 루터에게 지금까지 해왔던

---

63) Brecht, Martin Luther, Bd. 1, 413-453.

대로 "철회하라, 불태우라, 뉘우쳐라" 등의 말만 반복할 뿐이었다. 루터는 긴 여정으로 인해 초췌해져 있었고 정신도 집중되지 않은 상태라 좀 더 깊이 생각할 시간을 달라고 요청한다. 이 요청이 받아들여져 루터는 하루 동안 생각을 정리하고 다음 날 다시 황제 앞에 선다. 그리고 자주 인용되고 있는, 역사에 길이 기억될 만한 말을 남긴다.

> "저는 교황도 공의회도 믿을 수 없습니다. 그들도 자주 오류를 범했고 서로 모순되었기 때문입니다. 따라서 만일 저를 성경의 증거나 이성적으로 납득할 수 있는 근거들을 통하여 반박하지 않는다면 저를 지배하고 있는, 제가 증거로 제시한 성경말씀들로 인하여 저는 더 이상 뒤로 물러서지 않을 것입니다. 그리고 제 양심은 하나님의 말씀 속에 사로잡혀 있습니다. 그러므로 저는 성경적으로 증거가 확실하다고 믿는 저의 책들 중 그 어떤 것도 철회할 수 없고 하지도 않을 것입니다. 왜냐하면 양심을 거슬러 행동하는 것은 확실하지도 순전하지도 않기 때문입니다. 나는 달리 아무것도 할 수 없습니다. 제가 여기에 서 있습니다. 하나님이여 나를 도우소서. 아멘."[64]

---

64) Ibid. 438-439.

바트부르그에서 피난 생활을 할 때의 루터

보름스 국회에서의 심문 후 당초 예상대로 아무것도 새로워진 것이 없었다. 루터는 이제 쫓기는 몸이 되었고 신변보호에 대한 약속은 믿을 것이 못 되었다. 작센의 영주 프리드리히 현자는 이를 미리 알아차리고 루터를 숨길 피신지를 이미 물색해두었다. 바로 루터가 고등학교를 다녔고 그의 외가가 있는 아이제나흐(Eisenach)의 바트부르그(Wartburg) 성이었다. 중간에 교황청에서 보낸 추격단이 엄습했으나 루터는 구조된다. 그리고 바로 바트부르그 성으로 이송된다.

황제는 교황청 편에 서서 보름스 칙서(Wormser Edikt, 1521)를 발행하여 공포한다. "루터는 이단자다. 그의 책은 모두 불태워져야 한다. 루터는 지금부터 어떤 설교도 해서는 안 되고 책도 써서는 안 된다. 누구든지 그를 숨겨주는 사람은 사형을 당한다"는 것이 이 칙서의 내용이었다. 이제 루터는 더 이상 로마 가톨릭 교회의 사제가 아니다. 그리고 이런 신분은 그가 죽을 때까지 계속되었다. 하지만 프리드리히 현자도, 루터도 그리고 루터의 추종자들도 이 칙서를 인정하지 않는다. 후에 루터는 다시 비텐베르그로 돌아와 교수직도 수행하고, 책도 쓰며 개신교 신앙의 수호자로 활동한다. 그러나 아직은 아니다. 우선 바트부르그 성에서 기사로 변장하여 고독한 시간을 지내야만 했다.

시련의 시간

Martin Luther

시련의 시간

chapter 04
시련의 시간

개혁은 교회 안에만 일어난 것이 아니었다.
사회 전반에도 개혁의 바람이 불기 시작했다.

바트부르그 성에서의 피난 생활

루터가 바트부르그 성을 피난처로 선택한 것은 그곳이 어머니의 고향이고 그가 고등학교를 다닌 곳이었으며, 친척들과 지인들도 많이 살고 있었기 때문이다. 또 이 성은 산꼭대기에 자리 잡고 있었고, 산세가 험하여 적이 공격을 해와도 쉽게 잡히지 않는 장점이 있으며, 또 나중에 괴테가 극찬을 하고 바그너가 체류했을 정도로 아름다운 성이었다.

루터는 작센의 영주 프리드리히가 이러한 사태가 날 것을 알고 미리 대기시켜둔 마차를 타고 신속히 그리로 도피해 재빨리 기사로 변장하고 이름도 에르그 융커(Järg Junker)로 바꾼다.

그가 얼마나 철저히 변장을 했던지 수색자들이 바트부르그 성을 찾아와 가택수색을 벌였지만 그를 찾지 못했고, 향수병을 이기지 못해 비텐베르그를 몰래 방문했을 때도 평소에 그를 잘 알던 화가 크라낙(Lucas Cranach)조차 그를 알아보지 못할 정도였다. 그러나 성에서의 생활은 생각만큼 쉽지 않았고, 무엇보다 위를 비롯한 여러 곳에 질병을 갖게 되어 많은 고통을 당했다. 이런 어려움에도 불구하고 그의 저술 활동은 끊이지 않고 계속되었으며, 역사에 기억될 중요한 업적인 독일어 성경 번역까지 하게 된다.

그는 '마리아의 찬가'라 불리는 누가복음 1장 46절~55절에 대한 내용을 "마그니피카트"(주께서 크게 하셨나이다)라는 제목으로 설교했고, 「수도사의 서약에 관한 판단」이라는 책을 써서 한때 자기가 수도원에 가는 것을 반대했던 아버지께 헌정했는데 이 책의 영향으로 많은 수도사들과 수녀들이 수도원을 떠나게 되었다. 무엇보다 이 시기에 아직 훈련되지 않은 개신교 목사들의 설교를 돕기 위하여 「바트부르그 설교집」을 발행했는데, 루터 스스로 자신의 작품들 중 가장 잘된 작품으로 꼽을 만큼 탁월한 설교집이었다. 뿐만 아니라 비텐베르그에 있는 지인들에게 보낸 많은 편지가 지금까지 남아 있는데 당시 그의 상황을 파악하는 데 큰 도움이 되고 있다.

루터는 이 바트부르그 성에 체류하는 동안 그의 생애에서 가장 자랑스러운 일이면서 또한 그가 시작한 종교개혁 사상을 퍼뜨리는 데 결정적인 공헌을 할 작품을 만든다. 바로 신약성경을 원문에서 독일어로 번역하는 것이었다. 물론 그가 신약성경을 독일어로 번역한 최초의 사람은 아니었다. 그 이전에도 쪽 복음까지 합하면 65가지 이상의 역본들이 존재했다. 그러나 내용적으로나 언어적인 관점에서 볼 때 루터의 신약성경을 따라올 수 없었다. 루터는 3개월도 채 안 되는 11주 만에 이 신약성경을 번역하는데, 1524년 발행했을 때 당시 1.5굴덴(150센트)이라는 적지 않은 액수에 팔렸음에도 만 부 이상을 파는 대성공을 거둔다.

성경을 번역하면서 루터는 번역에 대하여 눈을 뜨게 되고 번역 이론의 기초를 만들어나간다. 그에게 번역은 단순히 "옮겨놓는 것(übersetzen)이 아니라 통역하는 것(Dolmetzen)"이다. 그리고 그는 "문자로부터 자유, 문자에 충실"이라는 번역 원칙을 고수한다. 그래서 어떤 때는 문자에 충실하게 번역하지만, 어떤 때는 문자를 완전히 떠나 희랍어 단어와 문구가 표현하는 의도가 무엇인지를 표현하고자 한다. 예를 들어 우리 말 성경에서 "은혜를 받은 자여 평안할지어다"라는 누가복음 1장 28절 구절은 본래 문자에 충실하게 번역하면 "은혜가 가득 찬 자여"인데 루터가 의역한 것이다. 그는 이런 점에서 번역은 해석 활동도 된다고 본다.[65]

루터는 성에 갇힌 자로서 사람들 앞에서 설교할 수 없었지만 위에서 언급한 신약성경, 저술들 그리고 그의 설교집을 통해 많은 사람들에게 개신교 사상을 퍼뜨리며 종교개혁을 확산시켰다.

칼슈타트와 비텐베르그의 소요

루터가 바트부르그 성에 머물고 있는 동안 독일은 교회를 비롯한 사회 전반이 개혁의 폭풍에 휩싸였다. 기존 질서를 개혁하는 것이 이 시대의 화두가 되었다. 그러나 개혁의 내용에서는 한때 루터와 뜻을 같이 했던 사람들 가운데서도 이견이 나타났다. 이견들끼리 서로 충돌하면서 루터가 시작했던 종교개혁은 위기에 처했다. 이런 위기를 루터는 설교와 저술 활동을 통해 뚫고 나간다.

칼슈타트(Karlstadt)는 한때 루터의 비텐베르그 대학 동료 교수였다. 그는 루터 못잖은 어거스틴 추종자로서 일찍이 어거스틴의 책을 읽고 감동을 받았으며 어거스틴의 저술들과 신학을 비텐베르그 대학에 도입하는 데 일등 공신이었다. 그는 어거스틴의 신학 사상에 기초해 당시 교회의 지배적 신학이었

---

65) Beutel, Luther, 98-107.

던 스콜라 신학을 통렬히 비판했으며, 1519년 루터가 칭의론에 대하여 라이프치히에서 토론할 때 비텐베르그 쪽을 대표하여 로마 가톨릭 신학자였던 요한 엑크와 토론을 벌이기도 했다. 루터는 이런 칼슈타트를 좋아하게 되었고 그가 없는 동안 멜랑히톤과 함께 비텐베르그 대학을 사수해 나가도록 독려했다.

그런데 칼슈타트는 루터의 개혁이 미흡하다고 판단했다. 그는 좀 더 근본적이고 철저한 개혁(radical reformation)을 하고 싶었다. 특히 당시 로마 가톨릭의 성례전에 커다란 반감을 나타내며 미사를 행할 때 지금까지 떡만 주던 관습을 폐하고 성경에 근거해서 떡과 잔을 분배하려 했다. 더 나아가 성상이나 성화도 파괴하고 없애려 했는데, 이는 이것들을 만드는 것이 구약의 십계명을 위반하는 것이라고 생각했기 때문이다. 그는 비텐베르그 학생들과 시민들을 선동하여 평신도들에게도 잔을 분배하고 또 성상을 부수고 성화를 찢어버리기 시작했다. 이로 인해 비텐베르그에 소요가 일어났다(1522).

상황을 지켜보던 비텐베르그 시의회는 처음에는 루터의 개혁을 지지했지만 이런 칼슈타트의 행동에 비판적인 시각을 갖기 시작했다. 그리하여 이 난처한 문제를 해결하기 위하여 루터에게 자문을 구한다. 루터는 비텐베르그에서 일어난 소요에 대한 소식을 듣고 즉시 비텐베르그로 돌아와 사순절 첫 주일부터 여덟 차례에 걸쳐서 설교를 하게 되는데, 이 설교를 '인보카비트(Invocavit: 그가 나를 부르셨다) 설교'라 부른다. 그는 이 설교에서 칼슈타트의 행동이 두 가지 관점에서 잘못되었다고 말한다. 첫째, 문제가 되는 것은 성상이나 성화를 만들어 걸어놓는 것이 아니라 그것들을 바라보는 사람들의 태도이다. 그것들을 보는 자들이 그 자체를 숭배하지 않으면 된다는 것이다. 둘째, 칼슈타트는 신앙을 내세우면서 나머지 연약한 자들에 대한 사랑의 문제를 소홀히 했다고 본다. 교회 안에는 아직도 글을 읽지 못하고 신앙이 약한 교인들이 많이 있다. 그리스도인은 믿음뿐만 아니라 사랑이 있어야 한다. 그러므로 사랑으로 약한 자들을 고려해야 한다. 하나님의 말씀이 선포되어 그들 안에 참된 신앙이 자리 잡아, 그들 스스로 성화나 성상을 만들고 그리는 일을 중단할 때까지 교회는 기다려야 한다. 미사에 대해서도 그는 유보적 입장을 취한다. 떡과 잔을 다 줄 수도 있고 둘 중 하나만 줄 수도 있다. 물론 루터는 나중에 떡과 잔 모두를 분배하게 된다. 신앙과 사랑이라는 그의 관점은 이때 쓴 그의 전 작품들에 나타나고 있는데, 특히 위에서 언급했던 「그리스도인의 자유」에서 분명하게 나타나 있다.

루터의 여덟 차례의 설교를 통해 결국 비텐베르그 소요는 진정되고 이 도시는 평화를 되찾게 된다. 루터로 인하여 영향력을 잃고 설 땅을 잃은 칼슈타트는 루터를 떠나 칼빈의 영향을 받는 도시들(바젤, 제네바 등)을 중심으로 활동하게 된다. 둘은 각자 다른 길로 가다가 나중에 화해한다.[66]

교회 개혁과 사회 개혁(1522-1524)

교회 개혁

비텐베르그가 개혁의 중심 도시가 되면서 교회의 모든 활동도 개혁적으로 바뀌어나가기 시작했다. 개혁의 중심에 서 있던 미사의 개혁 역시 루터가 쓴 「미사 형식」(formula missae)에 따라 개혁되기 시작했다. 이제는 평신도들에게도 떡과 잔이 분여되었고 미사에서 희생 제사의 성격을 제하기 시작했다. 개인 미사를 비롯한 여러 종류의 미사를 폐지하고 주일에 드리는 미사 중심으로 편성되기 시작했다. 복음에 대한 신앙이 미사의 핵심 내용이 되었다. 이제 기도도 주기도문이나 사도신경을 통해 드려지기 시작했고, 시간 기도 역시 점점 폐지되었으며, 루터 자신이 만든 기도서 역시 시편 기도를 일반 사람들이 이해할 수 있는 표현들로 바꾸려 했다. 세례 또한 세례에 관한 소책자를 발행하여 복음적으로 시행하기 시작했다. 수세자도 복음에 대한 인식이 분명해야 하고, 세례 입회인 역

---

66) Brecht, 64-72.

시 복음이 분명한 사람들이라야 했다.

이와 같은 일련의 교회 개혁 중 백미(白眉)는 찬송의 개혁이었다. 갑작스럽게 예배 의식이 바뀌면서 지금까지 사용해왔던 가톨릭 성가를 그대로 부를 수 없었기에 루터는 경건하면서도 작곡에 재능이 있는 사람들을 뽑아 찬송가를 작곡하도록 했다. 그러나 그런 사람들을 찾아내기가 쉽지 않았고 예배 때 불러야 할 찬송이 당장 필요했기에 루터 자신이 직접 찬송가를 작곡한다. 1523년 처음으로 '사랑하는 그리스도인들이여 이제 기뻐하라'는 곡을 작곡했고, 이때부터 시작하여 계속 찬송가를 작곡했는데 대표적인 곡이 '내 주는 강한 성이요'(1529)이다. 대중적으로 알려진 이 곡뿐만 아니라 루터는 많은 곡을 작곡, 작사했다. 하지만 그는 자신의 이름으로 찬송가집을 만들지는 않았다. 그가 만든 곡들은 1524년 처음 만들어진 세 개의 프로테스탄트 교회 찬송집 속에 들어 있다. 「뉘른베르그 8곡 찬송가」에 4곡, 「에어푸르트 소 찬송가」에 18곡 그리고 「비텐베르그 찬송가」에는 무려 24곡이 들어 있다.[67]

루터의 찬송은 철저히 그리스도 중심적이었다. 그는 음악을 통해 복음이 효과적으로 전해질 수 있다고 믿었고 예수 그리스도의 구속 사역을 음악을 통해 전달하려고 애썼다. 그리고

---

67) Beutel, Luther, 107-119.

가사의 대부분을 구약과 신약의 내용 중에서 발췌했는데, 이런 가사들을 통하여 하나님의 말씀이 움직이고 기독교적인 가르침이 전파될 수 있다고 믿었기 때문이다. 그는 찬송이 자라나는 세대들을 향한 교육에도 유익하게 사용될 수 있다고 믿었으며, 중·고등학교에서 세속적인 노래보다 영감 있는 찬송을 가르치고 부르기를 원했다. 그는 복음이 예술을 무너뜨리는 것이 아니므로 음악도 음악을 창조하신 하나님을 섬김과 관련되어야 한다고 보았다. 그는 하나님이 신학 다음으로 주신 은혜가 바로 음악이라고 말하며 음악을 매우 높이 평가했다. 루터의 음악에 대한 이와 같은 사랑은 그의 추종자들에게 그대로 전수되어 17세기에 교회음악가 파울 게르하르트(Paul Gerhart)와 라이프치히 예배 음악 담당자 요한 세바스티안 바흐(J. S. Bach)에 이르러 절정에 달한다.

미술 분야에도 개혁이 일어난다. 복음의 은혜를 아는 사람들은 이제 더 이상 가톨릭 화가들처럼 그리스도의 생애를 그대로 그려내거나 마리아와 성인들의 얼굴이나 행적을 담은 성화를 그리지 않았다. 그들은 성경의 내용들을 그리기 시작했고 복음을 전파할 목적으로 그림을 그렸다. 루터와 함께 활동했던 루카스 크라낙(Lucas Cranach, 1472~1553)은 복음적 화가들 중 대표적인 화가인데, 그는 그림을 통해 복음을 전파하려고 했다. 그는 교육을 받지 못한 사람들을 위하여 십계명을 그림으

루카스 크라낙의 목판화 [율법과 은혜, 타락과 구원]

로 그려 그 내용을 알렸다. 그와 그의 미술 공장(오늘날의 미대)에서 활동하던 제자들은 루터가 번역한 성경과 루터의 설교집 안에 삽화를 그렸고, 루터의 활동을 그림으로 담아냈으며, 로마 교회의 모든 부패한 행위들을 그림으로 풍자하여 공격했다.

위에서 언급한 일련의 교회 개혁들이 루터가 만든 프로그램에 따라 진행된 것은 아니다. 다만 복음의 은혜가 사람들 속에 쏟아부어지니 그들의 마음이 변화되어 교회 전반의 개혁을 가져오게 된 것이다. 이와 같은 개혁은 교회 안에만 일어난 것이 아니었다. 사회 전반에도 개혁의 바람이 불기 시작했다.

사회 개혁

루터는 개인 구원에만 힘썼지 사회 개혁에는 관심이 없었다는 것이 소위 진보적 기독교인들을 포함해 루터를 반대하는 사람들이 그에게 퍼붓는 비난이다. 이런 비난은 대체로 에른스트 트뢸취(Ernst Tröltsch)와 같이 사회 윤리를 강조하는 학자들의 입장에 경도되어 나타난 것이다. 그러나 결론부터 말하자면, 루터는 개인 구원뿐 아니라 사회 개혁에도 큰 관심을 가졌다.

루터의 사회 개혁은 먼저 정치에 대한 변혁의 요구에서 나타났다. 그는 정치를 인간 사회의 질서 유지를 위해서 하나님이 세우신 제도로 보았다. 그러나 정치가 부패하게 된 것은 로마 교황이 세속왕국과 영적 왕국의 구분을 폐지했기 때문이다. 그는 두 왕국의 구분이야말로 정치도 구하고 교회도 구하는 것으로 보았으며 이런 생각을 소위 '두 정부론'에서 잘 정리하고 있다. 경제 개혁에서도 그는 시대의 어떤 신학자들이나 사회 사상가들에 비해 결코 뒤지지 않았으며 도리어 앞서 나간 사람이었다.

정치 윤리 : 두 정부론

흔히 루터의 정치 윤리를 두 왕국론이라고 부르는데, 이 말은 본래 루터 자신이 쓴 말이 아니라 칼 바르트가 쓴 말이다.[68]

루터 자신은 두 정부라고 말하기 때문에 '두 정부론'이라고 불러야 합당하다. 이 두 정부론은 거슬러 올라가면 어거스틴이 「신의 도성」에서 말한 두 도성론에 기인하지만, 어거스틴이 두 도성을 하나님과 악마에 의해 통치되는 소위 대립 관계에 서 있는 것으로 보았다면 루터에게 두 정부는 둘 다 하나님의 통치 하에 서 있다. 하지만 하나님의 권세 하에 있는 두 정부는 그 기능에서 서로 구분되어야 한다는 것이 그의 두 정부론의 핵심이다. 루터는 이 두 정부 사상을 그의 '세속 정부에 대하여 우리는 어느 정도까지 그 권위에 순종해야 하는가 (1523)'라는 글을 통해 전달하고 있다.[69]

이 책은 세 부분으로 구성되어 있는데 첫 부분에서 루터는 하나님의 뜻과 법령으로서의 세속적 법과 권력/검(Schwert)의 근거에 대해 다루고 있다. 그는 로마서 13장과 베드로전서 2장 13절을 중심으로 하나님이 이 세상 정부에 검을 사용할 권세를 주셨음을 주장하고 있다.

"여기서 우리는 아담의 자손과 모든 인류를 두 그룹으로 나누어야만 한다. 첫째는 하나님 나라에 속한 그룹이며, 둘째는 세상 나라에 속한 그룹이다. 하나님 나라에

---

68) 로제, 「마틴 루터의 신학」, 224.
69) 「루터저작선」, 존 딜렌베르거 편집, 이형기 역, 435-479.

속한 사람들은 모두 그리스도를 믿고 그리스도께 복종하는 참된 신자들이다. 그것은 그리스도가 하나님 나라의 왕이요, 주이시기 때문이다. 이 사람들에게는 세속적인 정부도, 법도 필요치 않다. 만약 세상 전체가 참된 그리스도인, 즉 참된 신자로 구성되어 있다면 영주, 왕, 통치자, 정부 혹은 법으로부터 아무런 도움을 받을 필요가 없을 것이다. 그리스도인이 아닌 사람들은 세상 나라와 세속법 아래 있다. 그곳에는 참된 신자가 거의 없으며, 악에 저항하고 스스로 악을 행하지 않는 그리스도인다운 삶을 사는 사람도 찾기 어렵다. 이러한 이유에서 하나님은 인간에게 하나님 나라와 그리스도인의 신분과 동떨어진 다른 하나의 정부를 주셨고, 인간이 원치 않는다 할지라도 자신들의 연약한 점을 대처할 수 없기에 인간을 그 아래 살게 하셨다."[70]

루터는 복음을 통한 세상의 통치를 분명히 반대한다. 그러한 시도는 악한 동물을 풀어놓은 것과 같으며 이로 인하여 복음의 자유가 남용된다고 말한다. 그러면서 그는 이 두 정부가 분명히 구분되어야 한다고 주장한다.

---

70) 로제, 「마틴 루터의 신학」, 225.

"우리는 이 두 정부를 조심스럽게 구분해야 한다. 하나는 의를 만들어내고, 다른 하나는 외적인 평화를 가져오며 악을 막기 위한 것이다. 둘 중 그 어느 것도 다른 하나가 없이는 이 세상에서 충분치 않다."[71]

이어서 이 책의 두 번째 부분에서 그는 세속 정부의 권한이 어디까지인지 그 한계를 분명히 정하고 있다. "세속적 권세는 하나님 나라와 하나님의 정부를 침입하지 않을 정도로만 사용되어야 한다. 신앙은 자유로운 것이며 강요될 수 없다. 세속적 영주들은 직위를 남용하여 영적 정부가 하는 일에 간섭하지 말아야 한다." 루터는 자신이 발행한 신약성경을 사지 못하도록 했던 일부 영주들을 간접적으로 비판하고 있다. 그리고 이 책의 세 번째 부분에서는 영주들에게 자신에게 주어진 권한을 신중하게 사용하여 백성에게 귀감이 되어야 할 것을 권고하고 있다. 우리가 주목해야 하는 것은, 그의 두 정부론이 단지 정치 영역에만 해당되는 것이 아니라 경제, 문화 등 모든 세속 영역을 포함하고 있다는 것이다. 즉 루터는 두 정부론을 경제 윤리에도 그대로 적용시키고 있다.

---

71) 같은 책, 226.

경제 윤리[72]

루터가 사회의 어려운 사람들에 대해 관심을 갖게 된 것은 어느 정도는 중세의 영향 때문이었다. 중세 교회 역시 환자, 유랑 악단, 노상강도, 거지들과 같은 사람들을 돕도록 격려했다. 그러나 교회는 이러한 적선을 하늘에 들어가는 보증으로 만들어 결국 공적화시켰다. 루터는 이와 같은 중세의 공적 구제 사상을 비판하며 자신의 새로운 신학적 입장에서 구제를 복음적으로 재해석한다.

이미 1517년 95개조 논제에서 그는 "가난한 자가 교회의 보물이다"(59항)라고 말한 라우렌티우스의 말을 인용하여 당시의 교회가 가난한 자들을 돌보지 못하고 있음을 질타한다. 그는 특히 가난한 자의 돈으로 베드로 성당을 지으려는 교황의 태도를 비판한다. "오늘날 교회의 수입이 가장 부유한 사람들의 수입보다 더 많은데, 왜 그는 자기 돈으로 베드로 성당을 지으려 하지 않고 가난한 신자들의 돈으로 지으려 하는가?"(86항)라고 반문한다. 1520년에 쓴 「독일 크리스천 귀족에게 고함」이란 책에서도 그는 가난한 자에 대한 구제를 강조하고 구제에 대한 일반적인 지침을 제시한다. 첫째, 모든 도시는 가난한

---

72) 여기에 대하여 필자는 "A Study of Martin Luther's Concern for the Poor and His Relief Measures(The First International Conference: 2010. 3. 19-20: 서울 장로회신학교)"라는 논문에서 좀 더 상세히 고찰했다.

자를 지원할 의무를 가지고 있다. 둘째, 낯선 거지들의 불법적인 도시 진입은 허용되지 말아야 한다. 셋째, 일할 수 없는 사람들에게 최소 생계비가 지급되어야 한다. 넷째, 수도사의 구걸은 절대 금지되어야 한다. 다섯째, 구제는 조직적으로 행해져야 한다. 이 원칙을 보면 구제는 분명히 선별적으로 행해져야 하며, 일할 수 있는 사람들은 반드시 일해야 하고 특히 수도사들은 절대로 구걸하며 살아서는 안 된다는 구제에 대한 그의 기본 사상이 분명히 나타나 있다.

이런 기본적 입장을 견지하면서도 루터는 한 발자국 더 나아가 가난한 자를 만들 수밖에 없는 사회의 왜곡된 경제 구조에 대해서도 비판한다. 여기에 관한 그의 첫 번째 책「무역과 고리대금업」[73]에서 그는 당시 독일에 새롭게 세워지던 무역 회사들을 신랄하게 비판한다. 특히 부당한 방법의 무역을 통해 막대한 이익을 남기며 가난한 자들을 더 가난하게 만드는 상인들을 맹렬하게 비판한다. 칼빈이 상업을 장려한 반면, 루터는 농업을 선호하고 상업을 경시했다는 주장은 근거가 빈약하다. 루터가 비판한 것은 상행위 자체가 아니기 때문이다. 그는 "사고파는 일은 없어서는 안 될 일이다. 특히 사람에게

---

73) Luther, Trade and Usury, Luther's Works, Vol. 45, Fortress Press, Philadelphia, 1962, 246-272.

는 상품들이 필요하며 이것이 명예로운 목적에 기여한다면 상행위는 기독교적인 방법으로 실행될 수 있다. ……이것은 하나님의 선물이다"라고 말하고 있기 때문이다. 그러나 외국 무역은 결코 유용한 목적에 기여하지 않고 독일을 가난으로 몰고갈 뿐이며, 이것 안에 있는 위험을 감지하기 위해서는 무역업자들이 가난한 사람들의 곤경을 직접 느껴보아야 한다고 지적한다. 이런 말들을 볼 때 우리는 루터가 가난의 문제를 그릇된 경제 구조와 연관시키고 있음을 분명히 알 수 있다.

루터는 "내 물건은 내 마음대로 팔 수 있다"는 상인들의 일반적인 규칙에서 이미 범죄의 가능성을 본다. 이러한 토대에서 무역은 다른 사람들의 자산을 도둑질하고 훔치는 것과 다를 것이 없다고 본다. 이런 상인들은 다른 가난하고 어려운 사람들을 이용하여 이익을 챙기는 사람들이다. 이런 속임수들은 그에 의하면 '반크리스천적이고 비인륜적인 것'이다. 여기서 더 나아가 그는 상인들이 가격을 다르게 매기는 것과 매점, 매석 같은 추한 행위들에 대해서도 비판하며 가격이 합리적인 측정에 의하여 매겨져야 한다고 주장한다.

그는 예수님이 가르치신 산상보훈에 근거하여 그리스도인들이 해야 하는 상행위의 세 가지 길을 제시한다. 우리의 자산이 손해가 나더라도 가난하고 어려운 사람들이 물건을 가져가도록 놔두는 것이고, 그것이 필요한 어떤 사람들에게도 공짜로 주어야 하며 또한 빌려주는 것이다. 루터는 우리가 예수님의 말씀을 실천할 때 무역에서 발생할 수 있는 문제들을 없앨 수 있다고 보았고, 우리 그리스도인은 미래를 대비하거나 어떤 사람 혹은 자기 자신을 신뢰하는 대신 하나님께 매달려야 한다고 말한다. 여기까지만 보면 그가 정말 이상적인 대답만 제시한다고 볼 수 있다.

그러나 루터는 상행위를 함에 있어서 정부의 간섭이 필요함도 강조한다. 그는 세상이 광야가 되지 않고, 평화가 사라지지 않고, 사람들의 무역과 사회가 파괴되지 않기 위해서는 정부의 간섭이 필요하다고 본다. 그는 돈을 빌려주는 것(loan)과 관련해서 이중의 원칙을 제시한다. 그리스도인은 곤궁에 처한 사람에게 돈을 빌려주어야 하는 반면, 세속 정부는 빌려준 돈을 돌려받도록 할 책임이 있다. 그러나 세속 정부가 그렇게 하지 않을 경우에는 어떻게 할 것인가? 루터는 이렇게 말한다. "만일 세속 정부와 규칙들이 한 개인이 누군가에게 빌려준 돈을 받도록 돕지 않는다면 그대로 내버려두어라. 그로 하여금 어떤 사람을 위한 보증이 되게 하라. 그가 할 수 있는 한 더 많은 돈을 빌려주게 하라. 그런 사람은 참된 그리스도인 상인이 될 것이다. 즉 하나님은 그를 버리시지 않을 것이다." 그러나 루터는 그리스도인의 이상에 의해서 무역이 될 수 없음을 분명히 하고 세속 정부의 간섭을 강조하고 있다. 정부는 사람들을 가난으로 이끌 수 있는 무역 회사들을 간섭해야 한다.

이와 같은 그의 경제 사상은 「고리대금에 관하여」[74]라는 그의 두 번째 책에서 좀 더 구체적으로 다루어진다. 그는 구약과(신 15:4, 11) 신약의 말씀(마 5:42, 눅 6:30, 35, 롬 12:20)을 인용하면서 그리스도인은 가난한 자들을 반드시 구제해야 함을 강조한다. 그리고 우리가 곤궁에 처한 이웃을 돕지 못하도록 가로막는 세 가지 관습을 비판한다.

첫째, 사람들은 보통 친구들에게는 여러 가지 물건을 주거나 선물하고, 그것들을 별로 필요로 하지 않는 부유하고 권세 있는 사람들에게는 바치면서 실제로 곤궁에 처한 사람들을 잊고 산다. 루터는 여기에 대하여 그들이 이를 통해 사람들로부터 호의와 보상을 받겠지만, 만일 그들이 가난한 사람들을 구제함으로써 하나님의 호의와 칭찬과 영광을 얻는다면 훨씬 더 좋을 것이라고 말한다. 두 번째 관습은 이렇게 나누어주는 것을 적들이나 반대자들에게까지 확대하는 것을 거절하는 것이다. 그는 마태복음 5장 42절, 누가복음 6장 30절, 35절, 로마서 12장 20절 등의 구절을 인용하면서 편파성이 없는 구제를 강조한다. 세 번째 관습은 하나님을 위해 드린다는 것이다. 이 관습은 겉보기에는 매우 아름답고 뛰어난 자태를 가지고 있

---

74) 앞의 책, 281-309.

지만, 오히려 이런 적선 행위에 가장 큰 해를 가져다주는 극히 위험한 사상이다. 많은 사람들이 교회, 수도원, 강대상, 제단, 탑, 종, 오르간, 성상, 은과 금장식 그리고 의복들을 기부하면 '구제', '하나님을 위하여 드림'이라는 고상한 타이틀을 부여한다. 하지만 그는 "백 개의 제단이 있고 철야 기도가 행해지고 있는 곳에 가난한 사람들에게 한 끼의 식사도 제공하는 사람이 없고, 가난한 가정을 후원하는 단 한 사람도 없다"라고 비판한다. 그는 계속해서 "그리스도께서 명령하신 것이 아니라, 사람들이 창안한 것이 '하나님을 위하여 드림'이라고 불린다. 사람들은 그리스도의 살아 있는 지체들인 곤궁한 자들에게 나누어주는 것이 아니라 돌과 나무와 그림에게 주는 것을 구제라고 부른다."라고 말한다.

이런 맥락에서 그는 로마 교회의 면죄부 판매를 비판한다. 사람들은 하나님을 위해 로마에 모든 것을 갖다 바치고, 이에 대하여 로마는 면죄부를 주어 하나님의 보상 이상의 보상을 준다고 지적하며 반문한다. "그러나 그리스도의 계명에 따라 하는 구제에 대하여는 누가 보상할 것인가? 그리스도의 계명에 따라 가난하고 곤궁한 사람들에게 나누어주는 비참한 행위로는 광채 나는 인간적인 보상을 받을 수 없는 것이 틀림없다. 그런 행위들은 단지 하나님이 주시는 보상에 만족해야 한다." 그는 로마가 '하나님을 위한 구제'를 교회를 짓기 위해서가 아니라 가난한 자와 곤궁한 자를 위하여 행해야 하며, 그리스도인은 로마에게 아무것도 주지 말고 도리어 가난한 자에게 주라고 경고한다. 왜냐하면 우리가 이웃에게 주었는지, 주지 않았는지 그리고 그를 잘 대해주었는지가 마지막 날에 심판의 근거가 되기 때문이다".

구제와 관련하여 스콜라 신학자들이 교묘히 만든 궤변에 대해서도 그는 비판한다. 예를 들어 로마교의 관변 신학자 엑크는 "가난한 자가 극도의 곤궁(In extrema necessitate)에 있지 않으면, 어느 누구도 가난한 자를 구제할 의무에 매여 있을 필요가 없다"라고 말하며 극심한 상황에서만 구제를 해야 한다는 주장을 편다. 그러나 루터는 이 이론이 결국 가난한 자들이 그들의 가난 때문에 멸망하고 굶주리고 얼어 죽을 때까지 그들을 돕지 못하도록 할 뿐이라고 반박한다. 그는 "그렇다면 왜 교회 건물은 그렇게 극한 상황까지 가지 않아도 서둘러 고치는가?" 하고 꼬집는다.

루터는 이자에 대해서도 언급하는데 그는 이자 놀이 하는 행위를 근본적으로 잘못된 것으로 보고 이런 사람들을 강도와 살인자로 취급한다. 이자 계약은 가난한 사람들로부터 그들의 자산을 빼앗는 교활한 방법에 불과하다고 말한다. 그는, 하나님을 섬긴다는 것은 그의 계명을 지키는 것이며 도둑질이나 강도질을 하거나 이자를 증식시키는 것이 아니라 도리어 가난하고 곤궁한 자들에게 주고 빌려주는 것이라고 분명히 말한다. 그리고 사람들이 이런 하나님에 대한 참된 섬김을 변질시켰다고 비판한다. 이와 같이 고리대금 행위에 대하여는 신랄하게 비판하지만, 이자를 받는 그 행위 자체는 비판하지 않는다. 그는 이자는 적절한 이자율에 의하여 책정되어야 하며 4~6%가 적절하다고 본다. 그러나 만일 이자율을 7~10%로 올려서 책정한다면 그것은 가난한 자들에 대한 도둑질이고 억압이라고 말한다.

루터는 가난한 자들에 대한 교회의 배려에 대해 좀 더 실천적인 방안도 내놓았다. 그는 교회 안의 가난한 자들을 어떻게 도울 것인지에 대한 극빈자 규정을 정했고, 더 나아가 극빈자 구제를 위한 공동 구호 기금함을 만들어 교회 안에 두고 공동 관리인들을 뽑아 관리하게 했다. 그리하여 체계적인 구제를 시행해나가도록 했다. 1522년 그는 비텐베르그에서 가난한 자들의 구제에 대한 그의 착상을 제시했다. 그 내용을 보면 수도사들의 구걸 금지, 자신의 도시에 속한 거지들에 대해서만 구제할 것, 곤궁한 자들에게 이자 없이 돈을 빌려줄 것, 가정 있는 극빈자들을 구제하기 위한 장치 등이다. 이 착상에 근거해 비텐베르그 시의회는 '비텐베르그 도시구제규정'을 제정했으나 큰 성공을 거두지는 못했다. 도리어 뉘른베르그 시가 만든 '신용보증기금법'이 찬사를 받았는데 루터도 매우 흡족해 했고 또 다른 도시들의 모범이 되었다.

그러나 이런 구제 규정들 중에서도 가장 이상적인 모델은 '라이스니히(Leisnig) 공동기금함 규정'이었는데, 루터는 이 규정이 사도들의 이상을 반영하고 있다며 매우 만족해했고 자신이 직접 추천서를 써줄 정도였다. 이 규정에는 앞서 밝힌 루터의 생각들이 고스란히 담겨 있는 동시에 가난한 자들을 어떻게 도울지에 대한 좀 더 구체적인 대안들이 제시되어 있다. 교회 안에는 두 개의 상자가 놓여야 하는데 하나는 가난한 자들을 위한 것이고 하나는 헌금을 드리기 위함이다. 교회는 예배로 모일 때마다 빵이나 채소 등을 가져와 공동기금함에 넣고 가난한 자 한 사람 한 사람을 위해 기도해야 하고 책임자는 그것을 필요로 하는 사람들에게 정확히 분배해야 한다. 그리고 병들거나 허약해 일할 수 없는 사람들을 위해 무이자로 도와주어야 하는데 나중에 건강이 좋아져 일할 수 있을 때 갚도록 하고, 갚을 수 없을 경우에는 그대로 넘어가야 한다. 고아일 경우, 재능이 있는 아이들에게는 기금 안에서 장학금을 주어 학업을 마칠 수 있도록 도와주어야 한다. 그리고 결혼할 나이가 되었으나 경제력이 없어 하지 못할 경우 기금으로 결혼도 시켜주어야 한다.

루터는 설교를 하다가도 멈추고 고아와 과부를 돌봐야 함을 강조했고, 때로는 설교 도중에 헌금을 걷기도 했다. 그는 특히 영주와 귀족 등 부자들에게 구제 헌금을 하지 않는다고 꾸중하곤 했는데, 만일 완고하여 계속 구제를 게을리 하면 농민들이 봉기할 것이고 그러면 독일에 큰 재앙이 올 것이라고까지 경고했다. 그럼에도 루터의 말은 비텐베르그 교인들에게 썩 잘 먹혀들지 않았다. 결국 농민봉기가 일어났을 때 루터는 귀족들에게 그때를 회상시키며 말씀에 순종하지 않아 그 대가를 치르고 있다고 말했다.

지금까지 살펴본 것처럼, 루터는 단순히 개인 구제에만 신경 쓴 사람이 결코 아니었다. 당시의 그릇된 경제 구조로 말미암은 가난을 꿰뚫어 보았고 그런 극빈자를 만들어내는 제도의 시행자들을 혹독하게 꾸짖었으며, 더 나아가 교회로 하여금 가난한 자들을 돕기 위한 구체적인 지침까지도 작성하게 했다. 즉, 그는 개인적 구제와 더불어 사회적 책임에도 최선을 다한 사람이었다. 이와 같은 역사적 사실을 정확히 이해하고 있어야 이후에 일어난 농민전쟁에서 루터의 소극적 역할을 어떻게 평가할 것인지에 대한 답을 얻을 수 있다. 즉 1525년의 농민전쟁은 그 이전 몇 년 동안 루터가 가난한 자들을 위해 한 일들과의 관계 속에서 살필 때 객관적인 이해를 얻을 수 있다.

토마스 뮌처와의 논쟁과 농민전쟁

중세의 농민들이 왕이나 영주들에게 착취당하고 형편없는 생활을 했다는 사실은 누구도 부인할 수 없다. 이런 농민들에 대해 누군가 부정적인 말을 했다면 현대인의 지지를 받을 수 없을 것이다. 루터는 농민들에 대해 부정적인 말뿐 아니라 때로는 혹독한 비판을 했기 때문에, 현대인들의 비판을 빠져나가기 어렵다. 이에 대하여 루터를 변명하는 일은 매우 어렵다. 루터와 같은 사람으로 취급당할 수 있기 때문이다. 그러나 학문하는 사람은 이와 같은 취급을 당할지라도 그가 왜 그런 말을 하게 되었는지 밝혀야만 한다. 필자는 모든 정황을 역사적, 객관적으로 살펴 제시한 후 평가는 독자에게 맡기려고 한다.

이 정황을 이해하기 위해서 무엇보다 중요한 것은 루터와 토마스 뮌처(Thomas Müntzer)의 관계이다.[75] 이 두 사람의 관계는 처음에는 매우 좋았다. 루터가 비텐베르그 대학 교수로 활동할 때 츠빅카우(Zwickau)에서 태어난 뮌처는 루터를 찾아와 그의 밑에서 학생으로 공부한다. 뮌처는 루터의 십자가 신학에 매료되었다. 십자가에 못 박히신 예수님 그리고 성도의 삶을 시험과 고난의 삶으로 규정하는 십자가 신학은 뮌처의 정서

---

75) Brecht, Luther Bd. 2, 148-193.

토마스 뮌처

를 자극했고, 자신도 그 고난의 발자취를 따라가도록 고무했다. 루터 역시 뮌처를 아껴 목회 자리까지 소개해주었다. 그러나 뮌처는 칼슈타트와 마찬가지로 루터의 개혁에 대하여 불만을 가졌다.

무엇보다 큰 불만은 루터가 문자를 너무 고집한다는 것이었다. 뮌처가 볼 때 문자로 기록된 성경은 초보자를 위한 것이다. 성경의 문자보다 더 중요한 것이 성령의 직접적 계시이다. 뮌처는 중세기의 요하킴 풀로레와 마찬가지로 지금은 성령의 시대라고 보았다. 성자가 지배하던 문자의 시대는 지나갔고 성령이 직접 자기를 계시하는 성령의 시대가 도래했다고 본 것이다. 성령은 문자에도 매여 있지 않지만 교회에도 매여 있지 않다. 성령은 성경이나 교회를 통하지 않고 개개인에게 직접 임한다는 것이다. 그렇다면 그가 말하는 성령의 계시란 무엇인가? 결국 천년왕국을 이루기 위하여 해방 운동을 하라는 계시이다. 기존의 질서를 뒤엎고 자유의 시대를 열라는 것이다. 뮌처는 이를 위하여 검을 들 수도 있다고 말했다. 루터는 「하늘의 예언자에 대하여」라는 책을 써서 뮌처의 사상이 매우 위험하다고 지적하며 수정할 것을 요구한다. 그러나 뮌처는 루터를 영주의 충견이라고 비난하며 상황을 악화시켰다. 루터는 뮌처를 추방할 것을 건의하고 추방당한 뮌처는 프라하로 피신하여 그곳에서 계속 펜의 전쟁을 수행하며 농민들에게 영향을 미친다.

루터와 뮌처의 입장은 농민 봉기와 관련되면서 이제 더 이상 함께 갈 수 없는 관계로 변한다. 뮌처가 농민 봉기 전체를 주도했다고 할 수는 없다. 농민들은 아직도 루터를 자신들의 지도자로 믿고 있었다. 농민들은 처음에 12개 조항을 만들어 자신들의 의견을 영주들에게 건의했다. 루터는 그 12개 조항의 내용을 살펴보면서 모든 조항을 긍정적으로 받아들일 수는 없었다. 그는 농민들이 자신들의 신분과 처우 개선을 주장하고 있다는 점에서는 동의했지만, 그런 요구들을 성경 구절을 근거로 삼는 것에 대하여는 동의하지 못했다. 앞에서 말한 두 왕국을 혼동하는 것이라고 생각했기 때문이다. 하지만 그는 귀족들에게 농민들의 요구를 들어주도록 강력히 권면했다. 농민의 처우 개선이 시급함에 대하여는 이미 비텐베르그 교회에서 설교할 때 귀족들과 영주들에게 자주 권고했던 내용이었다. 루터는 만일 농민들을 계속 그런 형편에 놓아둔다면 봉기가 일어날 것이고, 이는 독일 내에서 굉장한 비극을 가져올 것이라고 경고했다.[76] 그는 영주들에게 지금이라도 농민들의 요구를 들어주라고 권면했다. 그러나 영주들과 귀족들은 이 요구를 받아들이지 않았고 봉기는 가열되어 곳곳에서 습격과 강탈, 전투가 일어나게 되었다.

이런 갑작스런 사태의 악화를 바라보며 루터는 자신이 시작했던 개혁에 위기를 느끼게 되었다. 그는 결코 검이 아닌 말씀으로 교회를 개혁하기 원했다. 사회 개혁 역시 하나님이 세우신 질서를 존중하면서 이루어나가기를 원했다. 사회 혼란은 개혁을 후퇴시키고 독일을 회복할 수 없는 암흑으로 몰고 갈 것이라고 생각했다. 그는 무엇보다 뮌처의 그릇된 묵시론적 종말론에 의하여 봉기가 진행되고 있음을 간파했고 그 배후에 활동하는 세력이 바로 사탄이라고 보았다. 그에게 지금 이때 중요한 것은 바로 질서(Ordnung)였다. 질서가 세워져야 혼란은 중지된다. 그래서 그는 하나님이 영주들에게 질서를 세우도록 검을 들려주었다고 말한다. 그러므로 영주들은 이 하나님의 말씀에 근거해서 검을 사용하여 혼란을 바로잡고 질서를 세우라고 말했다. 특히 그는 영주들에게 검을 사용하되 온건한 농민들과 과격한 농민들을 구분해서 사용하라고 분명히 선을 그었다. 그러나 이런 요구는 지금과 같은 혼란한 상황에서는 이상적인 말에 불과했다. 농민들은 폭도로 변했고 영주

---

76) 로제, 「마틴 루터의 신학」, 228-231.

들 역시 동물을 사냥하듯 농민들을 사냥했다. 결국 영주들의 승리로 농민 봉기는 진압되고 다시 질서가 찾아온다. 토마스 뮌처도 이때 죽임을 당한다.

그러나 농민 봉기로 인하여 독일은 황폐해졌고 수많은 농민들이 죽임을 당했다. 루터 역시 농민전쟁으로 인하여 많은 것을 잃는다. 루터 자신을 지지해왔던 농민들을 잃은 것은 말할 것도 없고 그의 가까운 지인들로부터도 너무 지나치게 처신했다는 비판을 들었다.

오늘의 관점에서 이런 루터에 대하여 어떻게 평가할지는 독자가 결정할 몫이다. 그러나 앞에서 다룬 두 정부론과 경제 윤리에 대한 그의 이론과 실천을 살펴보았다면 그가 가난한 자들에 대하여 결코 소홀히 하지 않았다는 것은 분명한 사실임을 알 수 있다. 그는 단지 토마스 뮌처나 농민들이 가난을 해결하려던 방법이 잘못되었음을 비판했던 것이다. 그에게 개혁의 핵심은 그리스도인의 자유였다. 그런데 그 자유는 내적 양심의 자유이며, 이런 자유는 검이 아니라 하나님의 말씀으로 이루어져야 한다는 것이 그의 개혁의 원칙이었다. 이 원칙 때문에 그는 농민전쟁에서 농민들을 지지하지 않았다고 말할 수 있다.

에라스무스와의 자유의지에 관한 논쟁

로테르담의 에라스무스(Erasmus)는 당시 인문주의의 태두였다. 그가 한 말들은 오늘날로 말하면 당시 유럽 신문의 1면 톱 기사를 장식했다. 그는 일반인들에게는 「우신예찬」의 작가로 알려져 있지만 기독교적 배경을 이해하지 못하면 그를 제대로 이해할 수 없다. 루터와 관련해서 에라스무스는 처음에는 동반자였지만 나중에는 적으로 변한다.

상대방에 대한 관심은 루터 편에서 먼저였다.[77] 그는, 거슬러 올라가면 에어푸르트 대학 시절부터, 좀 더 근접하게는 비텐베르그 대학 교수로 활동하던 시절에 인문주의의 좋은 점을 기독교 신앙 안에서 긍정적으로 수용하려는 태도를 갖고 있었다. 그는 인문주의도 똑같이 로마 가톨릭의 부패를 비판하고 있다는 것을 알고 있었다. 특히 인문주의가 "원천으로 돌아가자"(ad fontes)는 구호 아래 언어와 고전 읽기를 강조하고 있다는 사실에 고무되어 있었다. 이렇게 관망하는 태도에서 좀 더 적극적인 관심을 갖게 된 것은 1516년 에라스무스가 발행한 헬라어 신약성경을 대하면서부터였다. 그는 로마서를 강해할 때부터 이미 이 헬라어 성경을 사용했다.

---

77) 로제, 마틴 루터의 신학, 231-243.

에라스무스 편에서 루터에 대하여 처음으로 호감을 나타냈던 것은 루터가 95개조 반박문을 발표했을 때였다. 그는 그 글을 읽고 큰 갈채를 보냈고, 루터에 대한 이런 태도는 인문주의자들이 루터에게 호감을 갖도록 하는 데 결정적인 역할을 했다. 루터는 특히 1518년부터 시작된 비텐베르그 대학 개혁과 신학 갱신 운동 때는 에라스무스와 더욱 가까워지고 있었다. 그는 '순전한 그리스도의 신학'을 세우기 위해서는 인문주의가 강조하던 언어와 고전 연구가 큰 도움을 줄 수 있음을 깨닫고 언어 분야의 전문가인 멜랑히톤을 통해 에라스무스와 적극적인 관계를 갖기 원했다. 하지만 이런 동반 관계는 오래가지 못했다. 루터와 로마교의 관계가 계속 악화되고 드디어 루터가 보름스 국회에서 심문을 받고 파문을 당하면서 에라스무스는 개혁을 추구하는 루터보다 로마교라는 현재의 질서(status quo) 안에서 머무르려 한다. 잠시나마 루터와 공유했던 개혁 정신은 퇴보하고 관용과 타협의 정신으로 회귀한다.

에라스무스

에라스무스가 싫어했던 것은 루터의 호전적인 태도였다. 그는 루터의 설교나 저술들이 너무 거칠다고 생각했다. 그런 것들은 참다운 개혁에 도리어 방해가 된다고 보았다. 특히 그가 싫어했던 것은 루터가 인간의 존엄에 대하여 너무 깎아내리는 점이었다. 인간의 의지가 노예 상태에 있다는 것을 그는 받아들일 수 없었다. 구원을 받는 데 있어 인간의 전적 타락과 무능력을 주장하는 루터의 의견도 받아들일 수 없었다. 그래서 그는 먼저 루터에 대하여 비판하는 책을 쓴다. 그 책이 바로 「자유의지에 관하여」(de libero arbitrio)이다. 이 책에서 그는 인간의 의지는 타락했지만 선과 악을 선택하지 못할 정도로 전적으로 못쓰게 되지는 않았다고 말한다. 구원에 대해서도 인간 편에서의 선택이 중요하다고 보았다. 즉 하나님은 예수 그리스도를 보내주시어 우리가 구원을 받을 수 있는 모든 조건을 충족시키셨지만, 그 구원을 받아들이고 받아들이지 않고는 우리 인간의 선택에 달려 있다고 보았다. 이런 주장은 펠라기안주의는 아니다. 99%까지 하나님의 은혜에 달려 있다고 보기 때문이다. 그러나 그는 나머지 1%는 우리 인간에게 달려 있다고 본다. 즉 하나님은 물에 빠진 사람을 건지기 위하여 구명 밧줄을 던져 주셨는데 그 줄을 잡고 나오느냐, 나오지 않느냐는 인간에게 달려 있다는 것이다. 에라스무스의 이런 이해는 사실 오늘날 교회에서도 많이 주장되고 있는 의견이다. 그러나 루터는 이 주장에 동의할 수 없었다.

그래서 그는 1525년 에라스무스의 책에 대한 반박서를 내는데 그것이 바로 「노예 의지에 관하여」(De servo arbitrio)이다. 여기서 그는 바울과 어거스틴의 글을 통하여 사람이 구원을 받고 못 받고는 100% 하나님의 선택에 달려 있다고 보았다. 인간에게는 구원을 선택하고 선택하지 않을 수 있는 자유가 없다. 인간의 의지는 낙타와 같이 누가 타느냐에 따라 결정되는 노예 의지이다. 그는 특히 에라스무스가 자신의 주장을 펼치기 위하여 사용했던 에스겔 33장 11절, 즉 "나는 악인이 죽는 것을 기뻐하지 아니하고 악인이 그의 길에서 돌이켜 떠나 사는 것을 기뻐하노라"라는 말씀을 에라스무스가 잘못 해석했다고 본다. 에라스무스는 이 구절을 근거로 하나님의 뜻은 죄인이 구원을 받는 것이고, 죄인은 자기 의지로 죄에서 돌이켜 구원을 받을 수 있다고 주장했다. 그러나 루터는 에스겔 33장 전체의 문맥에서나 성경 전체를 볼 때, 구원은 하나님의 선택에 달려 있다고 해석했다. 하나님이 하신 말씀을 얼핏 보면 마치 인간이 스스로 구원을 결정할 수 있는 것처럼 보이지만, 자세히 살펴보면 구원을 주시고 주시지 않는 것은 하나님의 숨은 의지에 달려 있다는 것이다.

이런 진리를 설명하면서 그는 하나님의 드러난 의지와 숨겨진 의지를 말하기 위해 20세기 루터 연구에 있어서 중요한 주제가 된 '숨어 계신 하나님'(Deus absconditus)과 '계시된 하나님'(Deus revelatus) 개념을 사용했다. 인간은 하나님이 숨기고 계신 뜻은 알 수 없고, 단지 예수 그리스도를 통해서 우리에게 알려주신 의지만을 알 수 있다. 하나님은 예수 그리스도를 통해서 누구든지 예수를 믿으면 구원을 얻는다고 말씀하셨다. 그러나 누가 구원을 얻는지에 대해서는 하나님만이 알고 계신다. 그러므로 루터가 말한 숨어 계신 하나님은 구원과 관련해서만 해석되어야지 다르게 사용되어서는 안 된다.

이와 연관되어 또 한 가지 중요한 논쟁이 된 것은 성경의 명료성 문제이다. 에라스무스에게 있어서 성경은 명료하지 않다. 성경은 대체로 명료하지만 하나님은 성경을 통해 모호하게 말씀하신 부분도 많다. 그러므로 인간은 이런 모호한 부분을 해석할 때 명확한 답을 내려서는 안 된다. 그런 부분은 이렇게도 해석될 수 있고 저렇게도 해석될 수 있다. 사실 에라스무스가 말한 것이 전적으로 잘못된 것은 아니다. 이 점에서는 루터도 동의한다. 그러나 에라스무스가 구원에 대한 중차대한 문제에 관해 토론하면서 성경의 모호성을 말했다는 것을 루터는 받아들일 수 없었다. 적어도 구원에 대해서는 성경은 명료하다. 구원은 예수 그리스도를 믿음으로 받을 수 있다는 사실, 구원은 인간의 자유의지의 선택이 아니라 하나님의 은혜의 선택에 달려 있다는 사실에 대하여 성경은 명확하게 말하고 있다. 문법만 제대로 아는 사람이라면 누구나 다 알 정도로 명료하게 말하고 있다. 루터가 볼 때 에라스무스는 성경을 이성의 통제 하에 두려 하고 성경에 대하여 회의적으로 보게 만드는 사람이었다. 루터와 에라스무스의 이 논쟁은 오늘날도 계속되고 있다. 역사 비평학적 방법으로 성경을 보려는 사람들은 성경의 명료성을 사실상 인정하지 않는다. 이들 역시 성경을 회의적으로 보게 만든다.

루터와 에라스무스의 논쟁은 교회사에서 보기 드문 수준 높은 논쟁이다. 두 사람은 이 논쟁을 하면서 다른 어떤 교부들의 글도 인용하지 않고 오직 성경만 가지고 토론하자고 합의했다. 루터는 자신의 모든 저술들이 없어져도 「노예 의지에 관하여」만은 남겨두고 싶다고 말할 정도로 이 책을 높이 평가했다. 비록 루터는 이 책에서 인간 의지의 가치를 떨어뜨리는 말을 많이 했지만 이것은 오직 구원과 관련되어서만이지, 인간의 삶에서 인간이 어떤 선택도 할 수 없다는 결정론적 주장에 대해서는 다른 책들에서 맹렬하게 비판한다. 아직도 누군가가 근대적 인간관에 근거해서 루터가 인간의 존엄을 훼손시켰다고 주장한다면 그것은 자의적 비판이지 사실에 근거한 비판이 아니다. 루터는 인간을 호모 사피엔스(homo sapiens)로 보고 있다. 그리고 인간의 이성(ratio)이야말로 하나님이 인간에게 주신 최고의 선물로 보고 있다.[78]

---

78) 로제, 「마틴 루터의 신학」, 278-284.

결국 이 논쟁을 통해 루터와 에라스무스는 서로 돌아서서 각자의 길을 간다. 논쟁은 승리자와 패배자를 가르지는 않았지만, 루터는 이 논쟁이 있은 후에 인문주의자들이라는 자신의 지지자들을 잃게 되는 아픔을 겪는다.

결혼과 가정생활

1525년은 루터의 생애에서 힘든 일들이 많이 일어난 해였다. 앞에서 살펴본 것처럼 그는 이 해에 개혁의 동반자들과 지지자들을 많이 잃었다. 농민전쟁을 통하여 농민들을 잃었으며, 에라스무스와의 논쟁을 통하여 인문주의자들을 잃었다. 가장 가까운 친구들 중에서도 농민들에 대해 혹독했던 루터에게 등을 돌리는 사람들이 생겨났다. 그러나 이런 극심한 고통의 와중에도 루터의 인생에서 가장 중요한 사건이 일어났는데 바로 결혼을 하게 된 것이다. 그는 결혼을 통해 하나님의 위로를 경험했고 가장 어려운 때를 이겨나갈 수 있었다. 뿐만 아니라 자신의 인생에서 가장 큰 행복을 얻게 되었고 더 나아가 개신교인들에게 가장 귀한 유산, 즉 결혼에 대한 훌륭한 지침을 남겨줄 수 있었다.[79]

---

79) Brecht, Luther, Bd. 2, 194-203.

루터의 부인 카타리나 폰 보라   루터의 둘째 딸 막달레나(13세 사망함)

본래 루터는 가톨릭 교회의 신부였기 때문에 결혼이 금지되어 있었다. 그러나 성경에 의한 개혁을 주장하면서 지금까지 그가 교회의 관습에 따라 행했던 여러 가지 행위들이 매우 잘못된 것임을 알게 되었고, 결혼 역시 하나님의 복임을 알게 되었다. 이런 새로운 인식과 개혁 사상은 여러 가지 예기치 않았던 새로운 상황들을 초래했다. 수도원 서약에 관한 그의 비판적인 책들을 읽고 여러 수도사들과 수녀들이 수도원을 떠나게 되었다. 수녀들 중 열두 명이 수도원을 떠났는데 그 중 셋은 자신들의 집으로 갔고 아홉은 비텐베르그로 피신해왔다. 루터는 이들의 결혼을 적극적으로 주선했고 이들 중 여덟의 결혼이 성사되었다. 단 한 수녀의 결혼만이 쉽게 성사되지 않앉는데 바로 1499년에 태어나 16세에 수도원에 보내진 귀족 가문 출신의 카타리나 폰 보라(Katharina von Bora)였다.

루터는 그녀를 뉘른베르그 귀족의 자제인 한 신학생에게 소개했고 둘은 사랑에 빠졌다. 그러나 그 신학생은 결혼 허락을 받기 위해 고향에 다녀온 다음 태도를 바꾸었다. 이런 와중에 루터의 마음속에 그녀에 대한 어떤 책임감 같은 것이 생겨났고 사랑에 의해서라기보다는 책임감 때문에 결혼을 받아들이게 된다. 1525년 6월 중순 시 교회 목사인 부겐하겐(Bugenhagen)의 주례 하에 그의 부모님과 친구들이 참석한 가운데 결혼식을 올리고 두 사람은 정식 부부가 된다. 결혼을 한 후 처음에는 어색했지만 갈수록 루터는 부인을 사랑하여 서로 많은 이야기를 나누었고, 비록 일 때문에 할 수 없이 떨어져 있는 동안에도 편지를 통하여 사랑을 표현할 정도였다. 그는 심지어 "나는 나의 케테(애칭)를 프랑스와 베니스를 주어도 바꿀 수 없다"라고까지 말했다. 그리고 그가 가장 아끼던 책인 「갈라디아서 주석」(1535년 발행)을 '나의 사랑하는 케테'라고 불렀다.

그는 부인 케테에게서 삼남 삼녀를 두었는데 첫째는 법학도가 되었고 딸들 중 둘은 일찍 죽었다. 그는 가정에서 아이들과 함께 즐겁게 놀기도 하고 직접 악기를 다루며 함께 찬양을 부르기도 했다. 그런 분위기에서 장차 개신교의 가정 윤리가 될 내용들이 이야기되었고 가정에 관한 금언들도 매우 많

루터의 방 내부

이 나왔다. 루터는 공부하러 온 신학생들도 자기 집에 머물게 했으므로 루터하우스에는 자기 가족을 포함하여 20명도 넘는 사람들이 모여 식사를 했다. 이때 식사를 하면서 루터가 했던 말들을 제자들이 직접 기록해두었는데 소위 「탁상담화」가 이렇게 해서 나왔다. 그는 이 「탁상담화」를 통해 그의 어려운 신학 사상을 우리에게 좀 더 쉽게 전달해주고 있다.

이렇게 많은 사람들을 먹여 살리는 일은 루터 자신의 월급으로는 어림도 없었다. 그는 결혼한 후 봉급을 더 많이 받게 되었고 또 다른 교수들보다도 많이 받았지만 그의 집에 있는 식객들을 부양하기에는 항상 벅찼다. 그럼에도 가정이 돌아갈 수 있었던 것은 바로 살림을 잘하는 억척스럽고 부지런한 케테가 있었기 때문이다. 그녀는 힘겨운 가정경제를 잘 꾸려갈 능력이 있는 여자였다. 루터는 나중에 죽을 때 그의 유산 모두를 오직 한 사람, 케테에게만 상속한다. 이는 그가 그녀를 너무 사랑했기 때문이기도 하고 또 그녀만이 재산을 잘 관리할 수 있으리라 믿었기 때문이었을 것이다.

츠빙글리와의 성만찬 논쟁

종교개혁사를 다루면서 가장 어려우면서도 가장 불행한 일은 개혁 진영 안에서 벌어진 성만찬에 대한 논쟁이다. 이 성만찬 논쟁으로 인해 루터파와 개혁파 교회가 분열하여 오늘에까지 이르게 되었고, 성만찬 이해가 개신교 교파 간 통합의 주요 걸림돌이 되고 있기 때문이다. 성만찬에 관한 논쟁이 처음 시작된 시점은 농민전쟁이 발발한 해인 1524년이고 종결된 해는 마르부르그 회담이 열린 1529년이었다.

루터의 초기 저술들에 나타난 성만찬 이해

루터가 1518년과 1519년 사이에 행한 설교들 안에 나타난 성만찬 이해는 다음과 같다. 각 성례전에 대하여 논의하면서 그는 표지(symbol), 의미(meaning), 신앙(faith)을 구분했다. 그리고 어거스틴과 함께 성례전적 표지는 외적인 표지라고 보았다. 또 신앙을 성례의 한 요소로 보았는데 이는 중세적 성례전 교리와 명백히 다른 점이다. 아직도 루터는 요소들(떡과 즙)이 변한다는 견해를 지지했지만, 그의 사상의 중심에 놓여 있던 것은 참예자의 교제(communicatio)라는 개념이었다. 성만찬은 그리스도와 모든 성인들과의 교제로 인도함으로써 우리에게 구원을 전달해준다고 본 것이다.

1520년 루터의 성만찬론은 새로운 차원으로 발전한다. "새 언약에 대한 소고: 거룩한 미사에 관하여" 그리고 "교회의 바벨론 유수"라는 논문에서 루터는 성례전을 일반적인 정의에 근거하여 해석하지 않고 도리어 제정(制定)의 말씀(이것은 내 몸이니라)의 기초 위에서 해석했다. 이제 제정의 말씀이 성만찬론에서 중심적 위치를 차지하게 된다. 1520년 제정의 말씀에 대한 루터의 해석은 약속, 신앙 그리고 계약이라는 기본 개념들에 의하여 결정되었다. 그러나 루터는 요소 안에 있는 그리스도의 몸과 피의 실재(實在)를 결코 부인하지 않았다. 1523년 그는 「성만찬의 숭배」(The Adoration of the Sacrament)로부터 시작하여 실재론을 그의 교리의 중심적 요점으로 삼았다. 이 논문에서 그는 어떤 한계 안에서 성만찬에 대하여 경외심을 갖는 것을 승인했다. 물론 그는 단순한 외적 숭배를 거부했고, 또한 요소들이 단지 숭배될 목적으로만 보관되는 성만찬적 사당(祠堂)을 설립하는 것도 반대했다. 또한 거리에 있는 사람들이 그것을 숭배하도록 영성체를 가지고 거리를 행진하는 습관에 대해서도 반대했다. 그러나 루터는 그러한 숭배가 외적 요인들에 얽매이지 않고 제정의 말씀에 초점을 맞추는 한에서 성만찬의 영적인 숭배를 분명하게 옹호했다.

이런 내용들은 루터가 이미 초기부터 성만찬의 이해에 있어서 독특한 자신의 입장을 가지고 있었음을 보여준다. 성만찬을 "이것은 내 몸이니라"라는 제정의 말씀으로부터 이해하려 했다는 점, 성만찬에서 약속과 신앙을 강조했다는 점, 그럼에도 성만찬을 실제라 보았다는 점이 이때까지의 루터 성만찬론의 독특한 점이다.

루터와 칼슈타트의 성만찬 이해의 차이

루터의 입장은 로마 가톨릭 진영뿐만 아니라 비텐베르그 대학의 동료 교수였던 칼슈타트와 취리히(Zürich)의 목사 츠빙글리의 반대에도 부딪친다. 1524년 칼슈타트는 여러 저작들을 통해서, 외적인 성만찬의 기념은 그리스도의 죽음의 선포와 회중의 고백과 증언 그 이상의 무엇도 아니라고 말한다. 칼슈타트가 제정의 말씀을 이해할 때는 그리스도의 몸과 피가 실제로 요소들(떡과 즙) 안에 임재할 수 있다는 것은 전적으로 불가능하다. 그는 제정의 말씀의 단순한 의미에 기초하여 그러한 임재를 결코 주장할 수 없다고 생각했다. 반면에 빵과 포도주는 단지 '그리스도를 기념하여' 사용되어야 하는 것이다. 그러므로 성만찬의 기념에서 결정적인 것은 수용하는 자의 마음으로부터 나오는 것이다. 이러한 이유에서 우리는 주의 만찬을 받기 전 구원의 확신이 있어야 한다. 따라서 그는 요한복음 6장 63절을 근거로 그리스도의 몸을 영적으로 먹는 것이 필요한 것이지 육적으로 먹는 것은 소용이 없다고 말한다.

루터는 칼슈타트가 실제적(realiter) 임재뿐만 아니라 성만찬이 은총의 수단이라는 것을 부인했기 때문에 그의 성만찬론을 거부했다. 그는 이러한 생각을 새로운 형태의 행위 의를 세우는 것으로 여겼다. 「열광주의적 예언자들을 반박함」(1525)에서 루터는 실제적 임재를 변호하고 기독교인의 삶은 항상 그리고 어떠한 상황에서도 하나님의 은총에 기초해야 한다는 이론을 변호했다. 그는 우리가 이미 우리의 모든 죄에 대하여 용서를 받았다는 사실과 우리가 성례를 받을 때마다 용서를 받는다는 사실을 구분했다. 용서는 단번에 영속적으로 주어지나 이 용서의 분여(distribution)는 계속해서 다시금 반복된다고 본다. 이러한 맥락에서 그리스도의 몸과 피의 실제적 임재는 루터에게 더욱더 중요해졌다. 실제적 임재에 대한 토론은 이제 십자가에서 죽으시고 승천하신 주님에 대한 토론이 되었다.

루터와 츠빙글리의 성만찬 이해의 차이

츠빙글리는 적어도 1523년에 발행된 「결론적 언사」(Schlussreden) 때까지는 루터의 성만찬론을 비판하지 않았다. 그러나 그는 이미 성만찬의 영적인 성격을 강조했다. 그리스도의 언약(testamentum)이 성만찬의 중심에 있다고 하는 루터의 견해를 수용하기까지 했다. 게다가 츠빙글리는 성만찬이 하나님과 백성의 계약의 표지(signum testaminti)라는 사실을 강조했다. 츠빙글리의 성만찬론은 화란의 인문주의자인 호니우스의 상징주의적 해석의 영향을 받은 것이다. 그래서 츠빙글리는 제정의 말씀 안에 있는 "이것은 내 몸이다"라는 구절을 "이것은 내 몸을 의미한다"로 해석했다.

게다가 비록 그는 자신의 입장과 칼슈타트의 입장을 신중하게 구분했지만 기본적으로 성만찬의 영적인 성격을 강조한 칼슈타트의 입장을 수용했다. 츠빙글리와 칼슈타트는 공관복음서와 고린도전서 11장에 있는 제정의 말씀보다 요한복음 6장을 성만찬론의 발전에서 가장 중요한 본문으로 여겼다. 결과적으로 츠빙글리는 성만찬을 예수님을 기억하고 그에 대한 신앙을 고백하는 교회의 행위로 이해했다. 그러나 그는 이 기억을 과거의 회상(memory)으로서뿐만 아니라 기념(commemoration)의 행위로도 이해했다. "그것을 통하여 자신들이 그리스도의 죽음과 피를 통해 하나님과 화목되었다고 믿는 자들은 그의 죽음이 생명을 준다는 것을 선언하고 있다."

츠빙글리는 1525년 봄 루터의 관점에 도전하는 내용의 책을 출판함으로써 성만찬에 관한 논쟁을 터뜨렸다. 츠빙글리 자신이 그의 이론을 칼슈타트의 이론과 연관되어 있다고

츠빙글리

서술했기 때문에 그 갈등은 특별히 어려워졌다. 루터는 이것이 츠빙글리가 아마도 신령주의자이며 열광주의자라는 증거라고 보았다. 이 논쟁과 관련된 저술은 주로 1525년부터 1529년까지 나타났다.

츠빙글리에 대한 루터의 반격은 사안의 중요성에 비해 뒤늦게 시작된다. 1528년 「고백」(Bekenntnis)이라는 책을 통해 그는 자신의 성만찬 이론의 핵심이 되는 내용을 분명히 드러낸다. 그는 이 책에서 자신이 무엇을 믿는지를 고백의 형태로 표현한다. 특히 성만찬은 기념하는 예식이 아니라 임재 예식이며, "이것은 내 몸이다"라는 말씀은 문자 그대로 해석되어야 한다고 주장한다. 루터는 제정의 말씀이 지닌 문자적 의미를 강조한다. 이 문자적 의미의 강조는 이미 초기의 시편 강의에서

시련의 시간 247

부터 나타난 것이지만, 1525년 에라스무스와의 논쟁을 통해 인문주의자들의 상징적 성경 해석에 반대한 것이다. 그는 또한 우리가 하나님을 어디서 찾아야 하는가의 문제와 관련해서, 하나님은 오직 지상의 그리스도 안에서만 찾아야 하며 지상의 예수는 승천하신 주님과 동일시되어야 한다고 항상 주장했다.

루터는 츠빙글리에 반대하여 그리스도의 신성의 감춰짐과 드러내짐의 역설을 훨씬 더 예리하게 정의했다. 이런 맥락에서 나온 말이 소위 '그리스도의 편재(偏在: The Ubiquity of Christ) 이론'이다. 츠빙글리와의 논쟁에서 루터는 그의 기독론에 이 특별한 요소를 전개했다. 요소들 안에 있는 그리스도의 몸과 피의 실제적 임재 가능성을 서술하기 위해 루터는 후기 중세 신학의 특정한 사상들을 사용하고 그것들을 심화 발전시켰다. 이 중 하나가 그리스도의 승천 이해로 그리스도의 인간적 본성은 편만하다(무소부재, omnipresent)는 가르침이다. 루터는 이것을 그리스도의 위격 안에 있는 신성과 인성의 연합의 필연적인 결과라고 주장한다. 그리하여 루터는 그리스도께서 성부의 우편에 앉아 계신다는 것, 즉 그가 하늘의 특정한 위치에 제한되어 있다는 의미로 보는 전통적인 사고를 거부했다. 그는 그리스도는 성부 하나님처럼 어떤 특정한 장소에서 발견될 수 없지만 모든 것에서 활동하신다고 보았다. 그러나 그는 오직 십자가에 달리신 지상적인 그리스도로서 우리의 구원을 위하여 떡과 잔 안에(in), 함께(with), 위에(over) 임재하신다.

이러한 루터의 편재론의 배후에는 무엇보다 그의 성육신 신학이 자리하고 있다. 그는 우리가 그리스도를 직접 만나는 것은 불가능하다는 주장을 펼쳐왔다. 그를 만나려면 우리는 간접적으로 화육된 그리스도를 통해서만 만날 수 있다. 그렇다면 그가 승천하신 이후에는 그를 어디서 만날 것인가? 교회 안에서이다. 교회 안에서 선포되는 말씀과 성례전을 통해서이다. 이 성례전 안에 그리스도는 화육되어 신자와 함께 계신다. 성례전은 그리스도의 화육의 장소이다. 성례전은 승천 이전에 제자들이 그리스도를 만나는 것처럼, 승천 이후에 그리스도를 만나는 장소이다. 이 성만찬식에서 그리스도는 자신을 찾는 자들을 만나주시고 자신의 십자가와 부활의 열매를 나누어주신다. 그리스도를 하늘에서 찾으면 안 된다. 또한 단지 그리스도를 기념한다는 입장도 안 된다.

반면, 츠빙글리는 이 성육신은 한 번 일어난 것으로 족하다고 본다. 그리스도는 지금 하늘에 계신다. 영적인 것은 육적인 것 안에 임할 수 없다는 그의 입장은, 하늘에 계신 그리스도가 떡과 잔 안에 있을 수 없다는 결론을 도출하는 근거이다. 이런 관점에서 그는 떡과 잔은 그리스도를 상징하고 그의 죽으심을 기념하는 예식일 뿐이라고 주장했다.[80]

마르부르그 토론

1529년 10월 1일부터 4일까지 마르부르그(Marburg)에서 개최된 회담에서 루터와 츠빙글리는 연합을 도모한다. 이 회담은 헤센의 백작 필립(Philip von Hessen)의 주도로 개최된다. 필립은 수년 동안 개신교를 하나로 만들 수 있는 회담을 계획해왔지만 루터는 그의 제안을 거절했다. 그러나 1529년 슈파이에르(Spyer) 국회 이후 개신교도들의 정치적 상황이 점차 어려워지자 더 이상 방어적인 연대의 필요성을 부인할 수 없게 되었다. 결과적으로 개신교 진영 내에서 연합을 이루려는 노력들이 더 많이 생겨났다. 하지만 정치적 동기가 진리 문제의 통일을 가져올 수는 없었다. 루터와 츠빙글리는 모든 조항에서 일치했지만 오직 성만찬에 대한 조항에서 하나를 이룰 수 없었다. 루터에게 있어 "이것은 내 몸이다"라는 제정의 말씀은 언제나 문자 그대로 받아들여져야 했다. 그러나 츠빙글리는 이 말씀을 "이것은 내 몸을 의미한다"는 뜻으로, 즉 상징적으로 이해해야 한다고 주장했다. 여기서 루터와 츠빙글리는 합의점을 찾지 못했던 것이다. 이후로 오늘날까지도 이 분열은 치유되지 않고 있다.

---

80) 성만찬에 대하여는 로제가 쓴 앞의 책 187-200, 243-254을 참고하라.

chapter 5

교육의 시간

chapter 05

교육의 시간

연구하고 읽고 명상하고 기도함을 통해 연습하여
시험 속에서 여러분들과 다른 사람들의 양심을 위로하고,
율법으로부터 은혜로, 능동의 의로부터 수동의 의로,
요약하면 모세로부터 그리스도께로 환원시키도록 하십시오.

　루터는 후기의 삶을 자신이 가르쳐왔던 내용을 최종적으로 확정하고 전수하는 데 바쳤다. 진리의 교사로서 그의 모습은 확실히 이때를 지나면서 더 분명하게 각인되었다. 대소요리문답의 작성(1529), 아우그스부르그 신앙고백서(1530) 작성에 간접적 관여 그리고 갈라디아서 강의(1531)와 여러 토론들을 통해 교회가 넘어지고 서게 하는 교리인 칭의론을 확립함으로써 그는 개신교회 교사로서의 면모를 여실히 보여준다. 슈말칼텐 조항(1537)을 통해 그는 자신의 가르침을 최종적으로 요약하고 있고, 마지막 10년 동안 행해진 창세기 강의(1535-1545)를 통해 그의 가르침은 마지막 깊이와 높이와 넓이를 가지게 된다.

대소요리문답

어떻게 하면 민중들에게 진리를 쉽게 전달할 수 있는가에 관하여 루터는 초기부터 문제의식을 가지고 있었다. 그는 이미 민중의 언어로 번역된 독일어 성경 번역을 통해 그리고 설교 때 평민들이 알아들을 수 있는 언어를 사용함으로 자신의 이런 생각을 표출했다. 그러나 교사로서 루터를 각인시키는 가장 중요한 작품은 1529년 작성했던 대소요리문답이다.

루터가 이 요리문답을 교육 용도로 작성했다는 것은 자명하다. 그가 요리문답을 작성하게 된 것은 먼저 목사들의 교육 때문이었다. 그는 교회 시찰을 통해 목사들의 자질이 얼마나 부족한지 그리고 비록 침묵하고 있지만 이런 목사들로 인해 교인들이 얼마나 큰 고통을 겪고 있는지에 대해 알게 되었다. 그래서 그는 기독교 신앙을 지나치게 천박하게 하거나 환원시키지 않으면서도 쉬운 문장으로 표현할 책을 쓸 필요성을 느끼게 되었다. 이 책들은 그렇게 긴 시간이 걸리지 않아 완성되었는데, 그 이유는 그가 이미 1528년에 했던 세 편의 설교를 토대로 작성했기 때문이다. 그는 세 편의 설교에서 신앙의 핵심을 이루는 십계명, 사도신경, 주기도문, 세례와 성찬을 다루었는데 이 설교들로부터 대요리문답(Großer Katechismus)을 작성했다.[81] 대요리문답은 목회직을 성공적으로 감당하는 데 반드시 필요한 신학적 무기들을 목사들이 갖추도록 하기 위해 작성된, 목회자를 위한 지침서였다.

여기에 비해 같은 해인 1529년에 작성된 소요리문답(Kleiner Katechismus)[82]은 대요리문답을 가정에서 교육시키도록 짧게 줄여놓은 가정용 축약판이었다. 루터는 이것을 1면으로 인쇄해서 벽에다 붙여놓고 온 가족이 날마다 그 내용을 배우도록 하는 배움표 혹은 기억표로 사용하도록 했다. 또한 그는 이 소요리문답이 신자들로 하여금 그들의 구체적인 삶을 이끄는 생활 지침서로 사용되기를 원했다. 이를 위해 자신의 부인이 삶에서 경험하고 그에게 해주었던 말씀 이해를 참고했는데 나중에 그의 부인인 케테가 소요리문답을 보면서 "내가 했던 이야기들이 여기에 다 기록되었다"라고 말할 정도였다.

소요리문답의 특징을 보면 "이것은 무엇입니까?"라는 물음을 제기한 후 답을 요구하는 식으로 되어 있는데, 이는 질문과 대답을 통해 묻는 자와 대답하는 자가 공통으로 자신들의 신앙의 비밀을 변호하도록 하기 위함이었다. 이 소요리문답은 후에 그 본래의 정신이 쇠퇴했음에도 불구하고, 복음적 경건의 역사에서 전례 없는 영향을 미쳐왔고 현재의 문턱에까지

---

81) 지원용, 앞의 책, 409-547.
82) 지원용, 앞의 책, 379-402.

영향을 미치고 있다.[83] 이 작품은 이미 청년 칼빈에게 영향을 끼쳐 칼빈이 1536년 「기독교 강요」 집필과 1537년 제네바 요리문답을 작성할 때 이 대소요리문답을 모체로 삼았음은 알려진 사실이다. 신앙의 내용을 간단한 문장으로 요약하고 또 질문하고 대답하는 이와 같은 형식은 후에 개신교의 여러 신앙고백서와 요리문답에도 영향을 미쳤다.

아우그스부르그 신앙고백서

1530년에 작성된 아우그스부르그 신앙고백서(Confessio Augustana)는 개신교 최초의 신앙고백서이며 이후 모든 개신교 신앙고백서의 모체가 되기도 한 것이다. 이 신앙고백서를 통해 개신교는 로마 가톨릭과 결정적으로 선을 긋는다. 그래서 오늘날 두 진영의 재통합을 도모하는 에큐메니컬 운동 역시 이 고백서를 어떻게 받아들일 것인가 하는 논의로부터 시작한다. 1998년 10월 31일 로마 가톨릭과 루터파의 일치를 위해 '칭의에 관한 공동 선언'이 아우그스부르그에서 선언되었던 이유도 바로 이런 역사적 정황과 관계가 있다. 그 이유는 이 고백서가 작성된 근본 동기가 본래 이 두 교파의 통합을 위해

---

83) Beutel, Martin Luther, 119.

서였기 때문이다.

칼 5세가 아우그스부르그에서 제국 의회를 개최하게 된 여러 이유 중 하나는 바로 로마 가톨릭과 개신교의 일치를 도모하기 위해서였다. 좀 더 거슬러 올라가면 농민전쟁이 끝나고 구교와 신교 진영은 다시 호전적인 상태가 된다. 먼저 가톨릭 쪽에서 구교를 신봉하는 주(州)끼리 연대하여 동맹을 결성하고, 이 동맹에 대응하기 위하여 신교 측 역시 슈파이에르에 모여 동맹을 맺는다. 루터 자신은 교리의 일치 없는 이런 정치적 동맹에 대하여는 분명히 반대 의사를 표현했지만, 양측은 계속 동맹을 확장하며 전투적으로 변해간다. 이런 상황의 전개는 독일 국민의 일치를 원했던 사람들에게는 달갑지 않았다. 특히 신성로마제국 황제인 칼 5세에게 이 상황은 큰 근심거리였다. 분열이 가속화되는 이런 상황에서 당시 유럽 전역을 정복하며 내려오는 터키의 침공을 막는다는 것은 불가능하게 보였기 때문이다. 그래서 그는 구교와 신교의 일치를 도모하는 것이 급선무라고 생각했고, 이런 정치적 통일을 만들어내기 위해 아우그스부르그에서 제국 의회를 소집하고 이 문제를 처리하고자 했던 것이다.

칼 5세는 개신교 지도자들에게 개신교가 믿고 있는 신앙이 무엇인지에 대해 의회에서 보고하도록 했다. 양측의 영주들과 귀족들 그리고 성직자들과 신학자들이 참여하는 의회에서 개신교 신앙의 내용을 들어보고 양측을 중재하고자 했던 것이 그의 의도였다. 루터는 이미 보름스에서 파면되었기 때문에 이 회의에 참여할 수 없었다. 그래서 그는 회의가 열리는 동안 아우구스부르그에서 가까운 코부르그(Coburg) 성에서 지내야만 했다. 그 자신의 표현에 의하면 외로운 광야와 같은 곳에서, 여러 가지 병에 시달리면서 또한 개혁의 성사를 결정지을 수 있을 정도로 중요한 회의에 주인공으로 참여할 수 없다는 고통을 안고 그는 6개월이라는 세월을 그곳에서 보낸다.

실제 조항 작성은 멜랑히톤에게 맡겨졌다. 물론 그는 이미 몇 년 전 루터와 함께 작성했던 초안이 있어 그것을 중심으로 조항들을 작성해나갔다. 루터는 제국 의회의 정치적 상황에 대하여, 즉 가톨릭 측의 상황 변화에 대하여 의견을 듣고 계속 자문하기를 바랐지만 오직 전령에 의하여 소식을 교환해야 하는 형편에 있었기 때문에 매우 답답해했다. 멜랑히톤이 한동안 소식을 전해오지 않자 루터는 불편한 심기를 토로하기도 했다. 그러나 그 조항이 작성되었을 때 그는 조항들을 검토해보고 대체로 만족했다.

이 고백서는 모두 28항으로 구성되어 있는데 먼저 제1부에서는 신앙의 주요 조항들인 하나님, 원죄, 하나님의 아들, 칭의, 교회의 직분, 새로운 순종, 교회, 교회란 무엇인가, 세례, 주의 만찬, 고해, 회개, 성례를 받음, 교회의 직분 위임, 교회의 관습, 세상의 사건, 심판을 위한 그리스도의 재림, 의지의 자유, 죄의 원인, 신앙과 선행, 성자 숭배(도합 21항)를 다루고 있다. 제2부에서는 교회 안에서 오용되어 왔던 관습들에 대하여, 즉 성찬의 두 형태, 사제의 결혼, 미사, 고해, 음식의 차이, 수도 서약, 교회의 권세(도합 7항)를 다루며 이런 그릇된 관습들이 폐지되어야 할 것을 주장하고 있다.

이 고백서의 성격을 보면, 개신교가 주장하는 신앙의 내용은 고대 교회를 그대로 따르고 있다는 사실이 분명히 나타나 있다. 예를 들어 삼위일체를 다루는 제1항을 보자. "(정통)교회들은 이 조항을 다음과 같이 가르치는데 우리가 주장하는 내용과 완전히 일치한다. 한 신적 본질이 있고 세 위격이 있다고 가르치는 니케아 종교회의의 결정은 참이고 어떤 이의 없이 믿어져야 한다." 그런 다음 삼위일체를 성경에 근거해서 설명하고, 다르게 가르치는 이단들을 정죄한다. "그들은(교회들은) 이 신앙 조항에 이의를 제기하는 모든 이단들을 정죄한다." 이 고백서는 이와 같은 형식으로 개신교의 가르침은 고대 교회가 교회 회의를 통하여 결정한 내용과 전적으로 일치하며, 이 점에서 가톨릭교도 일치할 것이라는 사실을 간접적으로 암시한다. 또한 이 결정들과 다르게 가르치는 이단들을 언급하여 개신교는 결코 이단이 아님을 분명히 한다. 그런 다음 자신들이 아니라 가톨릭 측이 고대 교회의 노선에서 탈선하고 있음을, 특히 공적 구원을 가르쳐 사람들을 고통에 빠뜨리고, 성경에서 가르치지 않는 여러 관습을 만들어 그리스도인의 자유 행위를 억압하고 있다는 점을 강조하고 있다. 그러므로 참된 일치는 가톨릭 측이 고대 교회의 신학과 결정을 따르고 그릇된 행위 구원론적 요소들을 청산해야 이루어진다는 것이다.

이러한 멜랑히톤의 의도를 읽었기에 루터는 이 고백서에 만족했다. 그렇다고 해서 이 고백서에 대하여 비판적 어조가 전혀 없는 것은 아니었다. 가톨릭과의 일치에 비중을 두다 보니 진정한 차이를 부각시키는 측면이 매우 약했다. 특히 칭의에 대한 설명은 루터가 볼 때 매우 미흡했다. 멜랑히톤이 작성한 칭의 조항은 다음과 같다.

"그러므로 (정통)교회들은 다음과 같이 가르친다. 인간들은 자신의 능력, 공로, 행위를 통하여 하나님 앞에서 의로워질 수 없다. 도리어 그들은 자신들의 행위 없이, 그리스도 때문에 신앙을 통하여 의로워진다. 즉 그들이 은혜로 받아들여지고 그들의 죄가 그리스도로 인해, 다시 말해서 그분이 죽음을 통해 우리의 죄를 위한 만족을 수행하셨음으로 인해 용서가 된다는 것을 확신하게 될 때이다. 이런 신앙을 하나님은 자신 앞에 의로 인정하신다. 여기에 대하여 로마서 3장과 4장에서 증거하고 있다."[84]

 멜랑히톤은 로마서 3장과 4장에서 바울이 말한 칭의론을 그대로 옮겨놓는 데 만족한다. 그러나 개신교 칭의론의 핵심인 '의의 전가 교리', '죄인이면서 동시에 의인' 인 그리스도인의 역설적 상황 그리고 여기에 대하여 다르게 가르치는 가톨릭의 칭의론에 대한 반박은 전혀 나타나지 않는다. 이 점은 이후에 멜랑히톤이 루터의 추종자들에 의하여 강한 비판을 받았던 측면이고, 나중에 멜랑히톤이 「아우그스부르그 신앙고백서에 대한 변호」를 써서 보완하려 애썼던 측면이다. 가톨릭 쪽의 반응 역시 좋지 않았는데, 이 교회의 신학자들은 즉시 「반박서」(confutatio)를 써서 이 신앙고백서를 반박했다. 이후 멜랑히톤과 황제의 밀사들 그리고 가톨릭의 온건파들이 계속 만나 차이를 좁혀보려 했지만 허사였다.
 루터는 이 신앙고백서를 받아들일 수밖에 없었음에도 멜랑히톤이 자신의 칭의론을 제대로 다 전달하지 못했다고 생각했다. 즉 이 고백서는 루터 자신이 진정 원했던 것은 아니었다. 그래서 그는 코부르그에서 돌아온 후, 그가 말한 이신칭의

---

84) Leif Grane, Confessio Augustana, Vandenhoeck und Ruprecht, 1990, 45.

의 구원론이 무엇인지를 그의 대작 「갈라디아서 강의」(1531년 강의되고 1535년 발행됨)를 통해 설명해나간다. 그뿐만 아니라 이어지는 시편 강의, 칭의에 관한 토론문 그리고 마지막으로 창세기 강의를 통해 이 교리가 정말 교회가 서고 넘어지는 교리임을 다시 한 번 천명한다.

갈라디아서 강의

갈라디아서 강의는 루터가 코부르그에서 돌아온 후 1531년 7월 1일에 시작해서 12월 12일에 끝냈던 강의이다. 이 강의에 대한 그의 애착은 지대해서 1535년 이 강의를 모아 책으로 출판했다. 그리고 "갈라디아서는 내가 약혼한 작은 서신이다. 나의 카타리나 폰 보라이다"라고까지 말했다. 이 작품은 루터 개인의 업적 중에서도 가장 뛰어난 업적으로 볼 수 있는데, 그는 이 책에서 그의 신학의 정수를 보여주고 있고, 그의 성경해석 능력이 무르익어 절정에 달하고 있음을 입증해주고 있다. 또한 그는 이 강의를 통해서 추상적 학문 강의를 하는 것이 아니라 당시 교회가 안고 있던 문제들을 끌어안고 씨름하며 답을 제시하려고 애쓰고 있다. 그는 이 책에서 여느 책에서보다 더 격렬하게 그의 적들을 구체적으로 언급하고, 그들의 배후에서 역사하는 사탄에 대해서도 서론적인 글에서만 20

회 이상 '사탄' 혹은 '악마'라고 거명하며, 그가 구체적으로 어떻게 교회를 헐고 있는지를 설명하고 있다. 이미 서문과 1장 강의를 시작하기 전 서론적으로 말하는 '바울의 근본 사상'이라는 글을 통해 이런 의도를 잘 보여주고 있다.

필자는 이 책에서 갈라디아서 전체를 개관하면서 루터의 칭의론을 요약하지는 않을 것이다. 다만 루터가 이 갈라디아서 강의를 통해 전하려는 메시지를 가장 잘 요약하고 있는 서론 부분을 집중 분석함으로 이 책의 특징을 독자에게 제시하고자 한다.

바울의 근본 사상

루터는 '마틴 루터 박사의 서문'(Praefatio D. Martini Lutheri)으로 시작되는 서문에서 자신이 이 책에서 칭의 조항에 대해 집중적으로 다루었음을 분명히 밝히고 있다.

> "나의 마음속에는 이 한 조항, 즉 그리스도에 대한 신앙(Fides Christi)이 지배하고 있다. 이 그리스도에 대한 신앙으로부터, 신앙을 통하여 그리고 신앙 안에서 나의 모든 신학 사상들이 밤낮으로 흘러나가고 흘러들어온다. 그럼에도 내 경험에 의하면 내가 그런 지혜의 높이와 넓이와 깊이에 대하여 매우 빈약하고 초라한 초보적 지식만

을, 흡사 파편 조각만을 파악했다는 것이다."[85]

그는 칭의라 불리는 이 유일하고 견고한 반석을 사람들이 박해하고 있음을 지적하면서, 인간이 의로워지는 것은 우리 자신, 즉 우리의 행위를 통해서가 아니라 낯선 도움을 통하여 (per alienum auxilium), 즉 독생하신 아들 예수 그리스도를 통하여 죄와 죽음과 마귀로부터 해방되고 영생을 선물 받을 수 있음을 분명히 한다. 그러나 이런 칭의의 방법은 이미 에덴 동산에서부터 사탄의 공격을 받고 어두워졌다고 지적한다. 어거스틴의 「신의 도성」과 같은 맥락으로, 가인과 아벨로부터 시작해서 이스라엘의 전 역사가 칭의를 바로 이해한 성도들과 이 교리를 박해하려는 세력들 간의 싸움이었다고 말한다. 온 세상이 이 신앙에 대하여 분노했고 우상과 종교를 끝없이 만들어내어 이것들을 통해 신들과 화해하려 했다. 이것은 결국 그리스도의 낯선 도움 없이(sine alieno auxilio Christi), 자신의 고유의 행위를 통해(suo proprie opere) 악과 죄로부터 해방되려는 시도일 뿐이다. 인간들로 하여금 하나님의 은혜를 통해서가 아니라 자신의 의를 통하여 하나님을 기쁘시게 하도록 하는 것이 사탄과 세상의 고단수의 꾀이다.

---

85) **Ad Galater.** 33.

루터가 이 칭의의 교리를 박해한다고 보았던 그룹은 교황주의자들, 수도사들, 재세례파들이다. 그는 재세례파 사람들과 교황주의자들의 공통점으로 둘 다 하나님의 일이 인간의 존엄한 행위에 의존하고 있다고 본다는 점을 들었다. 이 강의에서 루터는 요한 아그리콜라(Agricola)와 같이 율법을 폐지하려는 사람들도 비판한다. 율법을 통한 죄의 인식이 없는 곳에는 그리스도에 관한 설교도 무익하고, 그로 인하여 고통당하고 눌린 양심들이 쉼을 얻을 수 없다고 보았기 때문이다. '갈라디아서에 나타난 바울의 논증'(Argumentum Epistolae S. Pauli ad Galatas)이라는, 역시 서론적인 글에서 루터는 바울이 이 서신에서 다루는 근본 사상이 무엇인지를 파악하려 한다.

갈라디아서에 나타난 바울의 논증

루터는 신앙과 은혜, 죄의 용서 혹은 그리스도의 의를 견고하게 하여 우리가 거기에 대한 완전한 인식을 가져, 그리스도의 의와 다른 종류의 의를 구분할 수 있도록 하는 것이 바울의 기본 사상이라고 본다. 그는 정치적인 의, 의식적인 의, 율법과 십계명의 의도 분명히 존재하지만 이런 의로는 죄인이 구원을 받을 수 없다고 한다. 인간은 오직 이런 의들 저편에 있는[86] 신앙의 의, 즉 기독교적인 의를 통해서만 의로워진다. 능동의 의(iustitia activa)가 아니라 수동의 의(iustitia passiva)를 통해서만 구원을 받을 수 있다. 특히 루터는 이 의의 문제를 목양적 차원에서, 즉 시험당하는 성도의 영혼의 위로와 관련해서 다루고 있다. 시험 속에서 그리스도인이 이길 수 있는 비결은 바로 이 수동의 의를 붙잡는 것이라고 말한다.

"이런 의를 가지는 데 있어서 우리는 아무것도 행하지 못하고 또 하나님께 무엇을 돌려드리지도 못한다. 우리는 단지 그 의를 받는 자이며 우리 안의 다른 행위자, 즉 하나님을 견디는 자이다. 이런 신앙의 의 혹은 기독교적인 의를 우리는 수동의 의(iustitia passiva)라 부른다. 그런데 이 의는 비밀 속에 감추어져 있어서 세상은 그것을 이해하지 못한다. 심지어 그리스도인들조차도 이런 의를 충분히 붙잡지 못하고 특히 시험 가운데서 붙잡는 것은 매우 어렵다. 그러므로 이런 의는 항상 각인되어야 하고 지속적인 사용을 통해 연습되어야 한다. 그리고 시험 속에서, 공포 속에서 이런 의를 유지하고 붙잡지 못하는

---

86) "Ultra et supra has omnes est fidei seu Christiana Iustitia que diligentissime discernenda est ab illis superioribus."(40) "Ista autem excellentissima iustitia, nempe fidei, quam Deus per Christum nobis absque operibus imputat, nec est politica nec ceremonialis nec legis divinae iustitia nec versatur in nostris operibus, sed est plane diversa, hoc est mere passiva iustitia (sicut illae superiores activae)." (41)

사람은 설 수 없다. 즉 이 수동의 의보다 양심을 더 견고하고 더 확실하게 위로할 수 있는 의는 없다."[87]

그러므로 시험당하는 양심은 만일 그가 그리스도 안에 숨겨진 은혜의 약속, 즉 이 신앙의 의, 수동적 혹은 그리스도의 의를 담대하게 말하지 않으면 절망과 영원한 죽음에 대한 어떤 처방도 갖지 못한다. 시험당하는 사람은 모든 능동의 의를 던져버리고 그리스도의 의와 성령의 의를 붙잡아야 시험을 극복할 수 있다. 그런데 이런 의는 만드는 것이 아니라 아버지로부터 선물로 받는 것이다.

"나는 능동의 의를 찾지 않는다. 그런 능동의 의는 창조해야 할 것이다. 그리고 내가 그런 의를 가지고 창조한다 할지라도 나는 그런 의를 신뢰할 수 없고 그 의를 통해 하나님의 심판 앞에서 견딜 수 없다. 그러므로 나는 모든 능동의 의와 나의 의 그리고 거룩한 율법의 의 밖에 나를 던진다. 그리고 나는 간단히 수동의 의, 즉 은혜와 자비와 죄 용서의 의를 끌어안는다. 요약하자면, 이런 의는 그리스도와 성령의 의이다. 이런 의는 우리가

---

[87] ibid. 41.

만드는 것이 아니라 수여받는 것이다. 우리가 가지는 것이 아니라 아버지 하나님이 예수 그리스도를 통해 우리에게 선물하실 때 받는 것이다."[88]

여기 인용된 글을 통해 우리는 루터가 칭의론을 양적 차원에서 가르치기 위해 얼마나 애쓰고 있는지를 알 수 있다.[89] 그는 시험당하는 자가 수동의 의를 붙잡음으로 양심의 평안을 얻고 영혼이 위로받을 수 있음을 분명히 지적한다.

그러나 이런 신적이며 천상에 속한 영원한 의는 인간의 노력으로 만들어낼 수 없다. 이런 의를 우리는 오직 선물의 방법으로 주어지는 전가를 통해(per gratuitam imputationem) 그리고 하나님의 말할 수 없는 은사를 통해(per inenarrabile donum Dei) 받을 수 있다.[90] 그러나 루터는 율법의 의를 반대하는 것이 아니다. 율법의 의는 자기 한계 안에서, 즉 죄를 인식시켜주고 진노를 일으키게 하는 기능 속에서 사용된다면 유익하다. 이 점에서 그는 율법의 폐지를 주장하는 아그리콜라(Agricola)와 같은 반(反)율법주의자들을 분명히 반대한다. 그들은 율법은 폐지되었으므로 율법 없이 복음만을 통해서 회개가 일어난다고 말했다.

---

88) ibid. 42-43.
89) Ebeling. Seelsorge. Tübingen, Mohr, 1997.
90) ibid. 43.

그러나 루터는 율법의 말씀이 먼저 선포되어야만 복음의 말씀도 유익하다고 말한다.

인간은 율법을 통해 하나님 앞에서(coram Deo) 의롭게 되지 못한다. 그러므로 의롭게 되고 시험 중에 참된 위로를 경험하려면 두 종류의 의, 즉 능동의 의와 수동의 의를 섞어서는 안 되며 둘을 올바로 구분해야 한다. 새 인간은 율법 밖에 있다. 육신과 옛 인간, 율법과 행위가 서로 결합되어 있는 것처럼 성령과 새 인간, 약속과 은혜도 서로 결합되어 있다. 먼저 인간이 충분히 고통을 당하고 죄를 통해 놀람으로 위로를 갈망해야 한다. 위로를 받기 위해 무엇보다 율법과 능동적인 의와 자신의 의를 눈으로부터 떼어내야 한다. 그리고 모세와 율법을 배제하고, 고통당하는 자들과 죄인들을 위하여 오실 그리스도에 대한 약속을 보여주는 복음과 수동적인 의를 붙잡아야 한다.[91] 이러한 맥락에서 그는 1519~1521년에 집중적으로 사용했던 우리의 신학(nostra theologia)을 말하며, 비텐베르그 신학의 특징이 무엇인지를 분명히 말한다.

> "이것이 우리의 신학이다. 이 신학을 통해 우리는 이 두 의, 즉 능동의 의와 수동의 의를 정확히 구분하는 법

---

91) ibid. 45.

을 배우고 그 결과 도덕과 신앙, 행위와 은혜 그리고 정치와 종교가 뒤섞이지 않게 된다."[92]

  루터는 모든 것이 필요함을 인정하지만, 각자가 그것의 한계 안에 놓여야 함을 강조한다. 기독교적인 의는 새 인간과 관계하는 반면, 율법의 의는 육체와 피를 통하여 태어난 옛 인간과 관계한다. 율법의 요구가 성취되어야 하는 것은 하나님의 뜻이다. 그러려면 먼저 인간이 하늘의 의를 통해 거듭나야 한다. 만일 우리가 먼저 우리의 행위와 공로 없이 기독교적인 의를 통해 의로워지지 않으면 율법을 성취하지 못한다. 그런데 이 기독교적인 의는 땅에 속한 능동의 의인 율법의 의와는 아무 관계가 없다. 기독교적인 의는 하늘의 의이다. 우리가 스스로 가질 수 없고 하늘로부터 받는, 우리가 만들지 못하고 신앙을 통하여 받는 수동의 의이다. 이 신앙의 힘 안에서 우리는 모든 율법과 행위를 넘어선다.

  그렇다면 이런 의를 얻기 위하여 우리는 아무것도 할 필요가 없는가? 그는 아무것도 할 필요가 없다고 딱 잘라 말한다. 루터의 말을 들어보자.

---

92) ibid. 45: "Haec est nostra theologia qua docemus accurate distinguere has duas iustitias, activam et passivam, ne confundatur mores et fides, opera et gratia, politia et religio."

> "나는 그렇다고 대답한다. 왜냐하면 이런 의는 율법과 행위에 대하여 철저히 아무것도 하지 않고, 아무것도 듣지 않고, 아무것도 알지 않는다. 도리어 이런 의는 그리스도가 아버지께로 가셨고 지금은 보이지 않는다는 것을 알고 믿는다. 그리스도는 지금 하늘에서 아버지 우편에 앉아 계신다. 심판자로서가 아니라 하나님에 의하여 우리에게 지혜와 의와 거룩과 구속이 되신다. 요약하면 그는 우리를 변호하시는 대제사장이시고 우리 안에서 은혜를 통하여 다스리신다. 거기에는 어떤 죄도 보이지 않는다. 어떤 놀람, 어떤 양심의 가책도 느껴지지 않는다. 왜냐하면 이런 기독교적인 의로 어떤 죄도 뚫고 들어올 수 없기 때문이다."[93]

그러면 의인이면서 동시에 죄인(Simul iustus et peccator)으로 살아가는 그리스도인이 어떻게 승리의 삶을 살 수 있는가? 그는 다음과 같이 승리의 비결을 말한다.

> "우리는 이 땅에 사는 동안 모순적 삶을 살게 된다. 육체는 정죄를 받고 괴롭힘을 당하고 슬픔을 당하고 율법

---

93) ibid. 47.

의 능동의 의를 통해 멸시를 당한다. 그러나 영은 지배하며 수동의 의를 통해 기뻐하고 구원을 받는다. 왜냐하면 영은 주가 율법과 죄와 죽음을 폐지시키고 모든 악을 짓밟고 사로잡아 그들에 대하여 승리하심으로 현재 하나님 우편 보좌에 계신다는 것을 알기 때문이다. 그러므로 바울은 이 편지에서 이 의를 온전히 가르치고 강화시키고 이러한 가장 영광스러운 기독교적인 의를 완전히 알게 하는 데 전력을 다한다. 만일 칭의 조항이 잃어진다면, 동시에 기독교의 전 교리가 잃어진다."[94]

마지막으로 루터는 가르치는 자들이 이러한 의를 부지런히 공부하고 가르쳐야 할 것을 권고하고 있다.

"그러므로 우리는 항상 기독교적인 의에 대한 이 조항을 반복하고 강조하고 각인시켜 지속적인 연습을 통하여 유지되도록 하자. 그리고 율법의 능동의 의와 정확히 구분되도록 하자. 그 조항으로부터 그리고 그 교리 안에서만 교회는 만들어지고 존속한다. 그렇지 않으면 우리는 참된 신학(vera theologia)을 존속하게 할 수 없다. 도리어

---

94) ibid. 48.

우리는 즉시 법률가들, 의식주의자들, 율법을 만드는 자들 그리고 교황주의자가 된다. 그리고 즉시 그리스도는 희미하게 되고 어느 누구도 교회 안에서 올바른 가르침을 받거나 교육을 받지 못한다. ……그러므로 나는 각자에게 특히 장차 양심을 이끌 선생이 될 자들에게 권면한다.

여러분들은 연구하고 읽고 명상하고 기도함을 통해 연습하여 시험 속에서 여러분과 다른 사람들의 양심을 위로하고, 율법으로부터 은혜로, 능동의 의로부터 수동의 의로, 요약하면 모세로부터 그리스도께로 환원시키도록 하십시오. 즉 악마는 고통과 양심의 싸움 속에서 율법을 통하여 우리를 놀라게 하고 죄의 양심을 누르고 ……그러므로 두 의 사이를 구분하는 이 방식을 부지런히 배워서 우리가 율법에 얼마만큼 순종해야 하는지를 알도록 합시다."[95]

이와 같은 서론적 언급들을 그는 본론에서 더 상세하게 다루고 있다. 오늘날 우리 복음적인 그리스도인들은 루터의 이 갈라디아서 강의를 주의 깊게 읽을 필요가 있다. 이 강의에서

---

95) ibid. 50.

루터는 자신의 신학의 진수인 칭의론이 무엇인지를 가장 잘 설명하고 있기 때문이다. 특히 이 칭의론이 교회론과 성도의 목양과 관련해서 얼마나 잘 가르쳐지고 있는지 파악할 수 있다. 비록 그는 이후 칭의에 관한 토론들과 반율법주의에서도 칭의에 관한 그의 이해들을 피력하지만 이는 모두 갈라디아서 강의에 나타난 것의 일부일 뿐이다. 도리어 칭의 교리가 성도들의 시험이라는 실존적 차원과 관련성 없이 다루어짐으로 인해 칭의론의 심층이 가려지고 있다고 말할 수 있다. 이 점에서 정통주의 신학은 책임을 가지고 있다. 그러므로 진정한 개신교인이 되려면, 그리고 루터의 칭의론의 진수를 경험하려면 이 갈라디아서를 읽고 공부해야 할 것이다.

슈말칼텐 신조

종교개혁의 발발과 함께 가톨릭 중심의 공의회의 소집은 이미 예견되었던 일이었다. 하지만 이 계획은 1537년에야 비로소 구체화되었다. 교황 바오로 3세는 1537년 만투아(Mantua)에서 공의회를 소집할 것을 알렸다. 물론 교황은 이 공의회를 반종교개혁적 이단 선고의 기회로 삼으려 했고, 개신교의 의원들은 교황의 이 간계를 잘 알고 있었다. 그리고 황제가 아니라 교황이 그들을 그리로 초대했다는 점과 교황의 영향권 아래 있던 이 장소에서의 공의회 소집을 어떻게 받아들여야 할지에 대하여 그들 사이에 논쟁이 있었다. 거기에 비해 루터는 이 공의회 초대를 즉각적으로 받아들이라고 충고했는데, 이는 어떤 기회도 소홀히 해서는 안 된다고 보았기 때문이다. 그럼에도 개신교의 영주들은 결국 그 초대를 사정없이 거절했다.

바로 이 공의회 개회가 목전으로 다가왔을 때, 루터는 선제후에 의하여 신학적 유언을 작성하도록 부탁받았다. 이 유언 속에는 지금까지 루터 자신의 가르침을 통하여 그리고 설교와 책을 통하여 대변했던 진리들이 담겨 있어야 하고, 그것들이 조항의 형태로 정리되어 공의회 앞에서 고백되어야 했다. 1536년 12월 루터는 "내가 그 위에 서 있어야만 하고 또 내가 죽는 날까지 서 있을 조항들이 담긴 대답을 상정했다"라고 말했다. 1537년 슈말칼텐에서 열린 개신교 의원들이 모인 회의에서 루터는 그의 조항들을 알렸다. 당시 그들은 그 조항들을 단지 루터 개인의 판결로만 이해했다. 그래서 그것들은 계속 고려되지 않았다. 루터가 죽고 나서야 비로소 슈말칼텐 조항들(Schmalkaldische Artikel)은 공식적인 루터주의의 신앙고백 속에 끼어들 수 있었다.

이 조항들은 분명한 구조를 가지고 있다. 첫 번째 부분은 개신교 진영과 가톨릭 진영이 일치하며 고백할 수 있는 대상들을 다룬다. 두 번째 부분에서 루터는 간단한 성경의 문장들로 복음적인 고백의 중심, 즉 구원에 이르는 유일한 통행로로서의 그리스도에 대한 신앙을 발전시킨다. 구원에 이르는 세 가지 다른 길, 즉 미사 제사, 수도원주의 그리고 교황주의는 배제되었다. 세 번째 부분은 죄와 율법, 복음과 복음이 만나지는 형태, 즉 설교와 성례 그리고 회개와 형제적으로 위로하는 말씀에 대한 복음적 가르침을 발전시킨다. 루터가 그의 조항들을 제시했던 서문은 그 역시 내심으로 만투아 공의회를 얼마나 반대했는지를 분명히 보여주고 있다. "아, 사랑하는 주 예수 그리스도시여, 당신께서 공의회를 막아주시기를 바랍니다. 당신의 종들을 당신의 영광스러운 미래를 통해 구속하여 주옵소서. 교황과 그의 수하들은 이미 끝났습니다. 그들은 당신의 것을 원하지 않습니다. 그러므로 당신은 우리 가난하고 비참한 자들을 도와주옵소서."[96]

마지막 강의 : 창세기

루터의 생애를 살펴볼 때, 그에 대하여 우리가 가지고 있는 여러 생각들과 아주 다른 면을 보게 될 때는 매우 놀랍다. 대부분의 사람들이 루터가 신약을 구약보다 더 좋아했을 것이

---

96) Beutel, Luther, 145-147.

라고 믿고 있다. 그러나 루터는 엄밀한 의미에서 현대의 신학 분과로 구분하자면 구약신학자이다. 이미 말했던 대로 그의 시편 주석은 그의 생애에 가장 많은 양의 원고를 남긴 책이다. 구약에 관한 주석들과 설교들은 신약과 비견될 수 없을 정도로 많다. 더욱 놀라운 것은 그가 인생 후반기 대부분의 시간을 「창세기 강의」(1535-1545)에 쏟아부었다는 사실이다. 이 작품은 영어와 한국어로도 부분 번역이 되어 있지만 아직도 주목받지 못하고 있고 또 이 책에 대한 연구도 미미하다. 필자 역시 연구의 출발에 서 있지만, 루터가 이 책에서도 그의 칭의론을 계속 발전시키고 있다는 것을 적은 연구를 통해서도 분명히 읽을 수 있었다. 그러므로 필자는 그가 칭의론을 가장 집중적으로 설명하고 있는 창세기 12장에 관한 주석을 통해 그의 칭의론의 윤곽을 살펴보고자 한다. 특히 창세기 12장 4~6절에서 우리는 그의 칭의론의 진수를 경험할 수 있다.

창세기 12장 4절 주석에 나타난 칭의 이해

루터는 먼저 12장 4절에 대한 주석에서 신앙에 대한 몇 가지 중요한 성격을 정리하고 있다.[97] 첫째, 신앙(fides)과 약속(promissio)은 불가분의 관계를 가진다. 믿는 자가 없는데 약속이

---

97) 452.

무슨 필요가 있으며, 반대로 약속이 없다면 신앙이 무슨 유익이 있겠느냐고 반문한다. 그러므로 신앙과 약속은 밀접한 관계가 있다. 둘째, 신앙의 적은 이성과 의심이다. 하나님이 어떤 것을 약속하실 때, 이성, 즉 육체와 피는 간단히 하나님의 약속이 불가능하다고 판단한다. 이로 인해 인간 안에는 약속의 성취에 대한 의심이 생긴다. 그러므로 신앙은 약속이 올 때 이성의 의심과 싸우면서 그 약속을 받아들여야 한다. 셋째, 신앙은 본성 전체의 변화요, 혁명이다. 소피스트들은 신앙이란 내용이 텅 빈 어떤 것이라고 생각한다. 하지만 신앙은 본성 전체의 변화와 혁명을 의미한다. 신앙을 가진 사람의 눈, 귀 그리고 마음은 모든 다른 인간들에게는 전적으로 모순되게 보이는 것을 듣고 보고 느낀다. 넷째, 신앙은 살아 있고 능력 있는 것이다. 신앙은 단지 공허한 상상이 아니다. 그리고 마음에 타고난 어떤 것도 아니다. 성령의 눈인 신앙은 다른 정신과 다른 느낌을 만들며 전적으로 새로운 인간을 만든다. 다섯째, 신앙은 능동이라기보다는 수동이고 보이지 않는 것을 이해하고 신뢰하는 것이다. 그는 소수의 사람들만이 이런 신앙을 가지고 있다고 본다. 대부분의 사람들은 말씀에 의존하기보다 도리어 그들이 만지고 자랑하는 현재의 것들을 신뢰한다. 여섯째, 신앙이 붙잡은 하나님의 약속과 사탄의 약속은 전적으로 다르다. 참되고 신적인 약속의 특징은 이성과 싸운다는 것이다. 하지만 악마적인 약속은 이성과 조화한다. 이성은 신적인 약속을 인정하지 않으려 한다. 반대로 인간의 이성과 조화를 꾀하는 악마의 약속은 쉽게 그리고 의심 없이 이성으로부터 인정을 받는다. 그러나 사탄의 약속과 신적 약속의 결정적인 차이는 십자가의 유무이다. 사탄의 약속은 비록 거짓일지라도 처음에는 화려하기 때문에 육체에게 환영을 받는다. 그러나 신적이고 참된 약속은 항상 먼저 십자가를 보여주고 십자가 후에 오는 은혜를 약속한다. 그러나 이성은 볼 수 없거나 멀리 떨어져 있는 것은 없다고 생각하며 십자가를 인정하지 않으려 한다.[98]

이상과 같은 루터의 신앙 이해에서, 그가 믿음으로 의롭게 된다고 말할 때 그 믿음은 단지 이성의 테두리에서 활동하는 그런 믿음이 아니다. 신앙은 본성 전체를 변화시키고 전복시킨다. 신앙은 이성이 이해할 수 없는 보이지 않는 것들을 믿고 이해하고 붙잡고 산다. 이 신앙은 이성의 의심과 끊임없이 싸운다. 그리고 보이지 않는 하나님의 약속을 붙잡고 그 말씀에 따라 살고 움직이고 전투한다. 이런 신앙은 내가 능동적으로 만드는 것이 아니라 수동적으로 하나님께로부터 주어진다.

---

[98] 453,

창세기 15장 6절 주석에 나타난 칭의 이해

루터는 15장 6절에 대한 주경에서 그가 말한 믿음이 무엇인지를 좀 더 분명하게 전달하고 있다. 그는 이 구절을 해석하면서 먼저 그의 성경 해석의 원칙을 분명히 한다. 그는 바울이 기독교 신앙의 핵심 교리로 보았던 이신칭의 교리를 창세기의 해석 원칙으로 삼는다는 것을 분명히 한다. 그는 창세기를 바울적으로 고찰하고자 한다. 스콜라 신학자들이 성경을 아리스토텔레스적으로 고찰(Aristotelice tractare scripturas)하려 했다면, 그는 (바울) 사도적으로 고찰(Apostolice tractare scripturas)하려 한다.[99]

> "너희들은 바울을 읽어보아라. 자세히 읽어보아라. 그러면 그가 이 구절로부터 우리 신앙의 근본 원칙을 끄집어내고 있다는 것을 볼 것이다. 오직 믿음만이 의롭게 한다고 말하는 것은 세상과 사탄에게는 참을 수 없는 일이다."[100]

그는 이 말을 통해 당시 스콜라 신학자들이 신학의 근본원칙을 어기고 있다는 것을 암시하고 있다. 그에게 있어 신학의

---

99) 562, 14.
100) 562, 18-20.

전제는 이신칭의 교리이다. 이런 원칙 위에서 그는 인간이 어떻게 의롭게 되는지에 대하여 분명한 원리를 제시한다.

첫째, '오직 하나님을 통하여'(solo Deo)의 원리이다. 스콜라 신학이 칭의의 시작을 인간 안에 있는 가능성으로부터 시작했다면, 루터는 하나님 안에 있는 가능성으로부터 시작한다. 하나님 안에는 무엇보다 약속이 있다. 그분은 약속하시는 하나님(Deus promittens)이시다. 그러므로 이 약속하시는 하나님을 믿지 않는다면 의는 어디에도 없다.[101] 이 의롭게 하시는 하나님은 또한 말씀하시는 하나님(Deus loquens)이시다. 인간은 죄인에게 말을 걸어오시는 하나님을 믿음으로 의롭게 된다. 그는 또한 하나님 안에는 인간을 의롭게 하고자 하시는 생각(cogitatio)이 있다고 말한다. 루터는 여기에 대해 이렇게 말한다. "신적 위엄이 나에 대하여 내가 의롭고 죄가 용서되었고 내가 영원한 죽음으로부터 자유하다고 생각하시기 때문에 나는 의롭다. 그리고 내가 감사의 행위로 신앙 안에서 이런 나에 대한 하나님의 생각을 파악하면서, 즉 나의 행위를 통해서가 아니라 거룩하신 하나님의 생각을 믿음으로 붙잡으면서, 하나님의 생각을 파악하는 믿음으로 참으로 나는 의롭다."[102] 그는

---

101) 562.
102) 563, 38-564, 2.

더 나아가 아브라함이 의를 획득한 것은, 단지 하나님이 생각하고 계셨기 때문만이 아니라 아브라함 역시 말씀하시는 하나님을 믿었기 때문이라고 말한다.[103] 인간은 하나님을 모호한 의견이나 의심을 통해서가 아니라 확고한 믿음으로 붙잡기 때문에 의롭다.[104] 하나님 안에는 또한 우리와 화목하고 화평하고자 하시는 의지가 있다. 하나님은 그리스도를 통하여 우리와 화해하신 하나님(deus propitius)이시다. 그는 우리를 괴롭히거나 노여워하시려는 생각이 아니라 화평하고자 하시는 생각을 가지고 계신 분이다. 신앙은 이런 화해의 하나님에 대하여 견고하고 확실한 생각을 가지고 신뢰한다. 그리고 이 신뢰를 통해 의롭다고 인정된다.[105] 오직 신앙이 붙잡는 하나님의 생각 때문에(propter cogitationem Dei) 죄인이 의롭게 여겨진다.[106]

둘째, 오직 하나님의 말씀을 통하여(solo verbo Dei) 의로워진다. 하나님의 생각과 약속을 이해하는 신앙은 상호 불가분의 관계에 있다.[107] 하나님의 생각 그리고 모든 약속과 권고는 신앙을 요구하는 신앙의 말씀들이다.[108] 신앙은 신적 약속들에

---

103) 563, 17-18.
104) 564, 3-4.
105) 564, 5-7.
106) 564, 16-18.
107) 564, 8-9.
108) 562, 7-8.

동의하는 것이고 그것들이 참이기 때문에 동의하는 것이다.[109] 이 신앙의 말씀, 즉 하나님의 말씀을 믿는 사람이 의롭다.[110]

셋째, 오직 그리스도를 통하여(solo Christo) 의로워진다. 영적 씨인 그리스도를 믿는 자들이 의롭다.[111] 그는 아브라함이 "의는 그리스도에 대한 믿음을 통해서 주어진다"라고 분명히 선언한다고 말한다.[112]

넷째, 오직 전가하심을 통하여(sola reputatio) 의로워진다. 하나님은 약속의 하나님을 믿는 자를 의롭다고 여기신다.[113] 그는 하나님이 아브라함을 의롭다고 여기신 순서를 말하면서 전가적 의를 상세히 설명한다. 그는 여기에서 성령의 사역을 말한다. 성령께서 오셔서 아브라함의 믿음이 거룩한지를 시험하신다. 그리고 그가 그런 믿음을 가진 자라는 것을, 그가 가진 이 믿음이 의이고 하나님에 의하여 의롭다고 여겨지고 의로 간주된다는 것을 확증한다.[114] 오직 하나님 자신의 전가가(sola sua reputatio) 그리고 우리에 대한 은혜로우신 생각이 이런 의를 만든다.[115]

---

109) 562, 20-21.
110) 562, 15-16.
111) 562, 30-31.
112) 563, 22-23.
113) 563, 11-12.
114) 563, 18-20.
115) 564, 14-15.

다섯째, 오직 하나님의 자비를 통하여(misericordia sola) 의로워진다. 인간의 덕목들이 아니라 오직 하나님의 자비만이 우리를 의롭게 한다.[116] 믿음 때문에(propter fidem), 오직 자비를 통해서만(misericordia sola), 오직 전가를 통해서만(reputatio sola) 인간이 의롭다고 여겨진다.[117] 오직 전가된 하나님의 자비를 통해서만 인간은 의롭게 된다.[118]

그릇된 칭의 이해에 대한 비판

루터는 이와 같은 칭의의 기본 원칙들을 제시한 후 그 당시 칭의에 대한 잘못된 이해들을 비판한다. 이를 통하여 앞에서 말한 원칙들을 통해서만 칭의가 가능함을 좀 더 확실하게 변증한다.

첫째, 율법 행위를 통하여 의롭게 되지 못한다. 의는 율법으로부터 말미암지 않으며, 의는 율법 이전에 있으므로 율법이나 율법 행위가 의롭게 만들 수 없다. 그렇다면 정말 의롭게 되는 데 율법이 필요 없는가? 루터는 대답한다. "그러므로 율법이 의에 무용한가? 전적으로 그렇다. 그렇다면 율법 없이 신앙만이 의롭게 만드는가? 전적으로 그렇다."[119]

---

116) 564, 23-26.
117) 564, 30-33.
118) 564, 34-35.

더 나아가 은혜를 받기 위해 인간 편에서의 어떠한 준비도 필요치 않다고 말한다. 이 말은 특히 은혜를 받기 위해서는 "우리 안에 있는 것을 먼저 행해야 한다"(faciendo, quod in se est)라고 말했던 유명론자들을 염두에 두고 한 말이다. 아브라함 자신이 죄 가운데, 즉 죄와 의심과 염려 그리고 영혼의 혼란 속에 있었는데 어떻게 은혜를 받기 위한 준비를 할 수 있었겠느냐고 반문한다.[120]

계속해서 사랑을 통해 형성된 믿음으로 의롭게 된다는 리라(Lyra)의 입장을 반박한다.[121] 약속에 대한 신앙을 통해서만 의롭게 되며 율법은 다른 용도를 가진다. 그에게 있어 신앙은 약속을 분명히 이해하는 것이다. 그리고 우리의 행위가 아니라 오직 하나님의 행위가 의롭게 한다. 약속은 선물이고 신적인 생각인데 하나님은 이를 통해 우리에게 어떤 것을 나누어 주신다. 약속은 우리의 어떤 행위도 아니다. 왜냐하면 우리가 하나님께 어떤 것을 행하고 드리는 것이 아니며, 오직 그분의 자비를 통해서만 우리가 어떤 것을 받기 때문이다.[122]

이 약속하시는 하나님을 믿는 자가 의롭다. 그가 약속하시

---

119) 563, 6-9.
120) 563, 13-16.
121) 565, 1 and 2-11.
122) 565, 12-18.

는 것은 무엇이나 참되고 권위가 있다고 느끼는 그 사람이 의롭고 의롭다 여김을 받는다.[123] 율법은 다른 목적으로 필요하다.[124] 신앙은 약속에 동의하는 것과 다름 아니다. 이런 동의가 의로 여겨진다. 이 점에서 그는 사랑과 소망과 다른 덕목들을 의와 관련시키는 소피스트들을 비판한다. 오직 믿음만이 약속을 붙잡는다. 그리고 약속하시는 하나님을 신뢰한다.[125] 소망, 사랑, 인내 등 다른 덕목들은 칭의와는 다른 용도를 가진다. 죄인을 의롭게 만드는 일은 믿음의 고유한 일이다. 사랑, 소망, 인내는 의롭게 만드는 것이 아니라 다른 일과 관계를 맺는 질료들(materias)이다.[126] 이것들은 결코 약속을 끌어안지 않으며 단지 위임하시고 명령하시는 하나님을 들을 뿐이지 약속하시는 하나님을 보지 않는다. 이 일은 오직 믿음만이 한다.[127] 하나님은 약속하셨으므로 우리와 함께 행하시며 우리에게 어떤 것을 주신다.

그러나 하나님은 율법을 통해 명령하시기 때문에 우리에게 어떤 것을 요구하시며 또 우리가 어떤 것을 행하기를 원하신다.[128] 신앙은 약속하시는 하나님과 함께 행하고 그의 약속을

---

123) 565, 19-20.
124) 565, 21-23.
125) 565, 38-39.
126) 565, 39-41.
127) 565, 42-566, 2.

받기 때문에 신앙만이 의롭게 한다.[129] 사랑은 의롭게 하지 못한다. 대신 믿는 자로 하여금 하나님께서 위임하신 일들을 수행하고 하나님께 순종하게 한다.[130] 믿음은 그 속성상 결코 혼자 있지 않는다. 사랑과 다른 많은 선물들을 만든다.[131] 신앙은 모든 덕을 낳는 어머니이다.[132]

이상의 내용이 루터가 그의 신학이 절정에 달했을 때 파악했던 이신칭의 교리의 내용이다. 여기에서도 "행위 없이 오직 믿음을 통한 칭의"(iustificatio sola fide sine operibus)라는, 그가 초기 신학부터 간직해온 칭의론의 근본 원칙이 분명히 확인되고 있다. 그러나 몇 가지 강조점들도 나타나고 있음을 볼 수 있다.

첫째, 그는 사랑에 비해 신앙의 힘을 과소평가하는 스콜라 신학에 대하여 바울이 말하는 신앙이 의의 시작만 제공하는 정도가 아니라 실제로 죄인을 의롭게 만드는 능력 있는 신앙임을 분명히 한다. 둘째, 신앙이 약속과 그리고 약속하시는 하나님과 불가분의 관계를 가짐을 분명히 말한다. 셋째, 신앙은 대상을 막연하게 믿는 것이 아니라 죄인에 대하여 은혜로우

---

128) 566, 10-12.
129) 566, 13-14.
130) "Charitatas autem, quae agit cum Deo iubente et mandante, ea mandata exequitur, et paret Deo."
131) 566, 35-40.
132) 567, 4-5.

신 생각(cogitatio)을 가지고 계신 하나님을 믿는 것임을 분명히 하면서 신앙의 인식론적 측면을 강조한다. 아무것도 모르고 믿는 것은 참된 믿음이 아니다. 하나님이 누구신지에 대해 그리고 그분의 약속에 대해 분명히 알고 믿어야 의롭게 된다. 하나님에 대한 바른 가르침 없이 참된 믿음을 갖는 것이 불가능함을 암시하는 것이다. 그가 이처럼 신앙의 인식론적 측면을 강조하게 된 것은 신앙의 경험에 치우치면서 이성과 교리를 소홀히 했던, 종교개혁의 좌파라고 불리는 영파들을 염두에 두었기 때문이었다고 볼 수 있다. 마지막으로 그는 이신칭의가 율법과 사랑 그리고 모든 인간의 덕목을 폐기하는 것이 아님을 분명히 한다. 이런 덕목들은 인간을 의롭게 하지는 못하지만 하나님의 위임과 명령을 행하는 것과 관계 있으며 신자들은 이런 행위들을 통해 하나님께 영광을 돌려야 한다.

루터는 이 주경을 통하여 한편으로는 의롭게 되는 것은 오직 믿음을 통해서임을 재천명하고, 다른 한편으로는 신앙을 통한 칭의가 모든 덕을 없애는 것이 아니라 모든 덕을 잉태하는 모체가 됨을 분명히 전달하고 있다.

이상의 작품들을 통해 그는 이신칭의의 교리를 확고하게 정립하고 있다. 그는 인생의 후반에 지금까지 자신이 바울 연구를 통해 얻은 핵심 진리를 분명히 정돈하면서 개신교회의 토대를 세운다. 개신교회는 이신칭의 교리를 가르쳐야 한다. 그에게 있어서 이신칭의 교리는 '교회가 서고 넘어지는 조항'(articulus stantis et carentis ecclesiae)이기 때문이다. 또한 그에게 있어 신학은 칭의를 아는 것과 다름없기 때문이다. 그는 신학을 다음과 같이 정의한다.

"하나님과 인간의 인식이 신적인 그리고 본래적인 신학이다. 그리고 신학은 하나님과 인간의 인식이므로 그것은 결국 의롭게 하시는 하나님과 죄인인 인간과 관련된다. 그리고 본래 신학의 주제는 죄책을 가지고 있고 잃어버려진 인간과 의롭게 하시는 하나님 혹은 구세주이시다."[133]

마지막 여행과 죽음

루터는 병으로 죽었다. 그를 평생 괴롭혀왔던 병이 1546년 결국 그를 죽음으로 데려간다. 그에게 찾아온 병은 결코 갑작스러운 것이 아니었다. 그의 삶 자체가 병과 함께한 삶이었다. 그는 특히 두통과 소변 장애로 큰 어려움을 겪었는데, 1537년

---

133) WA 40/II, 327, 11-328, 2.

슈말칼텐으로 여행할 때는 소변 장애로 거의 죽음 직전까지 갔다가 극적으로 회생한다. 이런 질병들로 인하여 마지막 창세기를 강의할 때도 여러 번 중단해야 했고, 설교 사역도 제대로 못할 상황에 놓일 때가 많았다. 이런 사실들은 그의 죽음이 임박해온다는 것을 나타내는 전조가 되었을 것이다. 그러나 그는 이미 그에게 주어진 삶의 과제들로 인하여 쉼 없이 활동했다. 그리고 그의 힘이 소진되었을 때 죽음에 넘겨졌다.

루터의 죽음으로 가는 마지막 여행은 그의 고향인 아이슬레벤(Eisleben) 방문이었다. 그의 친척 백작들 사이에서 일어난 재산 분쟁에 대한 조정 요청을 거절할 수 없어 세 아들과 친구 유스투스 요나를 데리고 고향을 방문한 것이다. 그는 쉽지 않은 분쟁을 조정하는 데 성공하고 계약서를 체결하는 데까지 간다. 그러나 2월 16일 첫 번째 계약을 성사시키고 두 번째 계약을 앞두었을 때 그는 병세가 깊어져 그 계약에 참여하지 못한다. 그리고 마침내 2월 18일 그에게 찾아온 죽음의 방문을 막아내지 못하고 죽음에 이른다. 그 순간 루터 곁에 있었던 사람은 유스투스 요나와 만스펠트의 설교가 코엘리우스였다. 루터는 마지막 순간 그가 수도원 때부터 익숙했던 기도, 즉 "당신의 손에 내 영혼을 맡기나이다"라는 기도를 반복했다. 그런 다음 입을 닫았다. 아크바비트(생명수)의 도움으로 잠시 소생하자 곁에 있던 유스투스와 코엘리우스가 루터에게 그리스도와 그 자신이 설교했던 가르침에 지속적으로 머무르면서 죽기를 원하는지 묻자 루터는 아주 분명하게 "야"(Ja; 예)라고 대답했다. 그것이 그가 남긴 마지막 말이었다.

그는 태어난 마을 아이슬레벤에서 죽음도 맞이했다. 그의 시신은 이틀 동안 아이슬레벤에 보존되었다. 그리고 바로 그가 평생을 활동했던 도시 비텐베르그로 이송되었다. 거기서 그는 수많은 조객들이 동행하는 가운데 성 교회, 즉 대학 교회로 옮겨졌다. 장례 예배에서는 시 교회 목사인 부겐하겐이 독일어로 설교를 하고 대학을 대표해서는 멜랑히톤이 라틴어로 마지막 조사를 읽는다. 그의 무덤은 비텐베르그의 성 교회 설교단 바로 옆에 마련되었다.

루터의 삶은 한 마디로 죽음을 넘어선 삶이었다. 그는 늘 죽음에 휩싸여 살았지만, 결코 죽음을 겁내지 않았고 도리어 죽음을 조롱하고 살았으며 죽음을 한순간의 잠 정도로 보았다. 병에 걸려 죽어가는 아버지께 쓴 편지가 이 사실을 증명하고 있다. "왜냐하면 우리의 신앙은 확실하고 우리가 조만간 그리스도와 함께 다시 볼 것임을 의심하지 않기 때문입니다. 이 삶으로부터의 이별은, 하나님께 있어서 내가 만스펠트로부터 당신에 의하여 이리로 이끌려오는 것보다 그리고 당신이 나에 의하여 비텐베르그로부터 이리로 이끌려오는 것보다 훨씬 더 경미하기 때문입니다."

성 교회   루터의 묘

그는 죽기 3일 전 '유대인에 대한 경고'라는 설교를 했는데 여기에 흔히 그가 남긴 마지막 메모로 알려진 유명한 말이 남아 있다. "5년 동안 목자나 농부가 되어 보지 않았던 자는 버질의 작품 '부콜리아'(Bucolica)와 '게오르기아'(Georgica)를 읽을 때 버질을 이해할 수 없고, 20년 동안 공직에서 활동해보지 않았던 사람은 키케로의 서신들을 읽을 때 키케로를 이해할 수 없으며, 100년 동안 하나님의 예언자들과 함께 교회를 이끌어 보지 않았던 사람은 성경을 충분히 맛보았다고 믿지 말아야 한다." 이 말 속에 그는 자신이 누구였으며 무엇을 위해 생을 바쳤는지를 암시하고 있다. 그는 오직 성경학자로 부름을 받아 성경을 가르치며 살아왔으나 아직도 너무나 많은 것을 모르고 있다고 술회하는 것이다. 그가 남긴 마지막 말인, "우리는 거지들이다. 그 말은 참이다"(Wir sind Bettler. Das ist wahr.)라는 말도 이런 맥락에서 이해되어야 할 것이다.

그는 63세에 죽었다. 그 당시로는 굉장히 오래 산 삶이다. 비록 대단히 예민하였지만 신체적으로 강했고 엄청난 작업 능력을 갖춘 사람이었다. 그는 쉼 없이 일했으며 수십 년 동안 그의 어깨 위에 짊어졌던 작업의 부담은 상상할 수 없는 것이었다. 그가 남긴 책들만 보더라도 바이마르 판(WA)의 경우 8절지로 거의 600쪽이 넘는 책이 100권이 넘는다. 1년에 대략 1,880쪽 이상을 쓴 셈이다. 그는 항상 그의 힘의 마지막 한계까지 일했다.[134]

---

134) Beutel, Luther, 169-176.

한국교회와 루터

Martin Luther

한국교회와 루터

chapter 06

한국교회와 루터

"지금은 침묵할 때가 아니다. 지금은 말할 때이다"라는 말로
교회를 바벨론 포로의 상태로부터 해방시키려 했던
루터의 말을 귀담아 들어야 한다.

이제 마지막으로 루터가 한국교회에 어떻게 이해되고 받아들여졌는지를 살펴보며 그에 대한 평가를 하고자 한다.

구라파 선진국이나 미국에 비하면 한국에서의 루터 연구는 매우 부족한 것이 사실이다.[135] 그래도 그동안 외국에서 공부를 마치고 돌아온 루터 연구가들의 노고를 통해 그의 책의 상당한 양이 번역되어 출판되었다. 필자가 독일에서 공부하고 한국에 돌아온 후 확인한 사실은 최근 저명한 루터 연구가들의 책이 생각보다 많이 번역되어 있다는 것이었다. 그래서 루터를 공부하려 해도 책이 없다고 하는 분들을 만나면 이제 추

---

135) 해방 전부터 시작하여 1980년대까지의 루터 연구는 이경배의 글 "한국과 루터 연구"에 잘 정리되어 있다. 「루터 선집」 9권, 549-565.

천할 책들이 많아졌다. 그럼에도 한국교회에서 루터의 영향력은 다른 종교개혁자 칼빈에 비하면 아직도 미미하다고 말할 수밖에 없다. 여기에는 몇 가지 이유가 있다. 그 이유들을 살펴보면서 미래의 루터 연구가 어떤 부분에 더 많은 관심을 쏟아야 할지 제시해보고 싶다.

루터교 1세대들의 공로와 최근의 동향

지원용, 지원상, 전경연 박사 등 루터교 1세대들의 공로는 지대하다. 이들의 최고의 업적은 루터의 책들을 한국어로 번역한 것이다. 앞에서 소개했던 총 열두 권으로 되어 있는 「루터 선집」은 루터의 중요한 문헌들을 주제별로 체계적으로 잘 소개하고 있어, 루터를 연구하고자 하는 사람들에게 지금도 추천할 수 있을 만큼 뛰어난 번역서이다. 이들은 번역만 했을 뿐 아니라 그 당시까지 루터 연구의 세계적인 동향들도 소개해주었다. 그러나 전제 없는 해석이 없는 것처럼 이들은 신학적으로 루터 정통주의의 루터 이해를 견지하고 있다. 즉 법정적 칭의론이 이들 신학의 기조이다.

이들에게 미흡한 점이 있었다면 루터의 칭의론을 그의 글들을 통해 좀 더 밀도 있게 연구하여 제시하지 못했다는 것이다. 즉 법정적 칭의론과 더불어 칭의론이 이미 신자가 된 교인들의 삶에 어떻게 계속 관련될 수 있는지에 대하여 분명하게 설명해주지 못하고 있다. 앞에서 살펴보았던 것처럼 루터는 칭의론이 신자의 삶에 어떤 효능을 가져다줄 수 있는지에 대하여 깊은 통찰을 제시하고 있다. 칭의의 조항은 처음 신앙 생활을 시작하게 만들어주는 교리임과 동시에 신앙 생활을 시작한 후에도 여전히 영향을 주는 교리이다. 칭의 후에는 반드시 고난이 따라온다. 이 고난은 내적으로는 시험이고 외적으로는 핍박이다. 바로 이런 시험과 핍박 속에서 신음하는 신자들을 효과적으로 돕는 것이 칭의 교리다. 칭의 선언이 신자로 하여금 시험을 이기게 하고 핍박을 견디게 한다. 말하자면 칭의 신앙을 십자가 신학과 관련시켜 설명하는 부분이 부족했다. 장신대 교수를 지낸 이형기 박사는 이 부분에 대하여 문제의식을 가지고 십자가 신학적 토대 위에서 연구하는 파울 알트하우스의 책을 번역하여 보충하려고 했으며, 소장파로는 서울신대의 정병식 박사가 독일의 베른하르트 로제의 책들을 번역함으로 보완하고 있다. 이런 책들은 루터 신학에 대한 새로운 지평을 열어줄 수 있는 수작들이다.[136]

---

136) 이들의 번역서는 참고 문헌에 제시되어 있다.

루터에 대한 한국교회의 평가들에 대하여

복음에 비해 율법을 강조하지 못했다는 평가

루터는 복음에 대한 일방적 강조 때문에 율법의 가치를 떨어뜨렸다는 지적이 있다. 특히 그가 율법의 제3용도에 대하여, 즉 언약 백성의 규범으로서의 율법 이해를 소홀히 했다고 비판한다. 이로 인하여 복음을 믿는 신자들이 반드시 신경을 써야 할 성화에 대한 노력이 소홀하게 되었다는 것이다.

이것은 설득력 있는 지적이다. 이미 루터 당시부터 루터가 비판을 받았던 내용이기 때문이다. 그러나 이러한 비판을 하기에 앞서 루터가 왜 그렇게 복음에 대하여 지나치게 강조하고 또 율법에 대해서는 지나치게 부정적으로 평가했는지 그 이유를 분석하는 것이 필요하다. 우리는 루터가 율법을 통하여 행위 의를 세우려는 시대에 태어났음을 잊지 말아야 한다. 이런 시대에 그는 성경을 보면서, 특히 바울 연구를 통해 의롭게 되는 것은 오직 믿음으로만 가능하다는 것을 깨닫게 되었다. 그러나 그는 '믿음으로 의로워진다는 것이 무엇을 의미하는지'에 대하여 상당히 많은 설명을 덧붙이고 있다. 그 믿음 자체가 어떤 믿음인지 그리고 그 믿음의 효능이 무엇인지에 대하여 재삼 강조했다. 참다운 믿음은 하나님을 신뢰하고 그 약속을 굳건히 믿는 믿음이다. 이런 믿음을 가진 자는 율법의 요구를 이루고도 남는다는 것이 그의 지론이다. 신앙은 신자의 삶에 십자가를 가져다주지만, 도리어 이 십자가를 통해 신자는 성화에 도달하게 된다는 것이다. 십자가가 있는 곳에 성화가 있다. 그러나 십자가 없이 성화를 이루려 한다면 그것은 행위로 의롭게 되려는 수도원의 전시적 경건에 불과하다. 믿음은 선행도 만들어낸다. 무엇이 진정한 선행인가? 마음이 동반되어 기쁨으로 자발적으로 하나님과 이웃을 사랑하며 행하는 것이 선행이다. 그런데 이와 같은 선행은 마음을 변화시키는 믿음으로만 행해질 수 있다.

칼빈주의를 신봉하는 개혁파 교회 내에서 이런 루터의 평가에 대한 변화들이 나타나고 있다. 무엇보다 반가운 것은 '레포 500'(REPO 500, 종교개혁 500주년 기념행사)의 기본 정신이 루터와 칼빈의 화목이다. 세계 칼빈학회 회장인 셀더르휘스(Selderhuis, Herman J.)가 이 운동의 선두에 서 있다. 그는 칼빈 신학을 루터의 십자가 신학의 관점에서 보려고 애쓰는 학자이다. 그리스도의 십자가의 효력을 신자의 고난과 연결시키면서 칼빈 신학의 실존적 성격을 강조하고 있다.[137] 이 점에서 오버만(H. A. Oberman)도 비슷한 입장이다. 이들은 '칼빈보다 모자

---

137) 김용주, 칼빈 신학의 실존적 성격에 관한 소고, 「역사신학논총」 제18집, 서울: 생명의말씀사 2009, 65-81.

란 루터'가 아니라 칼빈을 루터와의 관계에서 조명하려고 애쓰는 학자들이다.

아직 가톨릭의 영향에서 벗어나지 못했다는 평가

루터교 예배를 참석해본 사람들은 예배가 여전히 의식 중심이라는 것을 경험하게 된다. 가톨릭 성당에 가서 예배드릴 때에 비해 말씀 선포가 많지만 그래도 칼빈주의나 다른 개신교 교파에 비해 적다는 것을 보게 된다. 그리고 예배 때마다 행하는 성찬을 비롯하여 예배 의식이 예배의 상당히 많은 부분을 차지하고 있다는 것도 알게 된다. 이런 인상들이 루터교는 아직도 가톨릭의 때를 완전히 벗지 못하고 있다고 평가하게 되는 부분이다. 이 점에 있어서 루터교는 루터의 정신을 계승하고 있는지 자문해보아야 한다. 루터는 예배의 핵심을 복음의 선포에 두었다. 그에게는 설교 사역이 예배의 가장 중요한 요소였다. 모든 의식이 바로 이 설교의 내용이 확증되도록 하는 것이 그의 바람이었다.

루터의 성찬관은 공재설이므로 가톨릭적 영향에 있다고 보는 관점도 있다. 가톨릭의 화체설은 최악이고, 루터의 공재설은 여전히 가톨릭의 냄새가 나고, 츠빙글리의 상징설은 성찬을 기념 의식 정도로 만들기 때문에 아직도 부족하며, 칼빈이 주장한 영적 임재설이 가장 성경적이라고 말하면서 루터의 공재설을 깎아내린다.

여기에 대하여 객관적 평가를 내리기 위해서는 당시의 역사적 정황과 성만찬론의 전개 과정을 살펴보고, 그들이 쓴 책을 면밀히 검토해보아야 한다. 그러나 이러한 연구는 아직도 거의 전무하다. 일반 평신도들은 신학 교수들이 논평 정도의 수준에서 한 말들을 그대로 믿고 있는 실정이다. "왜 루터와 츠빙글리는 서로 양보할 수 없었는가?" 또 "왜 칼빈은 루터의 공재설에 문제를 제기했는가" 등에 대하여 좀 더 깊은 이해가 필요하다. 루터와 칼빈이 성찬에 대한 일반 규정에 있어서, 성찬을 은혜의 수단으로 보았다는 점에서 그리고 츠빙글리의 기념설을 분명히 반대한다는 점에서 일치했다는 사실이 강조되어야 한다. 그러나 성찬에서 그리스도의 임재 방식에 대해서는 서로의 입장이 달랐다. 이 차이점에 대하여는 그들의 설명을 차근차근 따라가면서 연구해보아야 한다. 그럴 때 우리는 그들이 그렇게 말할 수밖에 없었던 이유를 알 것이고 이를 통해 그들의 신학의 정수에 도달할 수 있기 때문이다.

정치 문제에 너무 보수적이었다는 평가

루터의 두 왕국론은 항상 비판을 받아왔다. 그러나 엄밀한 의미에서 말하자면, 많은 사람들이 루터의 두 왕국론이 무엇인지에 대한 이해가 부족하다. 루터는 두 왕국론을 통해 정치 영역을 중립의 영역으로 내몰려고 하거나 정치 영역의 평가절하를 시도하지도 않았다. 도리어 세속의 왕국과 영적인 왕국이 둘 다 로마 교황의 통제 하에 있다고 하는 로마 교황 중심의 '단일 왕국론'에 대하여 강력히 도전한 것이다. 루터는 "두 왕국은 철저히 구분되어야 한다"고 말하면서 정치의 영역을 교회의 전횡으로부터 해방시키려 했던 것이다. 세속의 영역을 다시 하나님의 통치 하에 있는 독자적 영역으로 만들고 이 영역을 거룩한 영역으로 만들려고 했던 것이다. 이런 점을 간과하면 두 왕국론을 제대로 이해할 수 없다. 그러므로 이 세상 정치를 교회가 관장해야 한다고 하는 모든 주장들은 사실 루터가 두 왕국론을 통해 방어하려 했던 이론들이다. 두 왕국론은 교회는 교회의 일에 전념하고, 정치는 세상의 일에 전념하라는 것이 요지이다. 루터야말로 정치의 영역을 거룩한 영역으로 만들어 정치를 구한 사람이다. 루터가 정치에 대하여 소극적이었다고 말하는 것은 큰 오해이다. 소위 부패한 정권에 대한 저항의식은 루터의 신학 속에도 생생하게 살아 있다.

만인 제사장직을 주장하여 만인 평등주의를 실현시켰다는 평가
이미 이 책에서도 지적했듯이 루터의 만인 제사장직은 그가 초기부터 강조한 사상이었다. 루터는 이 진리를 통하여 가톨릭의 계급적 직제주의와 이 직제를 통한 신과의 교통을 주장하는 잘못된 교리들에 대하여 저항하고자 했다. 오직 예수 그리스도를 통해서만 하나님과의 교통이 가능하다는 것이 만인 제사장직의 핵심이다. 마리아나 교황은 중보자가 될 수 없다. 루터는 로마교와 치열한 신학적 논쟁을 할 때 이 주장을 많이 했다. 그러나 활동의 후반기에 접어들면서, 그의 논적이 직제를 부정하는 영파나 재세례파 등으로 옮겨가면서 그는 목회의 은사를 받은 사람을 택하여 교회가 훈련시켜 기름 부어 직분을 세워야 할 것을 강조한다. 그리고 직분자는 제한되어 있음도 분명히 한다. "모든 사람이 다 예수 그리스도를 통하여 하나님과 교통할 수 있지만 모든 사람이 다 직분자가 될 수는 없다"는 것이 그가 말한 만인 제사장직의 참뜻이다. 그러므로 현대의 일부 평신도 중심 운동을 펼치는 사람들과 같이 루터가 교회 안에 수직적 질서를 폐하고 수평적 질서를 세우려고 했다고 말한다면, 그것은 루터의 만인 제사장직을 크게 오해한 것이다. "직분과 질서 없는 교회는 교회가 아니다"라는 것이 루터의 견고한 입장이다. 그러나 교회의 직분은 철저히 하나님에 대한 봉사직이요, 복음의 말씀을 섬기는 직무이므로 직분은 결코 다른 의도로 사용되어서는 안 된다는 것이 그의 초지일관된 주장이었다.

기타 평가들

루터의 신학이 모든 면에서 옳았다고 주장하는 것은 독단일 것이다. 그럼에도 그에 대한 비판은 객관성을 가지고 공정하게 행해져야 할 것이다. 그를 충분히 연구해보고 분명한 근거를 가지고 비판한다면 그것은 충분히 받아들여져야 할 것이다. 마무리하면서 루터 신학의 향후 연구를 위해 루터에 대한 기타 평가 몇 가지를 소개하고자 한다.

첫째, 체계적 가르침을 제공하지 못하고 있다는 점이다. 루터는 오늘날의 성경 신학자에 해당했고, 당시의 여러 논적들과 현안들에 대하여 논쟁을 해야 했기 때문에 자신의 가르침을 체계화하는 데는 크게 성공하지 못했다. 그래서 그는 우리에게 그의 어느 한 시기의 책만 보면 이렇게, 다른 시기의 책만 보면 저렇게 평가할 수밖에 없도록 하는 여지를 남겼다.

둘째, 칭의와 성화의 관계를 분명히 정리하여 제공하지 못하고 있다는 점이다. 그 결과 그는 성화에 대하여는 별로 관심이 없었다는 오해를 받게 하는 빌미를 제공하게 되었다.

셋째, 예수 그리스도의 구속 사건을 현재의 삶 속에 적용하는 데 강조점을 두었기에 칼빈과 같이 구원 사건을 구속사적으로 제시하지 못했다.

넷째, 성만찬론의 편재설과 같이 자신의 주장을 펼치기 위해 자신이 비판했던 스콜라 신학자들의 방법을 사용하여 그의 가르침이 성경에 근거하고 있다는 점을 약화시켰다.

다섯째, 때로는 지나칠 정도로 과격한 표현들을 사용했기 때문에 사람들에게 그가 평화주의자가 아니라는 인상을 남겨 자신 편에서 도리어 많은 손해를 입었다.

따라서 이후의 루터 연구는 이런 비판들을 염두에 두고 발전시켜야 할 것이다.

에필로그

　이 책을 서술하면서 필자는 루터의 저작들을 중심으로 루터의 진면목을 보여주려 했다. 그러나 그가 가진 진면목의 매우 작은 부분만을 전달한 것 같아 많은 아쉬움이 남는다. 그의 작품들을 다루면서 의도적으로 그의 글들을 직접 인용한 것은 독자로 하여금 직접 루터를 읽도록 하기 위함이었다. 그러나 이 부분에서도 매우 부족했다. 이런 의도로 기술한 데는 장점도 있지만, 종교개혁이 일어날 당시의 역사적 정황을 설명하는 부분이 상당히 약해지는 것을 피할 수 없었다. 그리고 루터 신학의 위대한 주제들로 파헤쳐 들어가는 데도 한계를 가질 수밖에 없었다. 루터가 지닌 여러 가지 재능들, 예를 들면, 설교가, 담화가, 음악가로서의 루터 등에 대해서도 미미한 소개에 그칠 뿐이었다.

　이 글을 쓸 수 있도록 도와주신 분들이 많다. 필자가 썼던 논문은 이 글의 기초가 되었고 또한 한국에 귀국한 후 여기저기 발표한 논문들도 참고했으며, 무엇보다 먼저 루터를 연구하고 돌아와 좋은 책들을 번역해주신 여러 교수님들의 번역판의 도움도 컸다. 번역본이 나와 있는 경우에는 원문을 읽기 어려운 한국 독자들을 감안해서 번역본으로 각주를 달아 참고하게 했다. 특히 지원용 박사가 편집한 「루터선집」과 존 딜렌베르거가 편집하고 이형기 박사가 옮긴 「루터저작선」을 많이 참고했다. 독일어 책으로는 마틴 브레히트의 「마틴 루터」와 보이텔 교수가 쓴 「마틴 루터」를 가장 많이 참고했다.

루터의 개혁이 가장 적합하게 맞아떨어지는 곳이 바로 한국교회인 것 같다. 이 책이 한국교회를 개혁하는 데 미력이나마 도움이 되었으면 한다. "지금은 침묵할 때가 아니다. 지금은 말할 때이다"라는 말로 교회를 바벨론 포로의 상태로부터 해방시키려 했던 루터의 말을 귀담아들어야 할 때인 것 같다.

부록

Martin Luther

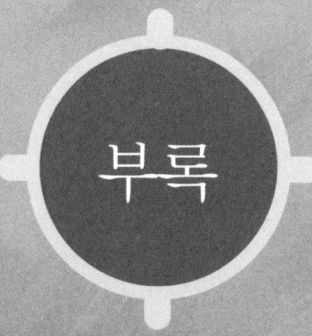

부록

- 참고문헌
- 루터 연표

참고문헌

1. 루터의 원전

D. Martin Luthers Werke: Kritische Gesammtausgabe(Weimar Ausgabe;WA), Hermann Böhlau, Weimar 1883ff.

Martin Luther Studien Ausgabe, herausgeben von Hans-Ulrich Delius, Bd. 2, 2., verbesserte Auf., Evangelische Verlagsanstalt, Leipzig 1996.

2. 루터 책의 번역본

루터선집(1-12권), 지원용 편집, 서울: 컨콜디아사, 1983.

루터저작선, 딜렌베르거 편집; 이형기 역, 경기: 크리스챤 다이제스트, 1994.

루터의 로마서 주석, 박문재 옮김, 경기: 크리스챤 다이제스트, 2011.

3. 루터에 관한 책

▨ 외국 서적

Althaus Paul, Die Theologie Martin Luthers, 1994.
  (루터의 신학, 이형기 역, 경기: 크리스챤 다이제스트, 2001)

Bayer Oswald, Martin Luthers Theologie, 2. Auf., Tübingen: Mohr Siebeck, 2004.

Beutel Albrecht, Martin Luther, Eine Einführung in Leben, Werk und Wirkung, 2., verbesserte Auf., Evangelische Verlagsanstalt

Leibzig, 2006.

Bizer Ernst, Fides ex auditu, Verlag der Buchhandlung des Erziehungsvereins Neukirchen Kreis Mors, 1958.

Brecht Martin, Martin Luther, Bd. 1, Calwer Verlag Stuttgart, 3., durchgesehene Auflage 1990. Bd. 2(1986), Bd. 3(1987).

Ebeling Gerhard, Luthers Seelsorge an seinen Briefen dargestellt, Tübingen: Mohr Siebeck, 2004. 1997.

- Luther, Einführung in sein Denken, 1981.

Grane Leif, Die Confessio Augustana, 4. Auf., Göttingen, Vandenhoeck und Ruprecht, 1990.

- Modus loquendi theologicus. Luthers Kampf um die Erneuerung der Theologie(1515-1518) (A ThD 12), 1975.

Jüngel Eberhard, Zur Freiheit eines Christenmenschen, 3., durchgesehene Auflage, Mönchen: Kaiser, 1991.

Kim, Yong Joo, Crux sola est nostra theologia: Das Kreuz Christi als Schlüsselbegriff der Theologia crucis Luthers, Frankfurt am Main: Peter Lang, 2008.

Lohse Bernhard, Luthers Theologie, Göttingen, Vandenhoeck und Ruprecht, 1995. (베른하르트 로제, 마틴 루터의 신학, 정병식 역, 서울: 한국신학연구소, 2005).

- Luthers Theologie in ihrer historischen Entwicklung und in ihrem systematischen Zusammenhang, Göttingen, Vandenhoeck und Ruprecht, 1997. (베른하르트 로제, 루터 연구 입문, 이형기 옮김, 서울: 크리스챤 다이제스트, 1993).

Luther Handbuch, Herausgeben von Albrecht Beutel, Tübingen: Mohr Siebeck, 2005.

국내 서적 및 논문

김용주, 비텐베르그 신학 갱신 운동, 역사신학논총 제16집, 서울: 생명의말씀사, 2008.

루터의 시편 이해, 그 말씀, 두란노, 2008, 10월호.

루터의 95개조 논제(I), 목회와 신학, 두란노, 2008, 9월호.

루터의 95개조 논제(II), 목회와 신학, 두란노, 2008, 10월호.

설교자 루터를 말한다, 목회와 신학, 두란노, 2009, 10월호.

루터 신학의 실존적 성격에 관한 소고, 역사신학논총 제18집, 서울: 생명의말씀사, 2009.

A Study of Martin Luther's Concern about the Poor and his Relief Measures, The First International Conference: Poverty, Riches and Social Welfare in Church History. Seoul, 2010.

루터 연표

1483년   아이슬레벤(Eisleben)에서 출생(11월 10일)
1501년   에어푸르트(Erfurt) 대학교 교양학부에서 대학 공부 시작
1505년   동 대학 법학부에서 법학 공부 시작
            한 학기 공부 후 에어푸르트 은자 수도원에 입문
1507년   사제 서품, 동 수도원에서 신학 공부 시작
1508/09년 비텐베르그대학교(1502년에 개교)의 도덕 철학 강사로 잠정적으로 보냄 받음
1510/11년 종단의 위탁을 받고 로마 방문
1511년   최종적으로 비텐베르그대학교로 발령받아 수도원 설교자로 활동함
            어거스틴 은자 수도원 부수도원장(1512년부터)
            시 교회(Stadt Kirche)의 설교자로 봉사(1514년부터)
            종단 지역 보좌 신부(1515년부터)
1512년   신학박사 학위 취득
            슈타우피츠 신학원장으로부터 신학 교수직 넘겨받음
1513년   시편 강의 시작(8월 16일)
1515년   로마서 강의 시작(4월)
1516년   로마서 강의 종결(9월 7일)
            「십계명에 관한 설교」
            「독일 신학」(theologia deutsch) 제1판의 서문을 씀
            제1차 갈라디아서 강의 시작(10월 27일)

1517년	히브리서 강의 시작(4월 21일)
	「스콜라 신학 반박문」(9월 4일)
	「95개조 논제」(10월 31일)
	면죄부 논쟁의 시작
1518년	히브리서 강의 종결(3월 26일)
	필립 멜랑히톤이 비텐베르그대학 교수로 취임하여 루터의 동역자가 됨
	아우그스부르그에 소환되어 카예탄 앞에서 심문받음
	두 번째 시편 강의 「Operationes in Psalmos」 시작(1521년 종결)
	「하이델베르그 토론」(4월 26일), 「95개조 논제 해설」 발행(6월)
1519년	황제 칼 5세의 선출
	라이프치히 토론
	제2차 갈라디아서 강의
1520년	「독일 크리스천 귀족에게 고함」, 「교회의 바벨론 유수」, 「그리스도인의 자유」, 「선행에 관하여」 발행
1521년	보름스(Worms) 국회에서 심문 받음
	'보름스 칙서'에 의하여 이단자로 발표됨
1521/22년	바트부르그(Wartburg) 성에서 피난 생활
	신약성경 번역
	「바트부르그 설교집」과 여러 권의 책 발행
	비텐베르그에서 소요가 일어남
1522년	사순절 설교(Invocavit: 그가 부르셨다)
	「독일어 신약성서」 출판(9월)
1523년	「이 세상 정부에 관하여」, 「예배순서에 관하여」 발행
1524년	소위 광신자들과의 논쟁 시작

	찬송가집 발행

찬송가집 발행
「무역과 고리대금업」 발행
1525년   농민전쟁의 발발과 여기에 관한 여러 개의 글 발표 :
「하늘의 예언자에 관하여」, 「농민의 12개조에 대한 평화 권고」, 「평화를 위한 훈계」, 「강도 살인단에 항의하는 글」
카타리나 폰 보라와 결혼(6월 27일)
에라스무스와 논쟁하며 「노예 의지에 관하여」 발행
「독일 미사」 발행
1526년   장남 요한 출생(5월 20일; 1575년 사망)
「요나서 주해」 발행
1527년   큰딸 엘리자베스 출생(12월 10일; 1528년 8월 3일 사망)
「군인들도 구원받는지에 관한 글」(1월), 「이것은 내 몸이니라」(4월), 「내 주는 강한 성이요」(여름 경) 발행
1528년   작센 지역 안에 있는 교회 시찰
1529년   둘째 딸 막달레나 출생(5월 4일; 1542년 9월 20일 사망)
「대소요리문답」 발행
마르부르그 종교 담화
1530년   아우그스부르그 제국 의회
루터는 4월 16일부터 10월 5일까지 코부르 성에 체류
아버지 한스 루더 사망(5월 29일; 1458년경 출생)
1531년   갈라디아서 강의 시작 및 완성
어머니 마가레테 사망(6월 30일; 1463년경 출생)
아들 마틴 출생(11월 9일; 1565년 사망)
1533년   아들 파울 출생(1월 28일; 1593년 사망)
1534년   루터의 성경 번역 첫 완역판 출판(Biblia das ist die gantze Heilige Schrifft Deudsch; 성경, 그것은 전 독일인의 성경이다)
셋째 딸 마가레테 출생(12월 17일; 1570년 사망)

1535년	「갈라디아서 강의」(1531년) 출판
1537년	「슈말칼텐 조항」 작성
1539년	루터의 독일어 저작 전집의 첫 권 발행
1545-63년	트리엔트 공의회
1546년	아이슬레벤으로의 마지막 여행(1월 23일)
	루터의 마지막 설교(2월 14일)
	아이슬레벤에서 죽음을 맞이함(2월 18일)
	비텐베르그 성 교회(Schloß Kirche)에 안치(2월 22일)

저자소개

김용주 박사는 전남대학교 사범대학 졸업 후 총신대학교신학대학원 및 일반대학원을 거친 후 독일 베를린 훔볼트대학교(Humboldt Universitat zu Berlin)에서 「루터의 십자가 신학의 열쇠 개념으로서 그리스도의 십자가」 제하로 신학박사(Dr. theol.)를 취득하였다. 박사학위 논문은 2008년 Peter Lang 출판사에서 발간되어 상당한 반향을 불러일으켰다. 현재 분당두레교회 담임목사로 시무중이며 여러 대학에 출강중이다.

루터, 혼돈의 숲에서 길을 찾다

초판 발행 2012년 7월 5일
초판 6쇄 2023년 7월 10일

지은이 김용주
발 행 익투스

총무 고영기 목사 기획 김귀분 국장
편집책임 조미예 마케팅책임 김경환
경영지원 임정은 마케팅지원 박경헌 김혜인
유통 박찬영 제작 최보람 편집·홍보 최강현

주소 서울시 강남구 영동대로 330
전화 (02)559-5655 팩스 (02)6940-9384
홈페이지 www.holyonebook.com
블로그 https://blog.naver.com/holyone-book
출판등록 제2005-000296호

ISBN 978-89-958578-7-8 03230

ⓒ 2017, 익투스
※잘못된 책은 바꾸어 드립니다.

익투스는 예수 그리스도와 그분의 복음을
ΙΧΘΥΣ 사랑하는 모든 사람과 함께 합니다.